英語4技能評価の理論と実践

―CAN-DO・観点別評価から技能統合的活動の評価まで

望月 昭彦・深澤 真・印南 洋・小泉 利恵 編著

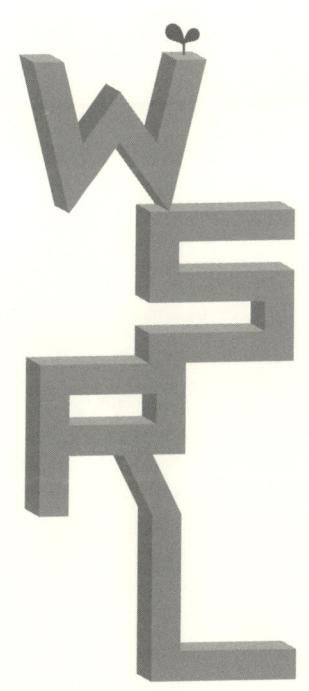

大修館書店

はしがき

　筆者がかつて大学での英語科教育法の前期授業で，受講している学生に自由記述式のアンケートを取ったところ，彼らが共通して抱いている注目すべき意見に気づいて驚きました。第1点は，中学・高校6年間の英語授業では，発音指導が欠如していたこと，第2点は，リスニングとリーディングが中心でライティングとスピーキング能力が養われていないというものでした。

　第1の点については，英語科教育法は英語科教師志望の学生のための科目であって見過ごすことができないため，後期の最初の授業の時，「中学・高校の英語の授業中に，先生からr, lの区別等発音の仕方をしっかり教わらなかった人は手を挙げてください」と言って挙手を求めたところ，当日出席していた13人中，11人（85％）が挙手をしました。驚愕の事実でした。発音について「私は大学生になって初めて英語の発音の矯正を受けた。r, lの発音の区別等基本的なことも曖昧なまま中学・高校6年間の英語の授業を受けたのだと思う。発音指導はCDを流し，生徒に聞かせ復唱させて終わりというパタンが多かった」というのが代表的な意見でした。筆者が勤務する文系の大学は関東地方にある平均的レベルの私立大学です。こうした状況は，日本の大学で普通に見られる状況と推察されます。

　上述の第2点は，平成元（1989）年版学習指導要領でコミュニケーション重視の教育政策が出されて以来，学生達がリスニングとスピーキングを重視した教育を受けてきたと思っていましたが，予想に反して，学生達は「高校や中学では，受験英語に固執するためにリーディングやリスニングを重要視する傾向にある」と述べていたことです。学生が重視する技能として，スピーキングとライティングが出てこないのが不思議です。

　文部科学省は2014年11月20日に，2020年度から導入される予定の学習指導要領の全面改訂について中央教育審議会に諮問し，議論が開始されました。高校については，より高度な思考力を育成する新教科・新科目の設定，

また，全体については小学校から高校までの英語教育の充実，教科横断型の教育等が議題に挙がっています。学習指導要領は小学校・中学校・高校の教育に大きな影響を及ぼしますが，同様に大きな影響を及ぼす大学入試について中央教育審議会は，2014 年 12 月 22 日に大学入試改革を中心とした高大接続に関する答申を公表しました（http://www.mext.go.jp/b_menu/shingi/chukyo/chukyo0/toushin/1354191.htm）。それによると，新テストは 2 種類あり，1 つは高校での国語や数学等必修科目について基礎的学習の達成度を測る「高等学校基礎学力テスト（仮称）」です。このテストは，大学の個別試験や就職試験の判断材料にはできますが，大学入試に利用する場合，成績については調査書に書かれた参考資料の一部にする等，合否の直接の判定資料とはしないようにするとのことです。もう 1 つのテストは，大学入試センター試験に代わる「大学入学希望者学力評価テスト（仮称）」です。このテストは，従来の「教科型」の他に，現行の教科・科目の枠を超えた「思考力・判断力・表現力」を評価するため，「合教科・科目型」「総合型」の問題を組み合わせて出題すること，多肢選択式だけではなく記述式も導入し，段階別表示による成績提供を行うこととなっています。英語では 4 技能を総合的に評価するため TOEFL 等の 4 技能を判定する民間の資格・検定試験を活用すること，また，各大学はアドミッション・ポリシーを明確にした上で，この評価テストの成績と小論文，面接，プレゼンテーション，調査書，活動報告書，志望理由書，各種大会等での活動や顕彰等とを総合して合否の判断とすることとされています。生徒に準備させる高校の教師も今後，悩む事柄が増えました。

　筆者は大学で実施する中学校・高校の教員免許更新の講座の講師を務めてきましたが，昨年度の講座では 22 名の受講者に対する事前アンケートの結果，中学校教師 7 人，高校教師 3 人，合計 10 人（45％）が評価法を教えて欲しいとの要望を出していました。中学・高校の現場の教師も評価方法で悩んでいることが分かります。

　入試について 2014 年 8 月 20 日の朝日新聞によると，2014 年 4〜7 月に 745 大学を対象にした朝日新聞・河合塾の調査の結果，「学生の能力を適切に測る方法を開発できていますか」についても 7 割の大学が「非常に困難」「困難」と回答したと報道しています。このように大学の教師も測定評価の問題で悩んでいることが分かります。

こうした状況を考え，小学校・中学校・高校・大学の教師，教職志望の学生に英語評価の方法を提示したいと念願し，本書の出版を企画しました。筆者が教えた筑波大学大学院の教え子達の中で関東地方在住の4年制大学の教師を中心にして，編集委員会を設けました。また，これまで筆者が教鞭をとった，筑波大学の学部・大学院，鳴門教育大学，愛知教育大学，静岡大学の教え子に呼びかけ，その結果，筆者を含め合計21人が本書を執筆することになりました。

　本書の特色は，以下の通りです。

　第1に，理論編では，平成16（2008）年版小学校・中学校学習指導要領，平成17（2009）年版高等学校学習指導要領を踏まえ，さらに2013年文科省初等中等教育局発行の『各中・高等学校の外国語教育における「CAN-DOリスト」の形での学習到達目標設定のための手引き』，欧州評議会が定めた共通指標のCEFR，およびCEFRの日本版であるCEFR-Jを踏まえた内容になっています。日本の英語教育政策の基本方針を踏まえながら，理論的背景を概観することを目指しました。そして，実践編ではそれらを具現化した授業・言語活動および評価について，小中高大あらゆる校種における実践をまとめました。したがって本書は，日本の英語教育の現状に即しながらも，将来を見通し，時代の要請に答えるべく書かれた本と言えます。

　第2に，執筆者は全員，英語科教育法・評価論を専門とする筆者の評価論を受講した教え子であり，小学校，中学校，高校，大学で活躍中の現役の教師です。

　第3に，理論編・実践編ともに本書の論稿の順序は，従来と異なり，今後，4技能の中の発表的技能で特に重視されることが見込まれるライティングを先頭にして，次にスピーキング，リーディング，リスニング，最後に技能統合的活動の順にしました。実践編も校種別ではなく技能別に配列することにより，各技能について，小学校，中学校，高校，大学と校種を超えて縦断的に通覧することができます。

　本書が，小学校，中学校，高校，大学の英語教師，および教職を目指す大学生など多くの方々に，今後の英語教育・英語評価のあり方を改善するための座右の書として利用していただけますよう強く願っています。

最後になりましたが，本書出版の意義を認めて発行に至る道を開いてくださった，大修館書店の編集第二部元部長・飯塚利昭氏に深く感謝申しあげます。また，原稿を非常に丁寧に点検してたいへん貴重なコメントをくださった同社の森田三千代氏にも心から感謝申し上げます。

2015年4月

編者代表　望月昭彦

目 次

はしがき　iii

理論編

1. CAN-DO リストと観点別評価（望月昭彦）……………………………2
   1　はじめに　2
   2　CAN-DO リスト　2
   3　観点別評価　14
   4　おわりに　17

2. ライティングの評価（望月昭彦）………………………………………19
   1　はじめに　19
   2　ライティングの能力の定義　20
   3　学習指導要領におけるライティング　22
   4　直接テストと間接テスト　24
   5　量的分析による評価と質的分析による評価　24
   6　コミュニカティブ・テストの原理と備えるべき条件　25
   7　ライティングの評価規準の設定　28
   8　フィードバックの種類とその効果　34
   9　おわりに　39

3. スピーキングの評価
   ──スピーキングテスト作成・実施を中心に（小泉利恵）………43
   1　はじめに　43
   2　スピーキングテストの作成　44
   3　スピーキングテスト前の準備　52
   4　スピーキングテストの実施　53
   5　テスト後の活動　53
   6　おわりに　55

4. リーディングの評価
   ──リーディングテストの作成：理論からのアプローチ（清水真紀）……58
   1　はじめに　58
   2　ボトムアップ型のテスト作成：コンポーネントモデルに基づいて　58
   3　トップダウン型のテスト作成：心的表象に基づいて　63
   4　定期テストで初見の文章を使用する：「パラレル」な文章とは　66
   5　おわりに：学習指導要領を踏まえて　69

5. リスニングの評価（印南　洋）………………………………………72
　　1　はじめに　72
　　2　リスニングテストの作成手順および注意事項　72
　　3　リスニングテスト作成の例　79
　　4　おわりに　81

6. 技能統合的活動の評価（深澤　真）……………………………………83
　　1　学習指導要領と4技能の統合　83
　　2　技能統合的評価の必要性　84
　　3　技能統合的活動と評価　85
　　4　おわりに　90

7. ライティングと他技能との技能統合的活動の評価（望月昭彦）…………92
　　1　はじめに　92
　　2　ライティングと他の技能を使った技能統合的活動の評価　93
　　3　中学・高校のライティングにおける技能統合的活動の評価　97

8. リーディングと他技能との技能統合的活動の評価（清水真紀）…………102
　　1　はじめに　102
　　2　TOEFL iBT　103
　　3　英検二次試験　105

9. プロジェクト型活動の評価（深澤　真）………………………………107
　　1　プロジェクト型学習とは　107
　　2　プロジェクト型学習の評価　108
　　3　プロジェクト型学習の評価における注意点　117
　　4　おわりに　118

実践編

①**ライティング［高校］**
　ライティングの授業における自由英作文の実践と評価（大谷岳史）　122

②**スピーキング［中学］**
　中学校における英語インタラクティブフォーラムの実践と評価
　　　　　　　　　　　　　　　　　　　　　　　　（木野逸美）　131

③**スピーキング［中学］**
　中学3年生の授業におけるスピーキング活動の実践と評価（岡田栄司）　140

④**スピーキング［高校］**
　インタビュー活動における生徒の形成的自己評価用ルーブリックの作成
　　　　　　　　　　　　　　　　　　　　　　　　（石川絵梨子）　152

⑤スピーキング［高校］
　スピーキングの指導と評価──科目「英語会話」での指導実践と課題
　　　　　　　　　　　　　　　　　　　　　　　　　（折原史康）　163

⑥リーディング［高校］
　高等学校における多読を中心とした4技能の統合的活動と評価
　　　　　　　　　　　　　　　　　　　　　　　　　（山下朋明）　173

⑦スピーキング＋ライティング［大学］
　　大学におけるプレゼンテーションの実践と評価（野口富美恵）　185

⑧リーディング＋ライティング［中学］
　リプロダクションを用いたリーディングとライティングの技能統合的活動の実践と評価
　　　　　　　　　　　　　　　　　　　　　　　　　（茂在哲司）　195

⑨リスニング＋ライティング［高校］
　リスニングとライティングの技能統合的活動の実践と評価（多尾奈央子）　204

⑩リーディング＋スピーキング［高専］
　インタープリティブ・リーディングを応用した授業活動の実践と評価
　　　　　　　　　　　　　　　　　　　　　　　　　（鈴木基伸）　213

⑪リーディング＋スピーキング＋ライティング［中学］
　スピーキングとライティングを活用した中学1年生のリーディングテスト
　　　　　　　　　　　　　　　　　　　　　　　　　（細谷恭子）　225

⑫リスニング＋スピーキング＋ライティング［中学・高校］
　インプットからアウトプットをつなぐリスニング指導の実践と評価
　　　　　　　　　　　　　　　　　　　　　　　　　（大嶋秀樹）　234

⑬ライティング＋スピーキング＋リスニング［中学］
　中学校におけるディベート活動の実践と評価（木野逸美）　249

⑭リーディング＋ライティング＋スピーキング［高校］
　英語Ⅱの授業における技能統合的活動の実践と評価（廣瀬美希）　257

⑮語彙＋スピーキング＋ライティング［大学］
　ペア会話による語彙学習と技能統合的活動の実践と評価（竹内典彦）　269

⑯語彙＋リーディング＋リスニング＋ライティング［大学］
　動画鑑賞による語彙学習と技能統合的活動の実践と評価（竹内典彦）　273

⑰国際理解教育［高校］
　開発教育の実践と評価──英語教育との接点（吾妻　久）　277

⑱外国語活動［小学校］
　小学校外国語活動（英語活動）の評価の実際──小学校英語の教科化を見据えて
　　　　　　　　　　　　　　　　　　　　　　　　　（杉本博昭）　289

用語解説　299
索引　305

理論編

1. CAN-DOリストと観点別評価

望月　昭彦

1　はじめに

　平成25 (2013) 年3月に文部科学省初等中等教育局発行の『各中・高等学校の外国語教育における「CAN-DOリスト」の形での学習到達目標設定のための手引き』(以下,『手引き』と略)が出され,そこでは,「「CAN-DOリスト」の形での学習到達目標は,日本の全ての中・高等学校において作成することが望まれます」と明記された。各中学・高等学校では現在,その作成を行っている。また,観点別評価は1989年の中学校学習指導要領で観点別評価を行う旨が記され, 2009年の高等学校学習指導要領でも観点別評価を行う旨が記された。英語教育が大きく変革の時期を迎えたと言える。
　本章では,上記のCAN-DOリストと観点別評価を扱う。

2　CAN-DOリスト

　NHK教育テレビの「小学生ための英語番組5・6年生」の副題が付けられた2014年4月号テキスト『プレキソ英語』では, CEFR (ヨーロッパ共通参照枠) のレベルA1〜C2の中のA1より下に新たにA0レベルを設けたとあり,表紙にはその最下レベルのA0であることが赤色で印刷されていた。また,巻末付近の頁にはNHK教育テレビで放送中の番組がそれぞれ, CEFR改訂版のレベルA0〜C2の中のどのレベルに相当するかも記してあった。筆者はこれらを見て,学校の外の世界ですでにCEFRがこんなにも普及しているのかと思い驚いた。NHK出版の語学編集部に電話で問い合わせたところ, NHK英語番組のテキストでのCEFR対応のレベル表示は2012年度4月から開始されたこと,英語以外の語学テキストについては限定的であること,『英語で読む村上春樹』はレベル表示がされていないこと, A1の下のA0の設定は小学校の英語であることを念頭に置きNHK独自で設定

したものであることが分かった。レベル表示について，A0からC2レベルに上がるにつれて難しくなるが，『プレキソ英語』テキスト2014年4月号p.61に簡単に以下の説明がある。

A0「ごく簡単な表現を聞きとれて，基本的な語句で自分の名前や気持ちを伝えられる」

A1「日常生活での基本的な表現を理解し，ごく簡単なやりとりができる」

A2「日常生活での身近な事柄について，簡単なやり取りができる」

B1「社会生活での身近な話題について理解し，自分の意思とその理由を簡単に説明できる」

B2「社会生活での幅広い話題について自然に会話ができ，明確かつ詳細に自分の意見を表現できる」

C1「広範で複雑な話題を理解して，目的に合った適切な言葉を使い，論理的な主張や議論を組み立てることができる」

C2「ほぼすべての話題を容易に理解し，その内容を論理的に再構成して，ごく細かいニュアンスまで表現できる」

このレベル説明の中で『プレキソ英語』は最下位のレベルA0に相当し，最高レベルの『ニュースで英会話』がB2レベルに相当，またC1，C2レベルに相当するテレビ番組はないとされている。ちなみに，NHKラジオ講座では放送番組中で最高レベルの『実践ビジネス英語』がC1に，『攻略！英語リスニング』がB2レベルに相当している（p.60）。

2.1 CAN-DO リストの定義と目的

CAN-DOリストは，『手引き』によれば「学習到達目標を言語を用いて「～することができる」という能力記述文の形で設定」（p.4）した一覧表である。他の言葉を使えば，「『英語を使って何ができるか』を具体的な行動記述により記したもの」（長沼・永末，2013, p.1）である。

2.1.1 ヨーロッパ共通参照枠（CEFR）

CAN-DOリストは**ヨーロッパ共通参照枠（CEFR）**の重要な柱となっているので，CEFRをここでモロウ（2013）により簡単に説明しておく（以下，（　）内はモロウ，2013のページ）。CEFRはCommon European Framework of Reference for Languages: Learning, teaching, assessment（Council of Europe, 2001）の略語である。CEFR は 1949 年に創設された欧州評議会（Council of Europe）が，2001 年に発行し推進している言語教育政策である。欧州評議会とは，2015 年現在 47 カ国が加盟している，「人権・民主主義・法の支配の分野で国際社会の基準策定を主導する汎欧州の国際機関」（外務省 HP）であり，「言語教育と言語学習の促進を最も優先順位が高い分野としてとらえ，同時に，異文化認識の育成が外国語能力の習得の本質であると考えてきた」（p. 4）。CEFR は，**複言語主義**（plurilingualism）（多くの人々が多言語についてある程度の能力を持っており，言語教育の役目は人々にこの事実に気づかせその能力を養い促進することである）（p. 5）を取り入れている。CEFR の内容が「参照（reference）として機能するように意図されていて，CEFR に照らし異なる検定試験を説明し，異なる言語学習の目的を特定し，異なる到達規準の基礎を明示することを目指していた」（p. 8）ということに注意する必要がある。この目指す目的により各国で作られた学習目標，シラバス，指導法なども CEFR を参照するとどのレベルにあるかがわかるということになる。

しかし，CEFR は規範と取りがちであるが，「記述的枠組みであり規範ではない」（p. 8）ことにも注意を向けるべきである。従って CEFR は学習目標，シラバス，指導法などについて「独断的ではない」ということを意味していることになる。

CEFR の内容については，以下のように述べている。

「共通参照レベル，つまり，全体的尺度である。これは言語使用者が「なにができるか」を大まかに示し，記述したものである。レベルは全部で 6 段階—「基礎的レベル」（A1，A2），「自立したレベル」（B1，B2），「熟達したレベル」（C1，C2）—に分かれている。…また，学習者があるレベルで何ができるとよいかを明確にするものである。」（p. 10）

ここで単純なことであるが，A，B，C という場合，日本では A がレベルが高く C が最も低いと思われがちであるが，CEFR では A，中でも A1 が最低のレベルで，C，中でも C2 が最高のレベルであること，言い換えれば，レベルの低いものから高い順に A1＜A2＜B1＜B2＜C1＜C2 となることに注意しなくてはならない。

CEFR 全体では，言語がどのように使われているか，また，言語学習者・

言語使用者は言語を使って何ができるかということが強調されていて，そのため，言語は行動中心であって知識中心ではないということが結論付けられている（p. 18）。

CEFR は，学習者中心であることから，「私は…できる」で始まる能力記述文があり，その尺度に関連付けて自分の能力を調べることができる**自己評価**（self-evaluation, self-assessment）表をつけている。これについては，「スイス国立研究協議会（Swiss National Research Council）のために行われた研究プロジェクト（Schneider & North, 2000）によれば，自己評価は信頼性が高く，教師による評価や試験結果とも高い相関があると報告されている」（p. 27）と述べている。しかし，日本の中学校，高校の現場で生徒に自己評価をさせることは，生徒自身の学習を振り返らせ発達感（＝過去の自己の言語能力と比べて，現在の言語能力がどの程度発達したかの感覚）に影響を与えるが，生徒の自己評価の結果を成績に入れることは別問題である。この件は後述する。

2.1.2　ヨーロッパ言語ポートフォリオと CEFR

ヨーロッパ言語ポートフォリオ（European Language Portfolio, ELP）は 1991 年から 2001 年にかけ時を同じくして開発されたもので，ELP と CEFR は多くの点で相互に影響しあい，共に言語運用能力の共通参照レベルを中核的要素としているとモロウ（2013）は述べている（ポートフォリオ評価については，理論編第 2 章 7.3 参照）。これまでヨーロッパ諸国や国際機関が様々な**ポートフォリオ**（portfolio）を作ってきたが，共通して原則としていることは以下の通りである。

　　「(1) ELP を使うのは学習者である――学習者が ELP の所有者と見なされる，(2) ELP は言語と（異）文化に関するあらゆる能力，あらゆる経験を記録し，それらの価値を認める，(3) ELP は複言語主義と複文化主義を奨励する，(4) ELP は学習者の自律に役立つ」（数字は筆者）(p. 32)

ELP の目標として「学習者の自律を促進し，学習者自身のために適切な指導と手段を与えることによって，学習スキルを育成すること」及び「言語使用者・学習者が記録・提出しやすいフォーマットをあらかじめ構造化された形で提供すること」を挙げている（p. 34）。

また，ELP の構成は3部からなり，それらは(1)言語パスポート（＝所持者の「言語アイデンティティ」と現在のコミュニケーション言語能力レベルの全体像を示し，学習経験と異文化経験を集約するもの），(2)言語バイオグラフィー（＝それまでの言語学習と異文化経験を記録する），(3)資料集（＝多様な種類の記録文書を集めたもの）からなる（pp. 34-35）。現在，日本では，CAN-DO リストが本格的に導入され始めてきているが，やがて，それとセットになるポートフォリオ作成とポートフォリオ評価が求められる日が間近になった感がある。その時のために今から準備が必要であると思われる。

2.1.3　CAN-DO リストの形で学習到達目標を設定する目的
　『手引き』には3つの目的として，「(1)学習指導要領に基づき，外国語科の観点別学習状況の評価における「外国語表現の能力」と「外国語理解の能力」について，生徒が身に付ける能力を各学校が明確化し，主に教員が生徒の指導と評価の改善に活用すること，(2)学習指導要領を踏まえた，「聞くこと」，「話すこと」，「読むこと」及び「書くこと」の4技能を総合的に育成し，外国語によるコミュニケーション能力，相手の文化的，社会的背景を踏まえた上で自らの考えを適切に伝える能力並びに思考力・判断力・表現力を養う指導につなげること，(3)生涯学習の観点から，教員が生徒と目標を共有することにより，言語習得に必要な自律的な学習者として主体的に学習する態度・姿勢を生徒が身に付けること」（数字は筆者）を挙げている（p. 5）。

2.2　CEFR-J と CAN-DO リストの作成
2.2.1　CEFR-J
　ここで今後，日本の英語教育に徐々に影響を与えていくと思われる **CEFR-J** を投野（2013）により紹介する。CEFR-J は，CEFR に基づいて日本の英語教育に特化した参照枠組である。CEFR を日本の英語教育に導入する際の課題は，以下の3点にあったという。
 (1)　CEFR の言語能力指標としての「解像度」または「分解能」の問題。CEFR は3レベル（A, B, C）を2つずつに分類し，合計6レベルに分類しているが，日本人学習者の8割は最低レベルの A レベルに属すること
 (2)　A1 レベルの細分化が必要。さらに，A1 以前のレベルの設定が必要

であること
(3) CEFR は出口である評価が大半だったが現在ではカリキュラム，シラバス開発の利用を促していることに対して，CEFR-J はどうするか

　検討の結果，(1)と(2)については，A1 レベルの下に Pre-A1 を設定，A1 レベルを3つに下位分類（A1.1, A1.2, A1.3），A2 レベルを2つに下位分類（A2.1, A2.2），B1 レベルを2つに下位分類（B1.1, B1.2），B2 レベルを2つに下位分類（B2.1, B2.2），C1 及び C2 はそのままとし，計 12 レベルとした。以上のレベルをまとめると最も低い Pre-A1 から最も高い C2 まで並べると，Pre-A1 ＜ A1.1 ＜ A1.2 ＜ A1.3 ＜ A2.1 ＜ A2.2 ＜ B1.1 ＜ B1.2 ＜ B2.1 ＜ B2.2 ＜ C1 ＜ C2 となっている。また，(3)については，CEFR-J は，出口（評価）と入り口（指導や学習）の両方に使えるという姿勢を取った（pp. 92-95）。いくつかの関連資料を使い推定した結果，「日本人学習者のおよそ8割程度が A レベル，2割程度が B レベルで C レベルはほとんどいない」ということが判明したと述べている（p. 123）。ディスクリプタと参照枠作成は CEFR と同様な手続きを経て実施されたこと（p. 95），さらに，CEFR-J の活用法（指導法，評価法）が詳細に具体的に述べられている。

2.2.2　CAN-DO リストの作成法

　現在，中学校・高等学校で作成が求められている CAN-DO リストとは，各々の学校の全ての生徒に求められる外国語能力の到達規準のリストである。このリストは，学力上位群などの一部の生徒を対象にしたものではない。『手引き』には「生徒間の学力差が大きい学校においても，生徒全員が学習意欲を持ち続けることができるように工夫することが大切です」との説明がある（p. 33）。

　CAN-DO リストは，卒業時の学習到達目標として，言語を使って「～することができる」という形で設定するものである。この卒業時の学習到達目標を達成するため，学習指導要領の外国語科及び外国語科の各科目の目標に基づく学年ごとの目標について，4技能を用いて「～することができる」の**能力記述文**（＝ディスクリプタ，descriptor）で設定することが求められている。換言すれば，卒業時の学習到達目標及び，それに至る学年毎の学習到達目標の2種類を作成することが必要であるが，『手引き』には，「最終学年の第3学年の学習到達目標を卒業時の学習到達目標とすることも可能」との

記述もある (p. 34)。

『手引き』p. 7 に学習到達目標は,「「外国語表現の能力」及び「外国語理解の能力」について 4 技能を用いて何ができるようになるかを「〜することができる」という具体的な文（能力記述文）によって表すもの」であるとし,望ましい能力記述文は次の 2 つの要件を備えていることが必要だとしている。それらは,

(1) 「ある言語の具体的な使用場面における言語活動を表している」こと
(2) 「学習活動の一環として行う言語活動であり, 各学校が適切な評価方法を用いて評価できる」こと

である。

投野（2014）は CAN-DO が含むべきものとして,

(A) 行為（performance）：言葉を使って具体的に何をするのか？ タスク（task）と内容（content）が含まれる
(B) 条件（conditions）：どのような条件でタスクを行うのか
(C) 判定基準（criteria）またはテキスト（text）：ことば的にどの程度上手にタスクができればいいのか？ 理解する場合はどの程度のテキスト・レベルか？

の 3 つの要素を挙げていることに注意したい。

三省堂（2014, pp. 4-5）に CAN-DO リストの作成手順が述べられている。概略を挙げると以下のようになる。

Step 1 長期的・中期的な到達目標を考える：卒業時, 学年終了時に何ができるようになっていることを目標にするか（到達目標）を考える。

Step 2 他の CAN-DO リストを参考にする：CEFR-J, 英検 Can-do リスト, GTEC for STUDENTS can-do statements 等既存の CAN-DO リストを参照する。

Step 3 言語活動を振り返る：それぞれの技能について教科書, 教科書以外でどのような言語活動を取り入れているかを振り返る。

Step 4 到達目標へのロードマップを描く：到達目標に言語活動を関連付ける。

Step 5 CAN-DO ディスクリプタのチェック：ディスクリプタに, 受容技能の場合は「①タスク, ②テキスト, ③条件」があるか, 発表技能の場合は「①パフォーマンス, ②質, ③条件」があるかをチェックする。

また，文科省初等中等教育局によって発行された「「CAN-DO リスト」の形での学習到達目標例及び年間指導計画・単元計画への反映例」の中学校版，高等学校版が『手引き』pp. 16-22 に掲載されているので参照できる。さらに，具体的な能力記述文の例は，前述の CEFR-J，英検 Can-do リストなどや，滋賀県，山口県，岩手県，福岡県などが「CAN-DO リスト」をインターネット上で公表しているので，Google 等の検索欄に「CAN-DO リスト○○県」等を入力することにより参照していただきたい。

2.2.3　CAN-DO リスト作成にあたっての注意点

CAN-DO リスト作成には**トップダウン**（top-down）方式と**ボトムアップ**（bottom-up）方式の 2 つがある。

トップダウン方式とは既存の「CAN-DO リスト」，例えば CEFR-J，英検 Can-do リスト，GTEC for STUDENTS can-do statements などの言語枠組から適切なレベルを選択して，自分の学校の到達目標としての CAN-DO リストに組み込んでいく方式である。

メリットは，外部の既存の枠組みを取り入れることにより，目指す外部の到達目標が動機づけを生徒に与えることができること，教師も既存の枠組みの「CAN-DO リスト」を実現するためのタスク，活動を授業中に使うことができること，外部のテストのタスクまたは外部のテストと類似したタスクやテストを使うことができること，外部のテストの採用で客観的に英語力を測ることができること，外部の既存の枠組みでは 4 技能ではなく**やりとり（interaction）**」を含めた 5 技能であることを意識できることなどである。

デメリットについては，長沼・永末（2013, p. 1）は，(1)具体的なリストを作る前にレベルが先行していることから，学習者の能力の実態と合っていない問題が生じる可能性があること，(2)外部基準に基づいた CAN-DO リストは，各学校のカリキュラムやシラバスの内容と必ずしも一致せず，妥当性に欠ける場合も起こりやすいこと，(3) CEFR-J などのフレームワークをスタンダードとして絶対的な基準として取り扱うことは，上からの押しつけ型の CAN-DO リストの開発となり，自律学習支援の意義を損ねることになること，と述べている（番号は筆者）。

ボトムアップ方式とは，自分の学校の生徒のレベルに合わせて CAN-DO リストを書いていく方法である。メリットは，自分の学校の生徒のレベルに

合致した CAN-DO リストであるため，学習内容について CAN-DO リストの妥当性が高いものとなることである。デメリットについては，長沼・永末 (2013, p. 2) は，「細切れの記述を羅列したリストとなり，まとまりや相互の関連性に欠け，発達感が見えづらくなる危険性も伴う」と述べている。これの修正方法として，「内部での授業と整合性の高い CAN-DO リストを作成した後に，CEFR などの外部の大きな枠組と関連付け，能力発達上の位置づけを示すこと」を提示している（長沼，2008）。

　CAN-DO リストは，「英語でできること」を能力記述文として記述するのであるが，そのできることのとらえ方，すなわち，言語能力観によって，工藤 (2012) はその種類を 4 つに分類している。略述すると以下のようになる。(1)実際の英語使用を反映した CAN-DO リスト：CEFR。本章冒頭に挙げた NHK の英語講座の例は CEFR 準拠。「日本で放送されているラジオやテレビの英語ニュース全般を聞いて，どのような内容か大筋を理解できる」などの記述を含む GTEC for STUDENTS can-do statements の例。(2)英語の学習を反映した CAN-DO リスト：「よく使われる表現であれば，単語がつながって発音されても，その意味を理解することができる（Come in. が「カミン」)」など英語学習者にとり，ある段階として重要な能力を記述した英検 Can-do リストの例。(3)授業内容を反映した CAN-DO リスト：教室内の英語による言語活動「教科書のリスニング活動に出てくる，10 文程度の長さのわかりやすい展開の話や会話を聞いて，大筋なら内容が理解できる」などを想定した GTEC for STUDENTS can-do statements の例。(4)試験で問われる力を反映した CAN-DO リスト：「大学入試センター試験第 6 問を 130WPM で読み，ほぼ理解できる」など入学試験・英検・TOEIC などの外部試験で問われている能力を具体的に記述した福岡県立香住丘高等学校の CAN-DO リストの例。以上，4 つに分類した工藤は，これらの「「(2)(3)学習・授業 CAN-DO」と「(4)試験 CAN-DO」が類似したものとなっており，その両者と「(1)実際の英語使用 CAN-DO」との間にギャップが生じている」とも述べている（pp. 50-52）。

　中学校・高校の教師は，自分の学校は 4 種類のどの CAN-DO リストを作成するのかを考える必要がある。通常は，どれか 1 つに拠るのではなく，複数の CAN-DO リストを組み合わせて 1 つの CAN-DO リストを作成することが必要と思われる。

この4種類の CAN-DO リストの特徴をまとめると，表1のようになる。

表1　4種類の CAN-DO リストの例と特徴

	実際の英語使用 CAN-DO	学習 CAN-DO	授業 CAN-DO	試験 CAN-DO
例	CEFR, CEFR-J, GTEC for STUDENTS, 英検 Can-do リスト	GTEC for STUDENTS, 英検 Can-do リスト	GTEC for STUDENTS	CEFR, CEFR-J, GTEC for STUDENTS, 英検 Can-do リスト 香住丘高校 CAN-DO リスト
特徴	学校と現実の世界が異なるため作成困難。妥当性低い。	自分の学校生徒を基に作成容易。妥当性高い。	自分の学校生徒を基に作成容易。妥当性高い。	自分の学校生徒を基に作成容易。妥当性高い。

それらトップダウンとボトムアップをどのように組み合わせればよいのだろうか。一例を紹介する。

まずはボトムアップ方式で，学習到達目標について言語を用いて「～することができる」という形で設定し，卒業までに生徒が身につける能力の全体像を描く。次に，学年ごとの目標として，4技能または5技能（5つ目は「やりとり」の技能）を用いて「～することができる」という形（「CAN-DO リスト」の形）で「学年ごとの学習到達目標」の設定をする。この際，トップダウン方式で考えられた既存の「CAN-DO リスト」，例えば CEFR-J，英検 Can-do リスト，GTEC for STUDENTS can-do statements などの能力記述文を，ボトムアップ方式で設定した卒業時の目標の能力記述文との整合性を考えながら取り入れる。これにより，トップダウンとボトムアップの2つの方式のよいところを結び合わせることができる。

注意点を1つあげておく。教科書とは異なる教材の使用の必要性である。『手引き』p. 18 に単元目標「時間軸に沿って物語のあらすじを読み取ることができる。」とした場合，練習として<u>「教科書とは別の同じような時間軸で構成された物語文を用いて，粗筋をつかむ練習をする」</u>と記されている。単元のまとめの筆記テストとしても「1. <u>教科書とは異なる物語を読む筆記テストにおいて，時の流れを示す表現などを頼りにしながら全体のあらすじを読み取る</u>」（下線部は筆者）と記されている。練習においても，筆記テストで

も，教科書とは異なる物語文を使用することが求められているのである。これは「CAN-DO リスト」作成上，銘記すべき事柄である。

2.3　CAN-DO リストの評価規準の評価方法

　CAN-DO リストは学習到達目標をあげるので，当然，どの程度目標を達成したかを途中経過及び学年末に評価をする必要がある。すなわち，指導の途中で継続的に繰り返される**形成的評価**（formative evaluation/assessment）と，学習の指導が終了した段階で行われる**総括的評価**（summative evaluation/assessment）の 2 種類の評価を行わなければならない。形成的評価としては，小テスト，面接，エッセイ，言語活動の観察，授業中のタスクの取り組み中の観察，スピーチなどのパフォーマンス評価，生徒自身の自己評価（評点に入れないが参考程度），（将来使用する場合）ポートフォリオの点検などが考えられる。一方，総括的評価としては中間・期末テストなどの定期テストが挙げられる。

　CAN-DO リストによる目標達成の評価として適しているものは，観点別評価の 4 つの観点—「コミュニケーションへの興味・関心・意欲」，「外国語表現の能力」，「外国語理解の能力」，「言語や文化についての知識・理解」—の中の 2 つの観点「外国語表現の能力」（産出能力，スピーキングとライティング），「外国語理解の能力」（受容能力，リスニングとリーディング）である。『手引き』p. 10 に「生徒や保護者と学習到達目標を共有するため，CAN-DO リスト形式の目標を，例えば，高等学校におけるシラバスなどにも反映させることが望ましい」と記されている。

　指導と評価の一体化をするために各単元の目標及び評価規準を設定し，それらを意識して授業を行うことが大切で，『手引き』p. 12 では「目標の達成状況を把握するための具体的な評価を計画し，単元計画に位置付ける」ことを求めている。

　評価方法として，上述した形成的評価を日常的に行うこと，単元等の区切りの中で適切に設定した時期，または学期末・年度末に総括的評価を行うことが求められている。

　自己評価については，『手引き』p. 13 に生徒の自己評価は「生徒による自己評価の結果を教員が行う生徒の評価資料として使うことができないことに留意が必要である」（波線は筆者）と記されているので，参考として使う程

度である。自己評価は前述の 2.1.1 CEFR で「…自己評価は信頼性が高く，教師による評価や試験結果とも高い相関があると報告されている」と述べられているが，日本では，現在，生徒自身は観点別評価に基づく自己評価の経験がたいへん少ない。したがって，現在，生徒の自己評価を成績に取り入れる段階ではないが，生徒の自律的学習を促進する方向にあり，CAN-DO リストの点検にも自己評価が必要とされると思われる。したがって，生徒に自己の学習を振り返り，自己評価できるように教師の指導が必要とされる。

CAN-DO リストによる目標達成状況の見直しは **PDCA サイクル** により，学年末に行うことが勧められる。PDCA サイクルとは，ビジネスマネジメント手法の 1 つで PDCA は Plan（計画），Do（実行），Check（点検），Act（改善）の略語である。目標を設定し計画を立て（Plan），計画を実行し（Do），実行の結果を点検し（Check），改善を行う（Act）ことを一連のサイクルとして行うことである。したがって，改善の結果を次の計画に生かし（Plan），また，Do，Check，Act というようにらせん状に改善を継続することが大切とされている。ここで，PDCA サイクルに基づいて具体的な手順を述べる。

Plan（計画）：まず，卒業時に英語を使って何ができるようになっていることを目標にするか（到達目標）を計画する。次に，学年終了時，学期終了時に何ができるようになっていることを目標にするか（到達目標）を計画する。生徒の実態と希望についてアンケート調査を実施し，各技能について英語を使って「～をすることができる」という能力記述文を作成し CAN-DO リストを作成する。その場合，1 年生では 70～80% の生徒が達成できる目標を考える（久村，2013, p. 46）。また，4 技能の中のスピーキングは，「やりとり」と「発表」の 2 つに枝分かれるので，全部で 5 技能に分けて考えるとよい（投野，2013, pp. 38-45 を参照）。

Do（実行）：計画を効率的に実行する。英語科全員が効果的な指導を行うよう努める。

Check（点検）：授業中の生徒の言語行動観察，生徒のノート点検，小テストの実施（形成的評価），中間テスト・期末テストの実施（総括的評価）によって実行の結果を分析して評価する。さらには既存の外部テスト（英検，GTEC，TOEFL など）で客観的に英語学力の伸長度を測定する。計画実行中に生じた課題を教員間で共有する。

Act（改善）：点検事項を検討し修正する。課題を解決する。PDCA サイ

クルを回して Plan（計画）を再立案する。

3　観点別評価
3.1　観点別評価の定義と目的
　観点別評価（criterion-referenced evaluation/assessment）は「受験者の言語表現の様々な側面を別々に評価する」**分析的評価**（analytic evaluation/assessment）である（第2章7.2参照）。また，「目標基準準拠テスト」と「集団基準準拠テスト」の観点からは（第2章7.1参照），学校の定期テストおよび評価は，**目標基準準拠テスト**（criterion-referenced test），すなわち，「教師が特定の目的を設定し，その目的に応じて基準点を決定した後，生徒の達成度または運用能力がどれくらいの位置にあるかを評価するテスト」であり，絶対評価とも呼ばれる。日本の小学校・中学校・高校の教育の中では，学習指導要領の目標に準拠した分析的評価を観点別評価と呼んでいる。
　文科省初等中等教育局（2010）「児童生徒の学習評価の在り方について（報告）」（以下，「学習評価の在り方」と略）によると，昭和52（1977）年に学習指導要領の改訂に伴い，指導要録が改訂され「各教科の学習の記録」について集団基準準拠評価を実施しつつ，目標に準拠して観点別評価を実施することが明示された。平成元（1989）年の中学校学習指導要領の改訂に応じて指導要録の改訂を行い，「各教科の学習の記録」欄に観点別学習状況として学習指導要領に定める目標に照らしてその実現状況を観点ごとに評価し，評定欄には学習指導要領に定める目標に照らして，<u>学級または学年における位置づけ</u>（集団基準準拠評価）を記録するが，各段階ごとに一定の比率を定めて，機械的に割り振ることのないように留意する旨の注意がなされた。平成20, 21（2008, 2009）年の学習指導要領改訂に伴い，指導要録が改訂され，「各教科の学習の記録」欄に，観点別学習状況欄は平成元（1989）年版と同じ記述がなされたが，評定欄については学習指導要領に照らして<u>その実現状況を総括的に評価</u>することになった。
　高等学校の指導要録については，小学校・中学校と異なり，評定を記録する欄があるが，観点別学習状況を記録する欄はないこと，ただし，小・中学校と同様に観点に基づく「観点別学習状況を踏まえながら評定を行う」旨の注意がある。これまでの評価方法の歩みを見ると，「2. CAN-DO リスト」で紹介したように，高等学校も集団基準準拠評価を残しつつも今後，大幅に観

点別評価を行うことが予想される。

　観点別評価を行う理由について「学習評価の在り方」は平成 12（2000）年 12 月教育課程審議会答申の中で次の 5 つの理由が挙げられていると述べている。
(1) 児童生徒一人一人の進歩の状況や教科の目標の実現状況を的確に把握し，学習指導の改善に生かすことが一層重要であるため
(2) 学習指導要領に示す内容を確実に習得したかの評価を一層徹底するため
(3) 上級の学校段階の教育との円滑な接続に資する観点から児童生徒の初等中等教育における学校段階でその学校段階の目標を実現しているかを評価するため
(4) 学習の習熟の程度に応じた指導など個に応じた指導が一層重視されており，学習集団の編成も多様となることが考えられ，指導に生きる評価をするため
(5) 学年・学級の児童生徒数が減少し，評価の客観性や信頼性を確保するため

3.2　学力の 3 要素と観点別評価の 4 観点の関係

　平成 22（2010）年の中央教育審議会初等中等教育分科会で「**学力の 3 要素**」という用語が初めて使われた。それは，
(1) 「基礎的・基本的な知識・技能の習得」
(2) 「これらを活用して課題を解決するための思考力・判断力・表現力など」
(3) 「主体的に学習に取り組む態度」
の 3 要素である。

　「学習評価の在り方」に，観点別評価の 4 観点――(a)コミュニケーションへの関心・意欲・態度，(b)外国語表現の能力，(c)外国語理解の能力，(d)言語や文化についての知識・理解――を，上記の 3 つの学力要素に対応させ，整理することが適当である旨が記されている。外国語の学習評価の観点については，
　　観点(a)コミュニケーションへの関心・意欲・態度は，学力要素「主体的に学習に取り組む態度」の観点

観点(b)外国語表現の能力と観点(c)外国語理解の能力は，2つの学力要素「基礎的・基本的な知識・技能」と「思考力・判断力・表現力」を合わせて評価する観点

観点(d)言語や文化についての知識・理解は，学力要素「基礎的・基本的な知識・技能」に着目した観点

と見なされている。

観点別学習状況の実現状況は，「十分満足できる」状況と判断されるものはA，「おおむね満足できる」はB，「努力を要する」はCとなっている。評定については5段階として「十分満足できるもののうち，特に程度が高い」状況と判断されるもの5，「十分満足できる」は4，「おおむね満足できる」は3，「努力を要する」は2，「一層努力を要する」は1としている。

NIER (2011, p. 21) に観点別学習状況の4つの観点とその趣旨について，以下のように述べられている。

表2　観点別学習状況の4つの観点とその趣旨（表の枠は筆者改変）

観点	趣旨
コミュニケーションへの関心・意欲・態度	コミュニケーションに関心をもち，積極的に言語活動を行い，コミュニケーションを図ろうとする。
外国語表現の能力	外国語で話したり書いたりして，自分の考えなどを表現している。
外国語理解の能力	外国語を聞いたり読んだりして，話し手や書き手の意向などを理解している。
言語や文化についての知識・理解	外国語の学習を通して，言語やその運用についての知識を身に付けているとともに，その背景にある文化などを理解している。

観点別評価の中学校外国語での例は，上述のNIER (2011, pp. 21-50) に，高等学校外国語での例は，NIER (2012, pp. 21-50) に，具体的にわかりやすく書かれているので，是非，参考にしていただきたい。

CAN-DOリストの形で設定した学習到達目標の実現状況の評価と観点別学習状況の評価の関係については，CAN-DOリストの形による学習状況の評価は，観点別学習状況の評価における「外国語表現の能力」の観点と「外国語理解の能力」の観点の評価に生かすことが期待されている。

観点別学習状況の評価の総括を，単元末，学期末，学年末にした中学校の場合，NIER (2011) は，(1)評価のA，B，Cを蓄積していきA，B，Cの数

を基に判断する，例えば ABB なら B と総括するなど，または，(2)評価を数値（例えば A＝3, B＝2, C＝1）に換算して蓄積して合計点や平均点などを使うことを紹介している（pp. 15-17）。高等学校の場合，NIER（2012, pp. 18-20）に紹介されているが，総括の方法は中学校・高等学校も全く同一の方法であることがわかる。

4　おわりに

　CAN-DO リストの形による学習到達目標の設定と評価，及び，観点別学習状況の実現状況の評価は，中学校・高等学校の英語教師にとり，大きな負担ではある。特に，CAN-DO リストの形の能力記述文の作成は初めてなので，全国の英語の教師は苦労されていると思われる。CAN-DO リストの設定の目的は本章 2.1.3 で述べたが，ここで再度，なぜ CAN-DO リストを作成しなくてはいけないのか，その意義を述べておきたい。

　第 1 に行動指向的アプローチを取る CEFR に準拠した CAN-DO リストに基づく英語教育を受けた生徒が，英語を使ってコミュニケーションの目的を行動で果たせるようにすることである。生徒は，到達目標を目指して具体的な使用場面でテキスト・タスクについて，ある条件下で言語活動（＝行動）ができることが求められているのである。

　第 2 に，生徒の外国語表現の能力・理解の能力について，教師の指導と評価の改善のためにこの CAN-DO リストを活用することが求められていることである。かつての批判の強かった文法訳読法ではなく，英語の 4 技能を総合的に育成する指導法に留意して，1 時間ごとの授業の到達目標，学期毎の到達目標，学年終了時の到達目標，やがては卒業時の到達目標を達成しなければならない。またそのための評価を日常的に（形成的評価），また，まとまった時点で（総括的評価）実施していかなければならないのである。

　第 3 は **自律的学習者**（autonomous learner）育成の観点である。生徒が CAN-DO リストの能力記述文と，明示された卒業時・学年ごと・学期ごとの到達目標を教師と共有することにより，生徒自身も自己の学習を振り返り，自己評価表などに記入することによって学習到達目標の到達度に責任を持つ必要がある。彼らも卒業後は自律した学習者として生涯学習を継続する必要があり，教師は生徒の自己評価を参考にしつつ，生涯学習の立場から自律的学習者に育てていくことが必要とされるのである。以上が CAN-DO リスト

作成の意義と考えられる。

参考文献

工藤洋路.（2012）.「CAN-DO リストとは何か―CAN-DO リストの作成から活用に向けて」『英語教育』第 61 巻 8 号（10 月増刊号），50-52. 大修館書店.
三省堂.（2014）.『中学校英語 CAN-DO リスト作成のヒントと実践例』三省堂.
投野由紀夫.（2012）.「CEFR-J の CAN-DO 設定とその活用」『英語教育』第 61 巻 8 号（11 月号），66-68. 大修館書店.
投野由紀夫（編）.（2013）.『英語到達度指標 CEFR-J ガイドブック』大修館書店.
長沼君主.（2009）.「Can-Do 評価―学習タスクに基づくモジュール型シラバス構築の試み」『東京外国語大学論集第 79 号』，87-106.
長沼君主，永末温子.（2013）.『Teacher's Manual: LANDMARK English Communication I Can-Do リスト解説書，Can-Do 尺度に基づいた学習と評価のアプローチおよび授業展開例』新興出版社啓林館.
日本放送協会，NHK 出版.（2014）.『プレキソ英語』4 月号. NHK 出版.
久村　研.（2013）.「授業で英語を多く使うために―行動志向的アプローチのすすめ」『英語教育』第 61 巻 12 号（3 月号），45-47. 大修館書店.
望月昭彦（編著）.（2010）.『改訂版 新学習指導要領にもとづく英語科教育法』大修館書店.
キース・モロウ（編）. 和田稔，高田智子，緑川日出子，柳瀬和明，斎藤嘉則（訳）.（2013）.『ヨーロッパ言語共通参照枠（CEFR）から学ぶ英語教育』研究社.
文部科学省国立教育政策研究所教育課程研究センター（NIER）.（2011）.『評価規準の作成，評価方法等の工夫改善のための参考資料：中学校外国語』教育出版.
文部科学省国立教育政策研究所教育課程研究センター（NIER）.（2012）.『評価規準の作成，評価方法等の工夫改善のための参考資料：高等学校外国語』教育出版.
文部科学省初等中等教育局.（2010）.「児童生徒の学習評価の在り方について（報告）」Retrieved from http://www.mext.go.jp/b_menu/shingi/chukyo/chukyo3/004/gaiyou/attach/1292216.htm
文部科学省初等中等教育局.（2013）.『各中・高等学校の外国語教育における「CAN-DO リスト」の形での学習到達目標設定のための手引き』Retrieved from http://www.mext.go.jp/a_menu/kokusai/gaikokugo/1332306.htm
Council of Europe.（2001）. *Common European framework of reference for languages: Learning, teaching, assessment.* Cambridge: Cambridge University Press.

理論編

2. ライティングの評価

望月　昭彦

1　はじめに

　6～7年前の2月，ある会合で高校の先生方と会う機会があった際に，1人の高校教師から，4月からライティングの授業を初めて担当するがどのように教えたらよいか全く分からない，と言われた。そこで，私は長年，大学で担当してきたアカデミック・ライティングでの議論文の書き方の指導法と評価法を簡単に紹介すると，彼女は安心した様子を見せた。一方，一昨年8月に，教員免許更新講座の講師として，中学・高校の教師22人を対象に指導法と評価法について講義を行った際，最初の講義の冒頭に，状況説明とタイトルを与えて15分程度でエッセイを書いてもらった。終了後，このような**談話作文**（discourse writing）（タイトルを与えて100語など一定の長さのまとまりのある作文）を生徒に書かせたことがあるかと聞いたところ，中学校教師は14人中13人，高校教師は8人中6人があると答えた。さらに，筆者は勤務先の大学（関東地方の文系の平均的な学力の大学）の教科教育法のクラス（22～25人）の中間・期末試験でそれぞれ150語程度で談話作文のエッセイを書かせているが，7年前には，このようなエッセイを書いたことがある学生はゼロだったが，ここ2～3年前から2～3人になってきている。これまでの和文英訳を中心とした1文単位の作文から，談話作文を書いた経験のある学生が少しずつだが増えてきているようだ。

　本章では，まずライティング能力の構成要素をこれまでのライティング研究をもとに説明し，また，中学校・高校の学習指導要領の中でライティングがどのように扱われているかを紹介する。次に，ライティングが直接テストに属すること及びライティングの分析に量的・質的分析があることを解説する。そして，コミュニケーション能力を測定するテスト原理とテストが備えるべき3つの条件，ライティングの評価規準の設定を取り上げる。最後に，

フィードバックの種類・効果についての研究を紹介し，ライティングの指導・評価の際に流暢さと正確さのどちらを優先すべきかを考察する。

2 ライティングの能力の定義

Weigle (2002) は，Bachman & Palmer (1996) を改作した Douglas (2000) の**コミュニカティブ言語能力**（communicative language ability，「純粋なコミュニカティブな機能を果たすために言語を使える能力」(Weigle, 2002, p. 42)）に従い，ライティングの能力を大きく**言語知識**（language knowledge）と**方略的能力**（strategic competence）の2つに大別し，それぞれの構成要素を以下のように説明している。

表1　コミュニカティブ言語能力の構成要素 (Weigle, 2002, p. 43)

---
1. 言語知識
   (1) 文法的知識：語彙の知識，形態素及び統語の知識，音韻の知識
   (2) テキストについての知識：結束性の知識，修辞的または会話構造の知識
   (3) 機能的知識：概念的機能の知識，操作的機能の知識，学習的機能の知識，想像的機能の知識
   (4) 社会言語学的知識：方言・変種の知識，言語使用域の知識，慣用的表現の知識，文化的指示の知識
2. 方略的能力
   (1) 評価：コミュニカティブな状況またはテスト用タスクを評価する。適切な談話領域を使用する。応答の正確さまたは適切さを評価する
   (2) 目標設定：コミュニカティブな状況にいかに応答するか及び応答すべきかを決定する
   (3) 立案：設定した目標に到達するためにどんな言語知識及び背景知識が必要かを決定する
   (4) 実行の統制：計画を実施するために言語知識の適切な要素を取り上げて構成する

（表中の番号は筆者）

Weigle (2002) は，言語知識について，(1)文法的知識は言語の基本的単位の知識，(2)テキスト知識は一貫性あるテキストを作成するためにどのようにこの基本的単位を組み合わせるかの知識，(3)機能的知識（functional knowledge）はコミュニカティブな機能を果たすために言語がどのように使われるかの知識，(4)社会言語学的知識（sociolinguistic knowledge）は言語を異なる社会的場面で適切に使えるかについての知識であると述べている。また方略的能力は，非言語的能力であり，上記のすべての言語知識を使用してコミュニケーションの目的を果たすための高度の実行プロセスだとしている。またこの方略的能力は言語知識と外部の状況，及び言語知識と他の個人

的特性，特に話題の知識を結びつけていると述べている (p. 42)。

　Weigle のこのモデルになった Bachman & Palmer (1996, pp. 69-70) によれば，(3)機能的知識は，発話や文とテキスト間の関係，言語使用者の意図を理解できるようにしてくれる知識で，以下の4つの下位知識に分類される。概念的機能の知識（現実世界の経験の立場から意味を表わしたり解釈を可能にさせる知識），操作的機能の知識（我々の周りの世界に影響を与えるために要請・提案・規制・挨拶などの表現ができるようにさせる知識），学習的機能の知識（我々の周りの世界の知識を広げるために指導・学習・問題解決等で言語を使えるようにさせる知識），想像的機能の知識（架空の世界を作ったり我々の周りの世界を広げるためにジョーク・比喩等を使えるようにさせる知識）。また，上記表1の(3)機能的知識，(4)社会言語学的知識をまとめてBachman & Palmer は「語用論的知識 (pragmatic knowledge)」としている。

　しかし，日本の学校教育でのライティングの評価については，方略的能力を別個にテストする必要はないと考えられる。例えば，表1の方略的能力の「立案」を取り上げて英語のライティングのテスト項目として立案がどの程度できるかを明示的には出題しないということである。ただし，方略的能力を使用した結果である書かれた（パフォーマンスの結果の）作文を評価する際，方略的能力はその能力を使用した結果がその作文の中に反映されていると考えられる。したがって，ライティングの能力として個別に評価するものは上記の言語知識の4つの下位能力，「文法的知識」，「テキストについての知識」，「機能的知識」，「社会言語学的知識」だと考えられる。

　ライティングには，1文単位（単文レベルの作文）と談話（2文以上で意味を成すテキスト。テキストとは語・文・発話の集まりの意味 (Harmer, 2008, p. 29)）レベルの作文がある。次節で扱う中学校・高校学習指導要領では談話レベルの作文が取り上げられている。単文レベルの作文では，熟練した書き手と下手な書き手の差が出てこないが，談話レベルではその差が出てくる。Weigle (2002) は，Bereiter & Scardamalia (1987) の提唱した「知識告知 (knowledge telling)」モデルと「知識変形 (knowledge transforming)」モデルを使い，下手な書き手は前者を，熟練した書き手は後者を利用していると述べている (pp. 32-35)。

　次頁の表2は，Bereiter & Scardamalia (1987) のモデルについて Weigle (2002) が要約した内容を筆者が表にまとめたものである。Weigle は，

表2 「知識告知」モデルと「知識変形」モデルの対比

	知識告知モデル	知識変形モデル
特色	○即席に話すことに類似し、ほとんど立案も推敲もない。 ○たいていの子ども、青少年がこれを使う。 ○会話では相手がいろいろ情報を補足してくれるが、相手がない状態で作文をしなければならない。未熟な書き手は、3つの入力源に依存する。(1)主題（または学校では課題）。(2)書き手の談話のスキーマまたはタスクを行うためにどんな要素を含む必要があるか、いかに並べるか等作文の形式の知識。(3)それまで書いたテキスト（これが更に追加する内容を生み出すきっかけとして使用される）。 ○普通のスピーチの産出の形で日常会話と同様に立案、目標設定を必要としない。	○はるかに多くの努力と技量を要し、多量の練習なくしては得られない。 ○作文の過程は、思考を紙に書くだけではなく、新しい知識を創造するために作文を使う。作文の過程自体が新しい知識を生み出し、書き手が伝えようとしていることについての考えを変更するかもしれない。 ○第1段階で問題分析と目標設定を行う。これらは、2つの分野――(1)内容問題スペース、(2)修辞的な問題スペース――で問題解決行動を含む。 ○(1)内容問題スペースは、信条及び知識の問題を扱う。(2)修辞的な問題スペースは、作文課題の目標をいかに一番上手に成し遂げるかを扱う。内容問題の解決は修辞的な問題を扱わせることになり、逆も同様である。「継続的に進展する知識と継続的に発展するテキストの間に双方向のやり取りがある」

Grabe & Kaplan (1996) がこの Bereiter & Scardamalia の「知識変形」双方向モデルを推奨し、熟練した書き手は未熟練の書き手とは実質的に異なる作文方略を使用していること、熟練した書き手にもタスクが困難度の点で異なることの説明を明らかにしていると述べている (p. 35)。

3　学習指導要領におけるライティング

次に、ライティングについて、中学校・高等学校の学習指導要領ではどのように扱われているかを見ていく。

3.1　平成20（2008）年版中学校学習指導要領

3学年間を通じてのライティングの目標として「英語で書くことに慣れ親しみ、初歩的な英語を用いて自分の考えなどを書くことができるようにする」となっている。和文英訳ではなく自らの発想による自己表現をする能力の育成が求められていることに注意したい。言語活動について、(1)「文字や符号を識別し、語と語の区切りなどに注意して正しく書くこと」、(2)「語と語のつながりなどに注意して正しく文を書くこと」、(3)「聞いたり読んだり

したことについてメモをとったり，感想，賛否やその理由を書いたりなどすること」，(4)「身近な場面における出来事や体験したことなどについて，自分の考えや気持ちなどを書くこと」，(5)「自分の考えや気持ちなどが読み手に正しく伝わるように，文と文のつながりなどに注意して文章を書くこと」が記されている。第1に，(2)の「語と語のつながりなどに注意して正しく文を書くこと」に見られるように，文構造，語法の知識の必要性，語順の重要性が指摘されていること，第2に，(5)の「文と文のつながりなどに注意して文章を書くこと」に見られるように，全体として一貫性のある文章を書くことの必要性が指摘されている。第3に，聞いたり読んだりしたことについて単なる感想や賛否を述べるばかりではなく，「その理由を」書いたりすることが求められていることに注意する必要がある。(望月，2010, p.151)

3.2 平成21（2009）年版高等学校指導要領

　高等学校では，「書くこと」の言語活動の扱いについて，「コミュニケーション英語Ⅰ」では「聞いたり読んだりしたこと，学んだことや経験したことに基づき，情報や考えなどについて，簡潔に書く」のように，1つの技能のみを単独に扱うのではなく，他の技能と組み合わせた4技能の総合的な育成，4技能の統合的な活用を目指していることに注意したい。「コミュニケーション英語Ⅱ」では，「聞いたり読んだりしたこと，学んだことや経験したことに基づき，情報や考えなどについて，まとまりのある文章を書く」ことと記され，まとまりのある文章，すなわち，ある一定以上の長さの文章を，誰を対象として何の目的で書くのかを明確にして，論理の一貫性に注意して書くことが求められている。「コミュニケーション英語Ⅲ」では，「社会生活において活用できるようにする」と記され，卒業後に就く仕事や，高等教育機関での学習・研究，その他さまざまな生活の場面において，情報や考えなどを的確に理解したり適切に伝えたりする能力を生かすことができるようにすることが求められている。

　また，「話すこと」及び「書くこと」に関する技能を中心に論理的に表現する能力の育成を図る表現科目である「英語表現Ⅰ」「英語表現Ⅱ」が創設されたことは，特筆すべきことである。「英語表現Ⅰ」は，「基本的言語規則に基づいて，様々な場面に応じて適切に話すことや書くことができるようにし，あわせて論理的思考力や批判的思考力を養うことをねらいとして」「読

み手や目的に応じて，簡潔に書く」こと，「書いた内容を読み返すこと」すなわち，校正することを求めている。「英語表現Ⅱ」では，「主題を決め，様々な種類の文章を書く」ことが記され，物語文，説明文，論説文，手紙や日記など様々な種類の文章を生徒に提示して説明を加えた後，ペア活動などによるブレーン・ストーミングや質疑応答をさせたりして「書く活動」をさせることが考えられる。また，「書いた内容を読み返して推敲すること」と記されているように，書き終えた後，書いた作品を文章の構成，論点，語句の選択，文法的正確さなどの点について，生徒自身に推敲させるばかりでなく，生徒同士で交換させて改善点を指摘しあうようにすることが大切である。（望月，2010, pp. 151-152）

4　直接テストと間接テスト

　ライティングテストは次の2つに大別できる。**直接テスト**（direct test）は，測定したい技能そのものを実際に被験者に行わせるテストで，テストに使うタスクもテキストも，できる限りオーセンティックなものでなければならない。例えば，談話作文の能力を測定するために，目的・タイトル・誰を対象とするかを指示文で与えてから200語程度でエッセイを書かせるテストは直接テストである。これに対して，実際に作文を書かせる代わりに語句を並べかえさせて記号で解答させる整序作文は**間接テスト**（indirect test）である。間接テストは，テキスト作成の際の認知的内省的過程（立案，アイディアを作り出して発展させ，主張して根拠を提供する）に注意していないという批判を受けている（Murphy & Yancey, 2008）。

　学習指導要領が求めているライティング能力を測るのは，間接テストではなく直接テストであることがわかる。

5　量的分析による評価と質的分析による評価

　作文を分析する方法は，大きく次の2つに分けられる。**量的分析**（quantitative analysis）は，数値を使った分析を意味する。量的に分析して評価する際，評価者は，生徒の作文答案を見ながら，(1)文法上の正確さについては**Tユニット**（T-unit）（Hunt, 1970, p. 4が提唱した分析する際の測定単位，Tと略），誤りの無いTユニット（EFT）を基準とした指標（EFT/T等），節，誤りの無い節（EFC）を基準とした指標（EFC/C等），(2)流暢

さ（writing fluency といい，スピーキングだけに用いるわけではない）については，使用された語数，文の数，1文あたりの語数（W/S），節当りの語数（W/C）等の指標，(3)文法的な複雑さについては，Tユニット当りの節の数（C/T），Tユニットあたりの従属節（DC/T）等，(4)語彙の複雑さについては総語数（token）に占める異なり語（word-type）の割合（Type-Token Ratio, Type/Token），**ギロー指数**（Guiraud Index，異なり語を総語数の平方根で割った指数，Type/$\sqrt{\text{Token}}$）等の指標を使って分析する。(5)内容については，5段階又は3段階の数値で表示する。例えば議論文で理由を3つ挙げてあれば3点，2つ挙げてあれば2点，1つの場合は1点として，目的によりこの得点を2倍等に変換する。将来，研究会などで詳細な分析結果を発表する際は上記の方法が役立つ。

　一方，**質的分析**（qualitative analysis）は，数値を使わない分析で，言葉で説明する分析方法である。靜他（2002）に「統計などの数値を用いず，観察法，インタビュー法や日記法（diary method）などを使って記述的に研究を進めていく方法，およびその方法に基づいた研究のこと。エスノグラフィー（ethnography）やアクション・リサーチ（action research）などが代表（p. 139）」などと説明されている。

6　コミュニカティブ・テストの原理と備えるべき条件

　ライティング能力を評価する際は，直接テスト・間接テストか，量的分析・質的分析かの視点を踏まえながら，コミュニケーション能力を測るコミュニカティブ・テストを作成することが重要である。本節では，その原理と備えるべき3つの条件を述べる。

6.1　コミュニカティブ・テストの原理

　コミュニケーション能力を測るテストを**コミュニカティブ・テスト**（communicative test, CT）と呼ぶ。CTとはいかなるものかについて，Savignon（1983, p. 254），Brown（1994, p. 265），Bachman（1991, p. 678），Weir（1993, p. 167）らがその特色を述べており，かれらの主張に共通するCTの特色は次の5点にまとめることができる。

(1)　CTは，「いろいろな言語特性，型，または技能についての知識を同時に測定する」総合テスト（1つのテスト項目で複数の知識・技能を測

定するテスト。例：インタビューテスト）である。
(2) CT は，測定したい技能そのものを実際に行わせる直接テスト（測りたい知識・技能を直接に測るテスト。例：話す能力を測りたい場合は直接に生徒に話させる）である。
(3) CT は，現実生活をタスクに取り入れるものであって，タスクを与える時に現実生活（例：手紙の返事を書く等）を想定している。
(4) CT は，場面を設定している。生徒が将来，遭遇する代表的な場面を設定する必要がある。
(5) CT は，機能（リチャーズ他（1988）の定義によると「言葉の発話や単位が用いられる目的」。例：asking the way, apologizing, praising）を測定するものであり，生徒の言語使用の運用力を測定するものである。例えば生徒に「駅に行く道を聞くにはどのように言えばよいか」という設問を出して，"How can I get to the station?", "Would you tell me the way to the station?", "Could you tell me the way to the station?" などという応答を期待する。（望月，1997, pp. 142-143）

6.2 テストが備えるべき3つの条件とCTとの関連

(1) **信頼性**（reliability）：得点の安定性を意味している。CT の場合には採点者の主観が入るので，できる限り客観性を確保するために判定基準を設定し，指標（Tユニットなど）を使い客観性を確保するように努めることが大切である。ライティングの信頼性を出す方法には以下の2つがある。①**評価者間信頼性**（inter-rater reliability）：2人の評価者がそれぞれで同一の答案を採点した後，2つの答案の相関を算出する。相関係数が高ければ（0.7以上の場合）評価者間信頼性は高い。3人以上の場合はクロンバック・アルファ係数を計算する（詳しくは Bachman, 1996, p. 206 参照）。②**評価者内信頼性**（intra-rater reliability）：評価者が1カ月後などに，同一の答案（コピーした無記入の答案を使用する）を再度採点する。採点の結果，相関係数が高ければ評価者内信頼性は高い。相関係数の解釈方法については清川（1990, p. 92）を参照。

(2) **妥当性**（validity）：妥当性とはテストが測定すべきものを測定しているかを意味しており，次の5種類に分けられる。

①**表面妥当性**（face validity）——テストが測定しようとしているものを

的確に測定しているように被験者に対して見えるか
②**内容妥当性**（content validity）―テスト内容が測定すべき内容の範囲を表しているか。例えば，関係代名詞のテストならば，関係代名詞の主格，所有格，目的格全てを網羅する問題を出題しているか
③**構成概念妥当性**（construct validity）―テストが測定すべき能力の下位能力を的確に測定しているか。例えば，300語程度の議論文を書けるかを測定すべきならば，作文の目的，タイトル，誰を読者対象としているか，書くべき語数を指示文で示して構成・文法的正確さ・内容・流暢さの4つを下位能力として見なして，採点する際はこれら4つの下位能力ごとに問題を採点しているか（構成概念とは「測るべき能力」（ability to measure）のこと）
④**併存的妥当性**（concurrent validity）―英検や TOEFL iBT などの外部基準のテスト（external criterion）と自作のテストとの相関が高いか
⑤**予測妥当性**（predictive validity）―テストがどの程度，意図した運用力を予測できるか

妥当性は以上のように5種類あるが，最近では，これらをまとめた単一の概念（unitary concept）であると見なされてきている（望月，2005, p. 172）。

ライティングのテストにおいて談話作文の出題が今後増えると思われるが，注意すべき点がある。それは単一の談話作文（1つのタイトルについて談話作文させる方法）の評価の妥当性に疑問が呈されてきたことである。その理由は，そのような評価は受験者が使うことが期待されるいろいろな種類のライティングを表すことができないためである（Murphy & Yancey, 2008, p. 372）。したがって複数の主題で書かせること，さらにそれらの主題は受験者がほとんど全員が知っているまたは全く未知のものであることが必要である。

(3) **実用性**（practicality）：テストが，作成，実施，採点，及び，解釈をする際に容易で実用的でなければならないことを意味する。

ライティング・テストの作成にあたり以上の3つの要素をどのように配慮すべきかを述べる。

まず，第一に何を測るべきか（**構成概念**, construct）を定める。高校生

の談話作文能力を測ることを目的して，80語の談話作文を書かせることにする。

流暢さ（fluency）は語数の点で，**正確さ**（accuracy）は文法的誤りの数の点で，文法的複雑さはTユニットの点で，内容は求めている論点がいくつ書けたかの数の点で，それぞれ3段階又は5段階の数値に換算して表すことにする。上記は分析的評価となるが，さらに1～5（最高5，最低1）の総合的評価をつける。

次に，信頼性については2人以上の教師が採点し，相関係数を計算して評価者間信頼性を出す。

最後に，これら妥当性，信頼性も実用性の観点からどの程度，実施できるかを検討しなければならない。実用性の観点からは，普段の中間テスト・期末テストでは文レベルの作文を5～6問出題する。1年に1回または学期に1回の定期テストは，談話作文のエッセイを出題することにする。例えば，学年末の期末テストでは，状況場面の説明を入れて「○○の時，○○を対象（読み手）として，タイトルを○○として80語のエッセイを書きなさい」という出題をする。

7　ライティングの評価規準の設定

評価に関しては「測定」，「テスト」，「評価」という3つの用語が使われることがある。**測定**（measurement）は，その場限りの無計画な方法でなく計画的で明確な手順と規則に従って生徒の能力，適性，動機などを数量化する方法である。**テスト**（test）は，測定の1つの方法で，生徒の能力，適性，動機などを数量化するために，その行動のサンプルを引き出すように設計されたものである（Bachman, 1990）。**評価**（evaluation）は測定した後に価値判断をすることである。また，似た単語にassessmentがあり，これはevaluationと同義語と考えてよい（望月，2005, p.167）。

7.1　目標基準準拠テストと集団基準準拠テスト

テストはある1つの観点から2種類に分けることができる。1つは，**目標基準準拠テスト**（criterion-referenced test, CRT）で，教師が特定の目的を設定し，その目的の達成度に応じて基準点を決定した後，生徒の達成度または運用能力がどれくらいの位置にあるかを評価するテストである。このテス

トは，集団の中で生徒がどれくらいの順位にあるかよりもタスクを行う生徒の個人の能力に焦点が置かれる（Henning, 1987, p. 190）。この評価の方法は「**絶対評価**（absolute evaluation）」とも呼ばれる。もう1つの**集団基準準拠テスト**（norm-referenced test, NRT）は，集団の平均的または基準となる運用能力に応じて，被験者の能力がどれくらいの位置にあるかを評価するテストであり，通常，テスト実施によって被験者と集団を比較して，多数の被験者を標準化することを意味している（Henning, 1987, p. 194; 望月，2005, p. 146）。この後者の評価方法は「**相対評価**（relative evaluation）」とも呼ばれる。

　Brown（1996）はNRTもCRTも言語プログラムにおける意思決定をする際，どちらかを排除するのではなく，どちらも非常に重要な役割を果すことに留意する必要があると述べている（p. 8）。NRTは**熟達度判定テスト**（proficiency test），**クラス分けテスト**（placement test）に使われ，CRTは**達成度判定テスト**（achievement test），**診断テスト**（diagnostic test）などに使われる。NRTとCRTは，互いに排除するものでなく相互補完的なものであり，成功度を評価するためには両方とも必要であり，目的に応じ使い分けることが大切だと言える。

7.2　総合的評価・分析的評価と評価方法
7.2.1　総合的評価
　総合的評価（holistic evaluation）は，「受験者の言語表現にただ1つの包括的な評価を与えるために，ただ1つの総合的な尺度を用いる」（Brown, 1996, p. 71）評価法である。1つの問題を採点して評価する時，10点満点とすると全体的な印象で1点から10点の間で1つだけ点数をつけるのである。この評価法は，1つの項目に1つの評点をつけさえすればよいので採点時間が短くてすむ利点がある。しかし，作文を採点する際に，文法的正確さ，内容の一貫性，語彙の豊かさ，綴りなどの評価項目をすべて総合した結果，印象によって，1つの評点としてつけるので，どれか1つの評価項目に強く影響を受ける恐れがある。また，字のきれいなことに目をうばわれることもある。

7.2.2 総合的評価の評価方法

　総合的評価は，1つの作文問題に対してただ1つの評点を与えるが，それぞれの評点に対して説明を加えるようになっている。例えば，TOEFL PBT のライティングテスト（Test of Written English, TWE）は，30分のテストによって総合評価の6段階（1が最低，6が最高）で評価される（ちなみに，TOEFL PBT は現在，日本では行われておらず，インターネット環境が整っていない国・地域で実施されている。ただし，TWE と同じようなタイプの問題は，TOEFL iBT のライティング・セクションの単独タスク（Independent task）の中で引き続き行われている。http://www.ets.org/Media/Tests/TOEFL/pdf/TOEFL_Tips.pdf, p. 23 参照）。TWE の各レベルの説明（descriptor）は，Hughes（2003, pp. 96-97）に以下のように記述されている。

　TWE の「採点ガイド」に「採点者は以下の基準に従って作文に得点を与える。受験者には特定のトピックについて書くよう求めているが，トピックに暗示されていることを含めても構わない。採点にあたっては受験者がよく書けている部分を見るよう努めること。」の記述があり，最高 [6] 〜最低 [1] の6レベルとなっている。以下，紙面節約のために，[6] と [1] だけを挙げる。

　レベル [6] ところどころ誤りはあるかもしれないが，文章全体としての効果的な構成という面でも，各文の文法的正確さという面でも，明確なライティング能力が示されている。このレベルの答案は，●トピックに対して効果的にアプローチし，●構成もよく論の進め方も適切で，●主題や論の根拠として明らかに適切な理由や例を挙げ，●語法面でも終始一貫こなれている感じで，●構文もバラエティに富み，適切な語彙を用いている。
　レベル [1] ライティング能力は明らかにない。このレベルの答案は以下の点が当てはまる。●構成がめちゃめちゃである，●書く量がまったく足らない，深刻で頻繁な誤りを含んでいる。

（靜（訳），2003, pp. 104-105）

　自分の学校でライティングテストとしてエッセイを書かせて，総合的評価を行う場合，それぞれのレベルの説明（記述子 descriptor）部分を決めておくことが必要であり，これが評価の基準となる。また，このレベル説明に

ぴったりあてはまる実際の生徒の答案例を，レベル毎に1つか2つずつ用意しておくことも必要である。

7.2.3 分析的評価

分析的評価（analytic evaluation）は，「受験者の言語表現の様々な側面を別々に評価する」（Brown, 1996, p. 71）評価法である。例えば，作文を採点する際に，文章構成，論理展開，文法，文体などに分けてそれぞれ尺度の基準を設定して採点する。分析的評価は，1つの問題に対して，いくつかの項目を3点満点や5点満点などで採点していくので，総合的評価と比べて採点に時間がかかる。しかし，まず，この方法により「書くこと」の知識・技能を分けて採点するので，まだ教師経験が少ない人には，評価者訓練になる。また，分析的評価による採点で作文の答案を生徒に返却すれば，どの評価項目が弱いのかを知らせることが出来，次回にはがんばろうという動機を与えることができる。ただ，この分析的評価にも弱点があり，いくつかの評価項目についてそれぞれ評価しても，全体的にその作品が優れているかどうかという全体像が見えてこないことがある。細かい評価項目で生徒Aと生徒Bの作品を採点しそれらの合計点を計算しても，その合計点がそれぞれの生徒の総合的評価と合わない時があるのである。

7.2.4 分析的評価の評価方法

次に分析的評価の例として，Hughes（2003, pp. 101-102）が引用したJohn Anderson作成の尺度の例を見てみる。この評価尺度の側面は，文法，語彙，流暢さ，形式（構成）からなっている。これらの側面は6段階（最高6，最低1）で採点するが，それぞれの段階に説明（記述子）が記載されている。以下，文法の例（靜（訳），2003, pp. 108-109）を引用する。

文法：6. 文法や語順の目立った誤りはほとんど，あるいはまったく，ない。5. 文法や語順の誤りが多少あるが理解には支障がない。4. 文法や語順の誤りがよくあり，ときどき読み返さないと完全に理解できない。3. 文法や語順の誤りが頻繁で，読む側に意味解釈の努力が要求される。2. 文法や語順の誤りが非常に頻繁で，読者はしばしば独自の解釈に頼らざるを得ない。1. 文法や語順の誤りがひどく，意味の理解はほとんど不可能である。

上記の分析的評価は，分析項目または観点が最高6点・最低1点の6点法で採点するわけだが，目的により5つのレベルに分けたり，3つのレベル（最高3点，普通2点，劣る1点）に分けたりすればよい。分析項目は，受験者の知識・技能のどの分野を測ろうとしているのかを表しており，レベルの中の点数の説明を書くことで，テスト作成者の意図が明示される。テストが何を測ろうとしているかを表すので，この説明を書くことで，テスト採点後にテストの妥当性を検証することができる。なお，Andersonの例では，評価項目の点数配分がすべて6点ずつで，合計6点×5＝30点になっているが，採点後，文法を2倍して12点，語彙も2倍して12点，機械的側面（スペリング，句読点）は半分にして3点，流暢さを3倍にして18点のように，評価目的により点数を調整することも出来る。

　談話作文を複数の観点で分析的に評価する方法を矢野（2014，pp. 62-63）が使用語数50語以上，25〜49語，24語未満の3レベルに分類してから「内容の適切さ」，「具体例などの例示」，「言語に関する知識・理解」の3つの観点を設定して各々の観点で採点する評価基準を紹介しているので参照してほしい。

　総合的評価，分析的評価どちらの採点方法を取るかは，評価の目的を考えて決めるのがよい。例えば，普段の授業で，20〜30語の作文を書かせて採点する場合は，簡便に早く結果を知らせるという目的で総合的評価にし，時には，50語程度の作文を書かせ，細かく評価項目ごとに採点してその結果を生徒に知らせたい時は，分析的評価にするというように，目的に応じて分けて考えるとよい。

　熟達度の評価法のうち，総合的評価の例として，ACTFL Guidelines（http://www.actfl.org/）等の尺度がある。一方，分析的評価の例としては，Canadian Language Benchmarks（http://www.language.ca/）等がある（望月，2004a，p. 52）。観点別評価は，上記7.2.4の区別では，分析的評価ということになる（観点別評価については，第1章2参照）。

7.3　ポートフォリオ評価

　最近わが国でも，**ポートフォリオ評価**（portfolio assessment）の研究発表がかなりなされるようになってきた。ポートフォリオとは，「書類入れ」のことで，生徒の書いた作品，草稿，推敲した作文，完成作文の全てを入れ

た書類入れのことを言い，時間制限（30分などの制限）を設けた1回限りのエッセイテストで生徒のライティング能力を測定評価する従来の方法とは異なっている。ポートフォリオ評価では，授業担当の教師が定期的に生徒に作文を書かせ，草稿にコメントをつけ，(1回または数回) 推敲させ，完成作文を提出させ，評価して返却するというサイクルを長期にわたり続けるというものである。Lippman (2003, pp. 200-201) は，1986年以来，ポートフォリオ評価がますます多くなされるようになってきたと述べており，測ろうとしているもの——生徒が作文して推敲する能力——を測っているので，妥当性があると見なされてきた。しかし，一方，このポートフォリオ評価の信頼性に疑問も呈されている。何回も作文が推敲できるので，一体，生徒がどの程度の作文能力があるのか，また，推敲の過程でどの程度，外部の人から助力を受けたのかを確定することが不可能であるという指摘である。

　Murphy & Yancey (2008) は，ポートフォリオのよい点は，(1)ライティングを繰り返しのある過程として扱うことができ，推敲のために戻れるので，良い指導は評価に反映できること，(2)いろいろなジャンルを抽出できるため評価の構成概念（＝測るべき能力）を広げられること，(3)生徒に自己の学習を評価することに対して責任を取らせることができること，(4)指導と直接的に関連する自然で真正な場面で作品を収集できることであると述べている (p. 373)。

　また，ポートフォリオは，基底にある信条，目標，前提を反映するために，生徒がポートフォリオを選ぶ，教師が選ぶ，生徒が作成した作品と共に使った過程の証拠を提出する，最終的な洗練された作品だけを提出するなど，構成概念の違いにより，大きく異なる。ポートフォリオは，目的の違いにより(1)教室の授業に影響を与えるため，(2)学校及び教師に説明責任を持たせるため，(3)生徒の進歩ぶりを監視するため，(4)プログラム評価のために，使われてきた (p. 373)。

　ポートフォリオ評価は，1回の制限時間を設けて実施するエッセイテストの評価と異なり，生徒にも労力と時間がかかり，教師もポートフォリオ評価のための教師同士の連絡会を開催したり，共通の評価方法を見つけたり，県全体など学校外の共通の評価尺度を考案したりする等，問題も多いが，将来，日本の中学校・高校のライティング指導において実現の可能性を探るべき革新的な評価方法とも言える。

8 フィードバックの種類とその効果
8.1 フィードバックの種類

　ライティングを評価した後，生徒に振り返りの機会を与えるためには**フィードバック**（feedback）を与える必要がある。Richards, Platt, & Platt (1992) によると，フィードバックは「（教育では）学習者が学習タスクの成功について教師または他の学習者から受けるコメントまたは情報」(p. 137) の意味であると説明されている。フィードバックについて，Muncie (2000) は，ライティングの**プロセス・アプローチ**（Process Approach）が EFL の作文の主流になったこと，そのプロセス・アプローチ実施のためにはフィードバックが複数の草稿書きの過程に不可欠であることを指摘している。さらに，フィードバックには，①仲間同士のフィードバック（peer feedback），②教師が誤りを指摘し生徒と話し合いをすること（conferencing），③教師からの筆記によるフィードバック，④コメントをテープに吹き込んだもの，⑤教師からのパソコンを通しての返答などいろいろなフィードバックがあるので，教師は，単一のやり方よりも，いろいろの型のフィードバックを生徒にしてあげるべきだと述べている (p. 47)。Muncie が述べているように，フィードバックにもいろいろあるので，作文の目的に応じて，教師の負担とその効果を考えて実施すべきである。

8.2 フィードバックの効果

　Duppenthaler (2004) は，日本の私立女子高校2年生3クラス99名を対象として3種類のフィードバックのうち，どれが EFL 英文日記を書くのに最も良い効果を生むかを調べるために1年間（40週のうち22週）行った実験を紹介している。被験者は，多肢選択式クローズテストの得点により英語熟達度が等質の3つのクラス（1クラス33人）に分けられ，第1のグループには，書かれた日記の内容面について実験者から意味中心のフィードバックを与える，第2のグループには，"Well done", "Keep up the good work", "Keep writing" などの励ましのコメントだけを与える，第3のグループには，すべての誤りを赤インクで訂正するが推敲の要求をつけない，と3種類の異なるフィードバックを与えた。書かれた日記は，量（総語数），正確さ（誤り無しの節数），質（節の数，Flesch-Kincaid Readability Index を使った読み易さの指標，2000語レベルの語彙リスト *A General Service List of*

English Words (West, 1953) による総語数％1, 総語数％2, 高校上級・大学テキストレベルの語彙リスト *The University Word List* (Nation, 1990) による総語数％3, 総語数 Not（前述の2つの語彙リスト以外の語彙）), 計8つの指標で多変量分散分析を使い分析した。2人の評定者が採点して, 評定者間信頼性は節数については .98, 誤り無しの節数については .99 となり, 2つとも, 非常に高かった。その結果, 第1の意味中心のグループは量（総語数）において他の2グループより有意に多かった。また正確さ（誤り無し）の点でも, 第2の励ましグループよりも有意に高かったが, 第3の誤り訂正のグループよりは有意に高くなかった。質（節数）の点で意味中心のグループは励ましグループより優れていたが, 誤り訂正のグループより有意に優れているわけではなかった。励ましグループは3グループの中で最もフィードバックの効果が低いことが分かった。

また, Duppenthaler はこの実験で, 「英語を話す国に行ったことがありますか」など10問からなる学外活動に関するアンケート調査を, 学期の第2週と第37週の2回にわたり同じ質問を使って実施した。いずれの調査でも3つのグループの調査結果には有意差がなかった。これは年間にわたる調査期間で学外での英語に関する活動に変化がなかったことを示した。したがって, 上述した3グループ間のライティング力の変化はフィードバックに起因でき, どのようなフィードバックを与えるかを慎重に考えるべきであると言える。

Casanave (2004) は, 上述の3グループの態度及び動機を測定するために実施したアンケートの項目分析の結果を Duppenthaler (2002a) から引用している。その結果は, 意味中心のコメントを受けたグループが, 日記を書く課題を3グループの中で最も楽しんだが, 他の2つのグループも楽しんだこと, 3グループ間で有意差が生じた点は, 励ましのコメントだけを受けたグループは毎週日記を返却してもらうことを他の2つのグループほどには楽しみにしていなかったことである。この Duppenthaler の研究 (2002a, 2002b) は, フィードバックの型がどうであれ, ライティングを長期に定期的に練習していれば上述の量と質の点で向上すること, また, 内容についての特定のコメントがL2ライティングに対する肯定的な態度を伸ばすことを示唆していると Casanave は述べている (pp. 90-91)。

以上の考察から, 我々が生徒の作文にコメントをつける際に, ただ, 励ま

しだけの言葉では効果がないことに留意したい。

　次に，Casanave（2004）は，内容を中心にして形式（すなわち，構造・文法）を二義的に扱うフィードバックは，最初から文法的誤りを正す返答の方式のフィードバックよりも，後日，草稿の改善に貢献するかどうかを調べたAshwell（2000）の研究を紹介している。Ashwellは，日本の大学生50人を4つのグループ——(1)形式の前に内容，(2)内容の前に形式，(3)内容と形式を同時に，(4)フィードバックが皆無——に分けて，草稿を3回書かせ，3人の母語話者が採点した。内容はコミュニカティブな特性，構成，パラグラフ，結束性，適切さの観点から，分析的評価で測った。その結果，(1)〜(3)のフィードバックを受けた3つのグループが正確さと内容の得点において向上したこと，内容はただ書くことにより向上したこと，フィードバックを受けなかったグループも内容の得点は向上したものの，正確さにおいては下降したことがわかったと述べている。Casanaveは結論として，生徒の作文，特に新しい作文の作品及び，長期にわたる期間のライティングの改善に対して，教師のコメントの影響がどういうものかを知るためにさらに多くの研究をする必要があると述べている（pp. 91-92）。こうした過去の研究から，フィードバックをせず，ただ生徒に草稿を何回も書かせた場合でも内容が向上することがあることを知り，教師としては安心させられる。

　小室（2001）は，中学生・高校生を対象にした東京学芸大の研究プロジェクト（Hatori et al., 1990; Kanatani et al., 1993）をまとめている。被験者に授業中にあるトピックについて約20分間英作文を書かせ，回収した作文に対して研究者が「スタンプ」「下線」「添削」の3種類のフィードバックをして被験者に返却したものである。「下線」は添削せずに誤りの箇所に下線を引き，「添削」は誤りの訂正を記入したというものである。Hatori et al. では10週間で計10回，Kanatani et al. では計6回実施した。その結果，Hatori et al. では，添削のような教師の労力の最もかかる直接訂正は，むしろ学習者の書く意欲を失わせる危険性があることを示唆している。また，Kanatani et al. では，「Tユニットの平均的長さ」「誤りを含まないTユニットの平均的長さ」については，下線，添削，スタンプの順（下線が最も高い）で効果があり，「文法的誤りの割合」については，添削が最も誤りをなくすのに効果的で，下線とスタンプでは差がなかった等の結果を述べている（pp. 117-118）。この研究結果から，添削をしなくても，ただ下線を引くだけでもライ

ティングの改善に効果があること，誤りを減らすのにスタンプだけでも下線と同じ効果があることがわかり，興味深い結果と言える。

8.3　フィードバックの方法

それでは，どのようにフィードバックをしたらよいのだろうか。Lippman (2003) は，フィードバックを2つの種類——文章全体の推敲と文単位の推敲——に分けて，文章全体の推敲は，①論文または論点，②文章の構造または構成，③展開または証拠，④適切さ及び調子の一貫性，⑤相手及び目的に対する適切さを扱い，一方，文単位の推敲は，①言葉使い (diction)，②統語，③文法的構造，④句読点，⑤綴りを扱うと述べている。さらに，彼は，最初に文章全体の推敲を行い，次に文単位の推敲を扱うとよいと述べている (p. 209)。たとえ教師が，最初に文ごとの細かい文単位の推敲をしても，該当の文が文章の構成の点から削除すべきものであるなら，その細かい文単位の推敲は無駄に終わってしまうからである。

文法的誤りを教師がすべて訂正するのは，前述のように効果がないとの研究があるので，生徒自身に気づかせる (consciousness raising) ことが必要になる。どのように気づかせるかが問題であるが，誤りの部分に具体的に言及したフィードバックが効果的であることが分かっている。これについて，Williams (2003) は，生徒の作文答案の余白に直接誤りの種類を言及するのは効果的だと述べている (p. 316)。

文法的誤りは大きく2種類に分けられる。コミュニケーションに支障をきたす大きな誤りを**グローバル・エラー** (global error) とし，接続詞や時制の誤りなどがこれに相当する。一方，コミュニケーションに支障をきたさない文単位の小さな誤りを**ローカル・エラー** (local error) とし，綴り，前置詞などの誤りがこれに相当する。

これらの2種類の誤りに気づかせるには，3つの方法がある。第1の方法は，誤りの部分に下線を引く（誤りは訂正しないで下線を引くだけ）ことである。第2の方法は，略語を使って，どんな種類の誤りかを生徒に示す方法である。しかしこの方法では，生徒に略語の意味がわかるように事前に知らせる必要がある。第3の方法は，ペアまたはグループの中で，生徒同士作文を交換させて誤りを指摘させる方法であるが，これは文法の能力が高い生徒同士の場合だけに可能である。誤りの訂正について，認知的に深く処理すれば長期記

憶に結びつくことを考慮すれば，第1の方法，第2の方法，第3の方法のいずれの方法も生徒に自己訂正を迫って認知的効果の深まりが期待できる。しかし，上述の Williams（2003）などの研究の結果を考えると，他の方法より若干時間と手間がかかるが，第2の略語を使って誤りを指摘する方法を勧めたい。Bartram & Walton（1991）は，次の記号を紹介している。

　GR＝grammar, voc＝vocabulary, ( )＝unnecessary, ?＝don't understand, w. o.＝word order, sp＝spelling, p＝punctuation, ∧＝word missing, T＝tense, A＝article, !＝careless mistake,

　これら以外にも必要に応じて，例えば，前置詞や接続詞の誤りは prep＝preposition, con＝conjunction などと付け加えて使うとよい。

8.4　流暢さと正確さのどちらを優先すべきか

　ライティングで最終的に問題となるのは**流暢さ**（fluency）と**正確さ**（accuracy）をどのようにバランスをとるかである。コミュニケーション能力の下位能力の中には文法的能力も含まれているために，文法的正確さを無視するわけにはいかない，また，ライティングにおける文法の重要性（Hamp-Lyons & Heasley, 1987）や，コミュニケーションとの関連で文法指導が重要であること（Higgs & Clifford, 1982; Celce-Murcia & Hilles, 1988）は既に多くの研究者が指摘しているところである。問題は，どのようにして流暢さとのバランスを取るかということであるが，いくら正確な英文が書けたとしても 30 分もかけて 1 文しか書けないとしたらライティング指導は失敗である。正確さと流暢さは段階ごとに優先の置き方を変えるとよい。最初は，授業中で扱った文構造（It is important for（人）to do something など）を正確に使う 1 文作文，さらにそれに 1 文付け加える 2 文作文を必ず口頭で言わせてから書かせる練習を行う。この段階では正確さに重点を置く。次に，流暢さに重点を置き，流暢さをつけるために 4〜6 文の英文日記を書かせる。この段階では誤りが増えてくるので英語の基本的文構造 S＋V＋O の形式が出来ればよしとする姿勢でよいと思われる。最後に，談話作文の中の議論文の型，すなわち，まず，トピックセンテンス（topic sentence, TP）を書き，次につなぎの言葉（First, Second, Third など）を使ってその理由を挙げさせて，最後に帰結を表すつなぎの言葉（Therefore, For these reasons など）を使って結論文（TP と同じ意味を表すが他の言葉を使った英語の文）で終

わらせる書き方を教える．談話作文のこの文章構成を教えたら，次に流暢さに重点を置いて，量的にたくさん書くように激励して，次第に特定の文法項目に絞って正確さに注意させるのがよいと思われる．例えば，最初は文章の構成とつなぎの言葉だけに注意させ，次に，文法的誤りの訂正は，1回目の指導の際は他動詞と自動詞の区別，2回目は加算名詞・不可算名詞だけというように重点を決めてその項目だけを扱い，その他の項目の誤りは減点しない方法が考えられる．

　以上，流暢さと正確さにどちらを優先すべかを述べてきたが，まとめると，1文レベル，2文レベルでは正確さ，4～6文レベルの日記文では正確さから次第に流暢さに重点を置くが，談話レベルのエッセイでは，最初は流暢さに重点を置き次第に文法項目を絞って正確さにも注意を払うことが考えられる．ライティングでは1文レベルから談話レベルまでのレベルにより流暢さと正確さの優先の置き方が異なっているので注意が肝要である．

9　おわりに

　これまでの日本の英語教育では，ライティングの指導は4技能の中でいちばん最後に注意が向けられてきた技能であった．また，最近は4技能の評価に注意を向けるようになってきたが，本書の実践編でもライティング評価の論文が少ないことに見られるように，日本ではライティングの評価は未開拓の分野であると言っても過言ではない．ライティングの評価について1文単位の作文は文法練習として行ってきたが，2文以上のまとまりのある談話作文に至っては，評価する教師が談話作文を書いた経験が非常に少ないことや，評価に時間がかかることもあり，日本の談話作文の評価の研究は他の技能のそれと比較して非常に少ない．本章で述べたことが今後，国際舞台で活躍することが期待される日本の中学校・高校の生徒のためのライティング指導・評価に役立つことを期待している．

謝辞　7.2.2「総合的評価の評価方法」で TOEFL PBT の Test of Written English (TWE) について国際教育交換協議会 CIEE 日本代表部の渡邊氏及び根本氏に最新の情報を教えて頂いた．感謝申し上げる．

参考文献

清川英男．(1990).『英語教育研究入門』大修館書店．
小室俊明（編著）．(2001)『英語ライティング論』河源社．
静哲人，竹内理，吉澤清美．(2002).『外国語教育リサーチとテスティングの基礎概念』関西大学出版部．
諏訪部真，望月昭彦，白畑知彦（編著）．(1997).『英語の授業実践』大修館書店．
松沢伸二．(2002).『英語教師のための新しい評価法』大修館書店．
望月昭彦．(2002). (研究代表者)『英語コミュニケーション能力の評価測定―個別・総合テスト，分析的・総合評価について』課題番号 08680285　平成 8 年度〜平成 10 年度科学研究費補助金（基盤研究 C(2)）研究成果報告書，中川プリント．
望月昭彦．(2004a).「さあ，テストを作ろう！コミュニカティブ・テストを作る」『STEP 英語情報』第 7 巻 6 号，52-53. 日本英語検定協会．
望月昭彦．(2004b).「さあ，テストを作ろう！コミュニカティブ・テストを作る」『STEP 英語情報』第 7 巻 7 号，52-53. 日本英語検定協会．
望月昭彦．(2005). (研究代表者)『中学校と高校における意味中心のライティング指導が英作文の質及び量に及ぼす影響』課題番号 15520348　平成 15 年度〜平成 16 年度科学研究費補助金（基盤研究 C(2)）研究成果報告書，中川プリント．
望月昭彦．(2009). (研究代表者)『中学・高校の日本人教師のための信頼性・妥当性の高いライティングの評価規準作成』課題番号 18520423　平成 18 年度〜平成 2 年度科学研究費補助金（基盤研究 C(2)）研究成果報告書，いなもと印刷．
望月昭彦（編著）．(2010).『改訂版 新学習指導要領に基づく英語科教育法』大修館書店．
矢野　賢．(2014).「ライティングテストの作成と採点方法」『英語教育』第 63 巻 9 号 (11月号)，62〜63．大修館書店．
Alderson, J. C., Clapham, C., & Wall, D. (1995). *Language test construction and evaluation*. Cambridge: Cambridge University Press.［渡部良典（編訳）．(2010).『言語テストの作成と評価：あたらしい外国語教育のために』春風社．］
Ashwell, T. (2000). Patterns of teacher response to student writing in a multiple-draft composition classroom: Is content feedback followed by form feedback the best method? *Journal of Second Language Writing, 9*, 227-257.
Bachman, L. F. ((1990)). *Fundamental considerations in language testing*. Oxford: Oxford University Press.［池田央，大友賢二（監修）．(1997).『言語テスト法の基礎』C. S. L. 学習評価研究所．］
Bachman, L. F. (1991). What does language testing have to offer? *TESOL Quartely, 25*, 671-704.
Bachman, L. F., & Palmer, A. C. (1996). *Language testing in practice*. Oxford: Oxford University Press.［大友賢二，ランドルフ・スラッシャー(監訳)．(2000).『実践 言語テスト作成法』大修館書店．］
Bartram, M., & Walton, R. (1991). *Correction*. London: Language Teaching Publications.
Bereiter, C., & Scardamalia, M. (1987). *The psychology of written composition*. Hillsade, NJ: Lawrence Erlbaum Association.
Brown, H. D. (1994). *Principles of language learning and teaching* (3rd ed.). New Jersey: Prentice Hall Regents.
Brown, J. D. (1996). *Testing in language programs*. New Jersey: Prentice Hall Regents.［和田　稔（訳）．(1990).『言語テストの基礎知識』大修館書店］
Casanave, C. P. (2004). *Controversies in second language writing*. The University of Michigan Press.

Celce-Murcia, M., & Hilles, S. (1988). *Techniques and resources in teaching grammar*. Oxford: Oxford University Press.

Douglas, D. (2000). *Assessing languages for specific purposes*. Cambridge: Cambridge University Press.

Duppenthaler, P. M. (2002a). The effect of three types of written feedback on student motivation. *JALT Journal, 24*, 130-151.

Duppenthaler, P. M. (2002b). *Feedback and Japanese high school English language journal writing*. Unpublished doctoral dissertation. Temple University, Philadelphia, PA.

Duppenthaler, P. M. (2004). The effect of three types of feedback on the journal writing of EFL Japanese students. *JACET Bulletin, 38*, 1-17.

Grabe, W., & Kaplan, R. B. (1989). Writing in a second language: Contrastive rhetoric. In D. M. Johnson & D. H. Roen (Eds.), *Richness in writing* (pp. 263-284). New York & London: Longman.

Hamp-Lyons, L., & Heasley, B. (1987). *Study writing*. Cambridge: Cambridge University Press.

Harmer, J. (2008). *How to teach English*. Essex, UK: Pearson Education Limited.

Hatori, H., Itoh, K., Kanatani, K., & Noda, T. (1990). Effectiveness and limitations of instructional intervention by the teacher: Writing tasks in EFL. 昭和63年-平成元年 文部省科学研究費補助金研究.

Henning, G. (1987). *A guide to language testing*. Rowley, Mass.: Newbury House.

Higgs, T. V., & Clifford, R. (1982). The push toward communication. In T. V. Higgs (Ed.), *Curriculum, competence, and the foreign language teacher* (pp. 57-79) Lincolnwood, IL: National Textbook Co.

Hughes, A. (2003). *Testing for language teachers* (2nd ed.). Cambridge: Cambridge University Press. [静 哲人 (訳). (2003). 『英語のテストはこう作る』研究社.]

Hunt, K. W. (1970). Syntactic maturity in schoolchildren and adults. *Monographs of the Society for Research in Child Development 35*, 1 (serial no. 134).

Hurd, S., & Murphy, L. (2005). *Success with languages*. Oxon, U. K.: The Open University.

Kanatani, K., Itoh, K., Noda, T., Tono, Y., & Katayama, N. (1993). The role of teacher feedback in EFL writing instruction. 平成3年-4年度 文部省科学研究費補助金研究.

Krashen, S. (1981). *The role of input (reading) and instruction in developing writing ability* (Working paper). Los Angeles: University of Southern California.

Lippman, J. N. (2003). Assessing writing. *Concepts in composition*. New Jersey: Lawrence Erlbaum.

MacGowan-Gilhooly, A. (1991). Fluency first: Reversing the traditional ESL sequence. *Journal of Basic Writing, 10*, 73-87.

Mittan, R. (1989). The peer review process: Harnessing students' communicative power. In D. M. Johnson & D. H. Roen (Eds.), *Richness in writing: Empowering ESL students* (pp. 207-219). New York: Longman.

Muncie, J. (2000). Using written teacher feedback in EFL composition classes. *ELT Journal, 54*(1), 47-53.

Murphy, S., & Yancey, K. B. (2008). Construct and consequence: Validity in writing assessment. In C. Bazerman (Ed.), *Handbook of research on writing*. (pp. 365-386) New York: Lawrence Erlbaum.

Nation, I. S. P. (1990). A university word list. In I. S. P. Nation (Ed.), *Teaching and learning vocabulary* (pp. 235-239). Boston: Heinle and Heinle.

Raimes, A. (1983). *Techniques in teaching writing*. Oxford: Oxford University Press.

Richards, J., Platt, J., & Platt, H. (1985). *Longman dictionary of language teaching and applied linguistics*. England, U. K.: Longman. [山崎真稔，高橋貞雄，佐藤久美子，日野信行（訳）．(1988)．『ロングマン応用言語学用語辞典』南雲堂．]

Savignon, S. J. (1983). *Communicative competence: Theory and classroom practice*. Massachusetts: Addison-Wesley.

Schmitt, N. (2000). *Vocabulary in language teaching*. Cambridge: Cambridge University Press.

Sommers, N. (1982). Responding to student writing. *College Composition and Communication, 33*, 148-156.

Weigle, S. C. (2002). *Assessing writing*. Cambridge: Cambridge University Press.

Weir, C. J. (1993). *Understanding & developing language tests*. Hertfordshire: Prentice Hall.

West, M. (1953). *A general service list of English words*. London: Longman, Green.

Williams, J. D. (2003). *Preparing to teach writing* (3rd ed.). New Jersey: Erlbaum Associates.

理論編

3. スピーキングの評価
―― スピーキングテスト作成・実施を中心に

小泉　利恵

1　はじめに

　平成20(2008)・平成21(2009)年版学習指導要領は，中学校でコミュニケーション能力の基礎を，高等学校でコミュニケーション能力を育成することを求めている（NIER, 2011, 2012）。学習指導要領に基づく，目標に準拠した評価による観点別学習状況の評価（以後，**観点別評価**；criterion-referenced evaluation/assessment）では，単元ごとに目標と**評価規準**（assessment criterion）を設定し，指導と評価の計画を立て，評価の手順や**判定基準**（rating scale）を決め，実行することになっている（NIER, 2011, 2012；山森他, 2011）。表1に「話すこと」の評価規準に盛り込むべき事項を挙げる。

表1　「話すこと」の評価規準に盛り込むべき事項

コミュニケーションへの関心・意欲・態度	外国語表現の能力	言語や文化についての知識・理解
中学校（NIER, 2011, p. 23）		
・「話すこと」の言語活動に積極的に取り組んでいる。 ・様々な工夫をして，話し続けようとしている。	・自分の考えや気持ち，事実などを英語で正しく話すことができる。 ・場面や状況に応じて英語で適切に話すことができる。	・英語やその運用についての知識を身に付けている。 ・言語の背景にある文化について理解している。
高等学校のコミュニケーション英語Ⅰ（NIER, 2012, p. 29）		
・「話すこと」の言語活動に積極的に取り組んでいる。	・情報や考えなどについて，英語で話し合ったり意見の交換をしたりすることができる。	・英語の仕組み，使われている言葉の意味や働きなどを理解しているとともに，言語の背景にある文化を理解している。

　本章では，言語テスティング研究の成果と観点別評価の考え方に基づき，話す能力の評価の概要と注意点を取り上げる。スピーキングの評価において

は，実際に生徒が話した発話を評価するため，常に**パフォーマンス評価**（peformance assessment）を行うが，授業内のスピーキング活動を観察する方法（例：佐藤，2014a, 2014b, 2014c, 2014d）と，スピーキングテスト（以後，テスト）として別に時間を設けて行う方法とがある。本章では，後者を中心に扱い，テストの作成，テスト前の準備，テストの実施，テスト後の活動の順で考慮すべき点を挙げる。図1はその流れを示したものである。

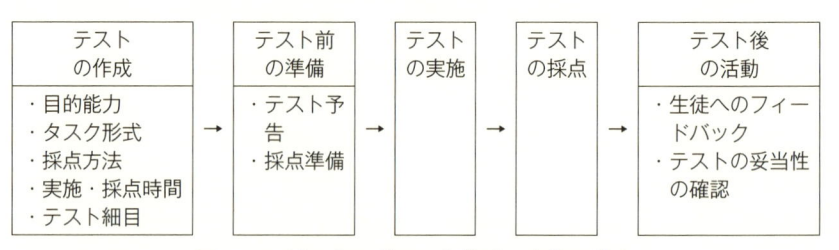

テストの作成	テスト前の準備	テストの実施	テストの採点	テスト後の活動
・目的能力 ・タスク形式 ・採点方法 ・実施・採点時間 ・テスト細目	・テスト予告 ・採点準備			・生徒へのフィードバック ・テストの妥当性の確認

図1　スピーキングテスト作成・実施の流れ

2　スピーキングテストの作成

2.1　使用目的と測る能力

　テストの計画段階で，何の目的で評価を行うかを明確にしておく。成績評価に使うためだけか，生徒の長所・弱点を把握して授業や学習に役立てるためか，評価をすることで生徒の学習の意欲を高めるためか，指導の効果を測るためか。1回のテスト実施で複数の目的があることもあり，目的に合う形のテストを作成することになる（詳細は秋山，n.d. 参照）。

　テストで測る能力は，**構成概念**（construct）と呼ばれる。学校での評価では，学んだことがどの程度身についているかという**到達度**（achievement）を測ることが多いが，どんな能力を持ち，何ができるかという**熟達度**（proficiency）を測ることもある。

　スピーキング能力は様々な観点から捉えることができる。例えばFulcher (2003) は，スピーキング能力を構成する能力や知識の側面から捉え，①言語能力（音韻，正確さ，流暢さ），②方略能力（言い換えなどの効果的に話すための方略や，コミュニケーションの断絶をさけるための回避方略を使う能力），③会話をどう始めて終えるか等の会話構造の知識（テクスト的知識），④含意を伝えるための語用論的知識，⑤状況やトピック，文化等に応じて適切な発話をするための社会言語学的知識からなると述べている。中学校での

評価規準においては，「コミュニケーションへの関心・意欲・態度」は「言語活動への取組」と「コミュニケーションの継続」に，「外国語表現の能力」は「正確な発話」と「適切な発話」に，「言語や文化についての知識・理解」は「言語についての知識」と「文化についての理解」に分けられており（NIER, 2011, p. 23），スピーキング能力をそのように捉えていることが分かる。また，第1章で述べた CAN-DO 記述文を能力の記述と捉えることもできる（その他のさまざまな定義については佐々木他，2011 等参照）。

　テスト作成時には，自分の評価場面において，どのテスト目的で，どの能力を測るかを決定する。到達度テストでは，学習した項目を全部行うのが望ましいが，選択しなくてはならない時には，重要でかつ全体をできるだけカバーするような点を出題するとよい。例えば，過去形と過去進行形を扱った場合には，使用頻度がより高い過去形の方を選び，テストで使うよう求める動詞は，前回のスピーキングテストで扱ったものとは異なるものを選ぶようにする。

2.2　タスク形式

　テスト目的と測る能力に沿ったタスク形式を選ぶのが次の段階である。
　本章はスピーキングのみが関わる単独型を扱い，技能統合的活動の評価は7章で扱う。タスク形式は，①モノローグ型，②教師との対話型，③生徒間での対話型に分けられる。
　モノローグ型の例はスピーチ，プレゼンテーション，絵の描写である。タスクの後に聞き手からの質問に答える活動が入ることもあるが，中心は生徒が1人で長く話す活動である。教師との対話型は，面接やロールプレイが例である。生徒間での対話型の例は，チャット，ロールプレイ，ディベート，ディスカッションで，ペア形式（paired oral）とグループ形式（group oral）と，生徒2名と3名以上で区別する。
　1回のテストの中に複数の形式を入れた方が，幅広いスピーキング能力を見ることができる。例えば図2にあるように，日本人中高生向けのテストHOPE（High school Oral Proficiency Examination；今井・吉田，2007）では，1の簡単な会話から始まり，2の絵の描写と3の絵に関連する質疑応答，4の役割を与えられての教師との会話と5のそれに関連する質疑応答と続き，最後に6の簡単な会話が行われる。評価に入れる2〜5を分析すると，全体

としては教師との対話型で，質問に答えるタスク（3と5）とロールプレイ（4）が入るが，モノローグ型の絵の描写（2）も入っており，多様なタスクで幅広い能力を測ろうとしていることが分かる。また，最初と最後に評価対象外の簡単な会話も入れ，話しやすく達成感を感じやすい構成にしていることも特筆に値する。テスト作成時に考慮したい点である。

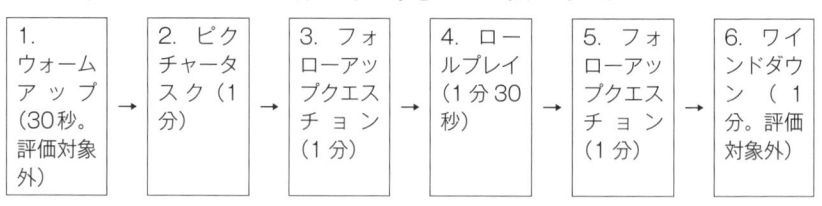

| 1. ウォームアップ（30秒。評価対象外） | → | 2. ピクチャータスク（1分） | → | 3. フォローアップクエスチョン（1分） | → | 4. ロールプレイ（1分30秒） | → | 5. フォローアップクエスチョン（1分） | → | 6. ワインドダウン（1分。評価対象外） |

図2　HOPEの流れ（1名6分程度）

　どのタスク形式でも，テストで話す内容や使う英語表現について，事前に予告をするか，テスト中のタスク提示後に考える時間を設けるかによって難易度が変わる。準備時間がある方が容易になり，取り組みやすくなるだろう。しかし，現実世界で話す際には即興で話さなくてはならない場面も多く，タスク提示後すぐに開始するタスクも，授業でも評価でも実施すべきである。また，授業で行った様々な活動に関連づけたタスクをテストに入れるべきで，学習段階に応じて，使用文法や語句を指定してもよい。

　生徒間でのペア・グループ活動を授業で行っていても，その形式での評価をためらう教師もいるかもしれない。誰とペア・グループを組むかによって，性格や親しさ，英語力等の影響が出ることを恐れるためと思われる。しかし，O'Sullivan & Green（2011）によるとペアでのテストの利点も多い。生徒同士が話すと，教師対生徒で見られるような生徒が受動的に質問に答える形が少なくなり，対等な会話になりやすい点，会話を始めたり終えたり，トピックを変えたり，対話者と共に会話を発展させたりなどの会話を維持する等の多様な言語行為が見られやすい点（O'Sullivan, Weir, & Saville, 2002），指導と評価の関連を強めやすい点，教師が採点に専念でき，2名同時に実施なため実施時間も短縮できる点が主な利点である。これはグループ形式のテストでも当てはまり，今後推奨される形式といえよう。ペアやグループは生徒同士で決めさせる方法もあるが，くじで決めたり，教師が指定したりすることもできる。

　今までに述べたタスク形式は，情報伝達を前提としてある程度長く話すこ

とを求めるものだったが,「外国語表現の能力」の評価の一部として,音読をさせたり,話す内容を日本語で提示して英語で言わせたり（山森他, 2011, p. 83）することで,正確な発音の評価をする形式がある。「言語についての知識」の評価のために,1文単位で,既習の文法や語彙を使った文を流暢に言えるかをテストする形式もある。後者の例として,根岸（2010）で紹介されている形式は,聞こえたのと全く同じ文を繰り返す文反復形式や,流れた平叙文を疑問文にする形式,"You didn't study yesterday." と言われて "Yes, I did." と返答する反論形式,提示された絵と読まれた文の内容が一致していたかを Yes か No で答え,前に聞いた英文を正確に繰り返す,内容判断を伴う模倣形式（Elicited imitation；例：3人家族が雪だるまの周りにいる絵提示。"They had a snowball fight yesterday." と聞こえ,No と答え,聞こえたのと同じ文を繰り返す）である。

どのタスク形式を使うかによって,どのように生徒が話すかも大きく変わる（小泉, 2014a）。1文単位の形式や,ある程度暗記して臨めるスピーチはこなせても,即興での質問に答えることができない生徒など,それぞれに得意・不得意分野があるものである。ある決まった形式のみを出題するのでは,その形式が不得意な生徒が不利になってしまう。学習段階に応じ,様々なタスク形式を組み合わせてテストを作ることが重要である。その際,現実世界で行うタスクに近い,モノローグ型・対話型タスクをできるだけ入れるよう心掛けるべきだろう。

テストの実施形態には,対面式と,マイクに向かって話し,声を録音する形式がある。対面式の方が,聞き手がいて話しやすいという生徒と,録音形式の方が落ち着いて話せるという生徒がいるようである。対面式の場合に,待っている生徒と同じ部屋で行うと,他の生徒の目を気にして実力を発揮しない生徒も出てくるため,別な場所で行いたいところである。

2.3 採点方法

根岸（2010）によると,スピーキングの採点には,1・2文の短めの発話を引き出し,各項目を正解・不正解で採点する「項目独立型」と,ある程度まとまった発話をさせて採点する「項目非独立型」があり,学習段階やタスクによってどちらかを選ぶことになる。

項目非独立型の評価では,**総合的評価**（holistic evaluation）と**分析的評**

価（analytic evaluation）がある。総合的評価では，1つの判定基準を使い，その中に流暢さ・話の一貫性などのテストする能力の記述を含める。評価規準（評価の観点）と判定基準を合わせたものを**ルーブリック**（rubric）と呼ぶこともある。表2は，2.2節で紹介したHOPEで使われる総合的評価用のルーブリックである。ここには発話の複雑さや発音・文法・流暢さなどの観点が含まれているが，最終的な評価では，生徒がStep 1～7のどこに位置するかを決定する。

　NIER（2011, 2012），山森他（2011）にある観点別評価におけるルーブリックも総合的評価である。例えば，表3のルーブリックの記述には，内容の適切さ・話の一貫性・正確さの要素が入り，全体で1つの評価を出す。

表2　HOPEの総合的評価ルーブリックの一部（今井・吉田，2007, pp. 36-37）

Step	言語機能 (Function)	発話内容 (Content)	発話の複雑さ (Text type)	発話の理解度 (Comprehensibility)
5	叙述・比較・説明・約束することができる。	4に加えて，他者や関連事項へ言及しながら，自分の住んでいる町や社会について	短文での発話が中心であるが，andやbutといった接続詞などを用いて文をつないで話す。Whenのような従属接続詞を使用した複文も発話されることがある。	P：明快であるが，英語特有の音に間違いがある。イントネーション，リズムに単調さや不自然さが多い。 G：単文では大きなエラーはほとんどないが，小さなエラーは見られる。過去の事について話すときに，過去形が使用できない場合も多い。 F：流暢さが増し，多少遅いが安定したリズムで会話のやりとりができるようになる。
4	質問したり，誰かを誘ったり，理由を述べたりするなど，自分から会話を始めることができる。十分ではないが，叙述や比較もできる。	3に加えて，学校の授業やクラブ活動など自分の身の回りのことについて	単文で話すことができ，尋ねられたこと以上の情報を加えて話そうとする。単語や句による発話もある。	P：Step 3に準ずるが，母語の影響を受けた発音はやや少なくなる。 G：単文において動詞が抜けるなどの大きなエラーは少なく，ほとんどの発話についてその意味がほぼ理解できる。 F：多くの単文を使って話し，Yes/Noの反応が自然なタイミングでできる。言いよどみや発話

					のくり返しがあるが，自然なリズムの会話もある。
3	自分のことばで文を発話し，描写ができる。	自分の趣味や日常あるいは家族・友人のことなどについて	単語や句による発話もあるが，自分のことばで単文による発話ができる。ただし，聞かれた以上のことを加えて発話することはできない。		P：個々の単語の発音ははっきりしているが，たびたび母語の影響を受けた発音になる。 G：動詞が抜けるなどの大きなエラー，主／述一致，単数複数などの小さなエラーとも多い。 F：長い沈黙は少なくなるが，言いよどんだり，発話を途中で止めたりすることもあり，会話のリズムを取ることが難しい。

注：一部スペースの関係等で修正，省略または簡略化。実際は Step 1〜7 がある。
P＝発音，G＝文法，F＝流暢さ

表3　評価規準と判定基準の例（山森他，2011, p. 93）

評価規準：職業体験学習について，自分の意見をまとまりよく話すことができる。
判定基準
A（十分満足）：（ア）どこで（イ）何をし（ウ）何を学んだのかの3点を適切に説明しており，まとまりのある内容となっている。また，文法的にもほとんど誤りが認められない。
B（おおむね満足）：2〜3点を一応説明していると認められる。一部，文法的に適切でない表現も認められる。
C（努力を要する）：3点のうち1つもしくは何も説明できていない。

　分析的評価では，正確さで1つ，流暢さで1つのように複数のルーブリックがあり，各得点の合計を総合的なスピーキングテスト得点とすることが多い。次頁の表4はCouncil of Europe（吉島・大橋訳, 2008）の共通参照レベルに基づく，話し言葉の質的側面の分析的評価ルーブリックの例である。これ以外にも，使用領域の幅・正確さ・流暢さ・一貫性の分析的ルーブリックの掲載がある。

　総合的評価の利点は，1つの得点を決めるだけなので採点にかかる時間が短く実用的な点，発話の長所・短所を考慮して全体的な判断をするため柔軟性が高い点であるが，生徒の長所や短所などの診断的な情報が得られにくく，レベル間の記述の違いがあいまいなことも多い（Luoma, 2004）。一方，分析

表4　Council of Europe（2008）の「やりとり」の分析的ルーブリック

C2	非言語標識，あるいはイントネーション標識を選んで使い，明らかに無理せずに，軽々と上手に会話をすることができる。発言の機会を自然に上手につかみ，前の発言に言及したり示唆したりしながら，会話の流れに寄与することができる。
C1	手持ちの談話表現からふさわしい語句を選んで，自分の話を切り出したり，話を続けたりすることができる。自分の発言を他の話や相手の発言に関係づけられる。
B2	いつもエレガントとはいかないが，適切に発言の機会を獲得したり，必要なら会話を終わらせたりすることができる。身近な話題の議論で，人の発言を誘ったり，理解を確認したり，話を展開させたりすることができる。
B1	身近な個人的な関心事について，一対一なら，話を始め，続け，終わらせることができる。お互いの理解を確認するために，誰かが言ったことを部分的に繰り返して言うことができる。
A2	質問に答えられ，簡単な話に対応することができる。自分で会話を続けることができるほどには充分に理解できていないことが多いが，話について行っていることを分からせることができる。
A1	個人的な事柄について詳しく質問をしたり，答えたりすることができる。繰り返し，言い換え，修正に完全に頼ったコミュニケーションではあるが，簡単な会話はできる。

注：C2 が最高レベル。吉島・大橋訳（2008, pp. 30-31）を一部修正。

的評価には，総合的評価の逆の利点と欠点がある（第2章7.2参照）。本章2.1で述べた評価の目的に診断情報の提供が含まれている場合には分析的評価がよいなど，評価する目的や状況に合わせ，適切な評価方法を選んでいくことになる。その際，ルーブリックはテストで実際に測る能力を決定する重要な要素であるため（Fulcher, 2003），ルーブリックが適切かの検討も行いたい。

　既存のルーブリックはそのまま使うことも，状況に合わせて修正することもでき，新たに作ることもできる。新しく作成する際には，生徒の発話に基づいて作る方法が複数ある（Fulcher, 2003）。その中の1つが **EBB 尺度**（Empirically derived, Binary-choice, Boundary-definition scale；実証的に作成された，2択式，境界定義形式尺度）作成法である（Turner & Upshur, 1996）。作成時には，発話を上位と下位に分けて，2群の発話がどの点で異なるかを記述する。さらに上位の発話を上と下に分け，違いを書き出し，下位者でも同様に行う。最終的には3から6程度のレベルに分け，得られた記述を使ってレベルの境界とし，その記述が当てはまるかを Yes か No かで答えて最終評価に至る尺度である（図3参照）。

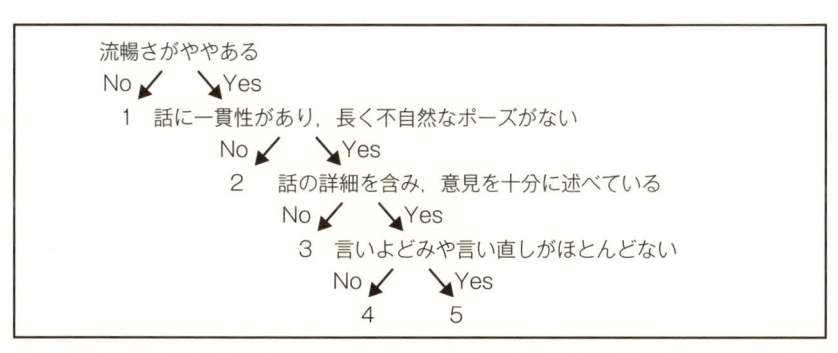

```
        流暢さがややある
        No ↙   ↘Yes
      1 話に一貫性があり，長く不自然なポーズがない
          No ↙   ↘Yes
        2 話の詳細を含み，意見を十分に述べている
            No ↙   ↘Yes
          3 言いよどみや言い直しがほとんどない
            No ↙   ↘Yes
             4     5
```

図3 英文を読んだ後，キーワードのみを見ながら内容を口頭で述べるタスク用のEBB尺度「コミュニケーションの効率性」の例（Hirai & Koizumi, 2013, p. 420；筆者訳）

　生徒の発話に基づくだけでなく，EBB尺度の境界の記述に，重要な指導事項を加えるなど手を加えれば，観点別評価の判定基準にEBBの形式を使うこともできるだろう。EBB尺度は特定のタスク用に作成するため他のタスクで使えない欠点はあるものの，他の尺度と比べて信頼性や妥当性（Hirai & Koizumi, 2013），実用性（Turner & Upshur, 1996）が高い点や，レベルを弁別する力が高い点が利点である。

2.4　テスト実施と採点に使用可能な時間・必要な時間

　どの程度の時間がテスト実施に確保できるかも考える必要がある（秋山, n.d.）。例えば，40名クラスで授業2回分の90分（指示・片づけ用の5分は除いた45分×2回）を使うならば，90分÷40名で，一人約2分が確保できる。採点をその場で行うならば，原則授業内での処理が可能である。もしコンピュータ教室でモノローグ型のテストを行い，採点を授業外で行うならば，複数のタスクを行って5分をテスト時間，実質の発話時間を3分とし，採点は録音を1回だけ聞いて行うとすると，3分×40名で120分が必要である。このような試算をした上でタスクや採点方法を選ぶ必要もある。同僚と協力することでより柔軟に実施・採点できるだろう。

2.5　テスト細目

　テストの目的，タスク形式，採点方法の概略を決めたら，詳細を決め始める前に，**テスト細目**（test specification）と呼ばれる，テストの設計図を作っ

ておくとよい。テスト設計図には，テストの目的・測る能力・タスク・予想される発話例・評価ルーブリック・サンプルタスク・その他の詳細などが入る。設計図を作ることで，重要な要素に抜けがないことを確認でき，偏りがないテスト作成につながる（その他の利点は，小泉，2014b 参照）。観点別評価においては，山森他（2011）が示すような，単元の目標と評価規準，指導と評価の計画，評価の手順・判定基準等の記述が，テスト設計図の役割を果たすだろう。テスト設計図を作成後，テストで使用するタスクカードや採点シートなどを作成していくことになる。

3 スピーキングテスト前の準備
3.1 生徒への予告

テストを実施することを早い段階で生徒に伝え，授業の活動とも関連づけていく。そのためにも，年間の指導計画作成時に評価計画も立てておく。授業活動外でのスピーキングテストは学期に1度以上（本田，2014），授業内活動での観察による評価はより多く行うとよいだろう。

テストの前に，タスク形式と採点方法を丁寧に伝え，どんな準備をしたらよいかを伝える。例えば4個のテストタスクを予告し，その中から必ず1つは出ると伝えておき，どう勉強すべきかを伝える。テストでは全く同じものを1個と，新たなタスクか，一部修正したタスクを出すのがよいだろう。予告したタスクだけでテストすると，話す力よりは暗記力を中心に測る可能性もあるためである。到達度テストであれば，希望者にテストのリハーサルを行うことで学習効果を高めることもできる（秋山，n.d.）。テストの予告時に，発話を録音するならば，そのことや理由も伝えておく。

3.2 採点の準備

テストと同じタスクで話した発話が事前に手に入るならば，それを複数個聞いて，この場合は5段階の3とするなどと決めて，理由をルーブリックに書き加えておくとよい。前もって発話が手に入らない場合には，予想発話例を段階ごとに作り，それを使って採点練習をしておく。これは採点者が複数名いる場合でも，1名の場合でも必要なことである。

採点には，本来は生徒1名の評価に採点者は2名が欲しいところだが，実際には2名の確保は難しいかもしれない。その場合，全部1名（教員A）

で採点するのではなく，数名分を録音しておき，別の教員（教員 B）に独立して採点してもらい，2 名の教員がある程度一致していたかを調べておくと，教員 A の評価がルーブリックに沿った採点だったかを確認することができる。また，1 名の教員が最初から最後まで一貫した採点をしていたかを調べるには，最初と中間の数名を録音し，最後の評価が終わった後に録音を聞き，再評価して，前に評価した結果との一致度を見る。このような確認は，採点の信頼性を確保するために，できるだけ行いたい。また採点中に迷うケースがあった場合，どう迷ってどう対処したかの記録を取っておくと，後の採点時に参照したり，ルーブリックを修正して明確化しやすくなったりする。

授業内で行う活動を評価する場合，他生徒が行った**相互評価**（peer assessment）を教師評価に加える方法もある（詳細は深澤，2015；Hirai, Ito, & O'ki, 2011 参照）。その場合は生徒の採点練習も必要である。

4　スピーキングテストの実施

ビデオでも IC レコーダーでも録音機器が準備できる場合には，できるだけ発話の記録を取っておきたい。

教員との対話型の場合，どのような質問をするか，答えが返ってこない場合にどうやって援助するかなどの対処法をあらかじめ決めておく。対応方法の違いで，難易度や生徒の話しやすさが変わり，有利不利が出ることもあるためである（Brown, 2003）。また，教師が話し過ぎて生徒の発話を遮ってしまうケースもある。長めの発話を評価したい場合には，生徒が話し始めたら，聞いていることは示しつつ，話を遮らず，無理でない範囲でどこまで話せるのかを見ることが必要である。さらに，採点が見えないように，手元を隠す低いついたてを教員と生徒との間に置くとよい。採点が見えることで，テストに集中できなくなる生徒もいるためである。

5　テスト後の活動
5.1　生徒へのフィードバック

テスト実施直後には，生徒に自分のテストでの発話を振り返らせたい。覚えている範囲で自分が話した英語を書き出させ，どういえばさらに良かったかを考えたり，言いたかったが言えなかった表現を調べさせたりする活動により，話したいことと自分の能力のギャップに気づかせ，習得や動機づけを

高められる可能性があるだろう。

　採点結果を返す際には，可能な範囲で，点数だけでなく，長所と改善点が分かる部分も加えたい。例えば，スコアシートにルーブリックを印刷しておき，直接◎や△を書き込んだり，よく見られる誤りなどはチェック項目として印刷しておき，関連するものに✔を入れたりする方法がある。詳細な結果が返ってきても生徒が見る情報は，点数や分かりやすいグラフなど，かなり限られるため（Sawaki & Koizumi, 2015），結果返却後，具体例を挙げながら結果全体について解説し，今後の学習に向けた努力点を書かせる等の活動を行うとよいだろう。

5.2　テストの妥当性の確認

　実施したテストが適切だったかを確認する作業を定期的に行うことで，評価が不公平になるのを防ぎ，より効果的な方法に気づくことができる。**妥当性**（validity）の確認には様々な方法がある（例：秋山, 2000；Hirai & Koizumi, 2013；酒井・小泉, 2014）。本節では学校で取り組みやすい，生徒の反応を調べる方法と，テスト得点の分布を調べる方法を述べる。

　生徒にアンケートや口頭で感想を求めると，難しかった，楽しかった等以外にも，役立つ反応を寄せてくれることが多い。例えば生徒の反応により，分かりにくい指示や誤解を招く表現に気づくことができる。

　テスト得点の分析では，判定基準の各段階に何名当てはまったかを数え，グラフを書いて，得点の分布を確認する。分布を見ることで，判定基準がよく機能していたかを確認することができる。例えば3段階評価ABCでAとBを取った生徒が少なく，教師が感じる到達度と異なる場合は，基準が厳しすぎて修正が必要かもしれない。基準が適正な場合には，その基準が到達できていない理由と今後の対策を考えることになる。得点分布は，クラス間や学年間で比較すると，クラス・学年の特徴や指導すべき点が見えてくる。人数が異なる場合には割合を出してグラフを描いて比較するとよい。

　テストの修正点に気づいた場合には，テスト設計図も修正する。テスト設計図とテスト，採点しやすかった発話と採点しにくかった発話の数例を，次に作成する際の基盤として保存しておくとよい（山森他, 2011参照）。

6　おわりに

　スピーキングの評価は，他の技能よりも実施にも採点にも時間と手間がかかる。しかしこの評価をすることで，スピーキングに優れた生徒を正当に評価することができ，生徒は授業でのスピーキング活動を真剣に捉えることになる。タスクやルーブリックなどは，最初は既存のものを使い，徐々に授業内容に合わせて修正していくことで，取り組みやすくなる（小泉, 2015）。指導・評価活動の密な関連づけの方法や，様々なタスク形式の利点など，本章で詳しく扱えなかった側面については，石川（2011），上山（2014），根岸・東京都中学校英語教育研究会（2007），馬場（1997），深澤（2014, 2015），Brown & Abeywickrama（2010），Fulcher（2003），Hughes（2003），Taylor（2011）が特に参考になる。

参考文献

秋山朝康．（2000）．「スピーキングテストの分析と評価―項目応答理論を使っての研究」．*STEP Bulletin, 12*, 67-78. Retrieved from http://media.eiken.or.jp/association/bulletin/vol_12.pdf

秋山朝康．（n.d.）．Testing speaking. Retrieved from https://jlta.ac/pluginfile.php/618/mod_resource/content/8/8%29%20Assessing%20Speaking/contents/page_000.html

石川祥一．（2011）．「スピーキングの測定・評価」．石川祥一・西田正・斉田智里（編）『英語教育学体系第13巻　テスティングと評価―4技能の測定から大学入試まで』（pp. 188-204）．大修館書店．

今井裕之，吉田達弘（編著）．（2007）．『HOPE：中高生のための英語スピーキングテスト』．教育出版．

上山晋平（編著）．（2014）．『英語テストづくり＆指導　完全ガイドブック』明治図書．

Council of Europe（著）．吉島茂・大橋理恵（編訳）．（2008）．『外国語教育Ⅱ－外国語の学習，教授，評価のためのヨーロッパ共通参照枠』（重版）朝日出版．Retrieved from http://www.dokkyo.net/~daf-kurs/library/CEFR_juhan.pdf

小泉利恵．（2014a）．「スピーキング評価の実際」『全国英語教育学会第40回研究大会記念特別誌　英語教育学の今―理論と実践の統合』（pp. 82-85）．全国英語教育学会．

小泉利恵．（2014b）．「Q&A　より良いテストの作り方・使い方　テストの作成方法」．『英語教育』，第63巻1号（4月号），62-63．大修館書店．

小泉利恵．（2015）．「教室でのスピーキング・ライティングの評価とテスト―基本観点と香港の事例から」．『英語教育』，第63巻11号（1月号），10-12．大修館書店．

酒井英樹，小泉利恵．（2014, 8月）．「英語教育研究におけるデータ収集方法―測りたいものを測る方法」．関東甲信越英語教育学会第38回千葉研究大会　委員会企画（学会誌委員会）発表資料（於：明海大学）Retrieved from http://www7b.biglobe.ne.jp/~koizumi/KoizumiHP.html

佐々木雅子，河内千栄子，塩沢泰子，染矢正一，今井裕之．（2011）．「スピーキングの習得と指導」．冨田かおる・小栗裕子・河内千栄子（編）『英語教育学体系第9巻　リスニングとスピーキングの理論と実践―効果的な授業を目指して』（pp. 146-224）．大修館書店．

佐藤一嘉 (編著). (2014a). 『ワーク＆評価表ですぐに使える！英語授業を変えるパフォーマンス・テスト 中学1年』明治図書.
佐藤一嘉 (編著). (2014b). 『ワーク＆評価表ですぐに使える！英語授業を変えるパフォーマンス・テスト 中学2年』明治図書.
佐藤一嘉 (編著). (2014c). 『ワーク＆評価表ですぐに使える！英語授業を変えるパフォーマンス・テスト 中学3年』明治図書.
佐藤一嘉 (編著). (2014d). 『ワーク＆評価表ですぐに使える！英語授業を変えるパフォーマンス・テスト 高校』明治図書.
文部科学省国立教育政策研究所教育課程研究センター (NIER). (2011). 『評価規準の作成，評価方法等の工夫改善のための参考資料：中学校外国語』教育出版.
文部科学省国立教育政策研究所教育課程研究センター (NIER). (2012). 『評価規準の作成，評価方法等の工夫改善のための参考資料：高等学校外国語』教育出版.
根岸雅史 (監修). (2010). 『スピーキング・テスト・セレクション (DVD)』ジャパンライム.
根岸雅史，東京都中学校英語教育研究会. (2007). 『コミュニカティブ・テスティングへの挑戦』三省堂.
馬場哲生 (編). (1997). 『英語スピーキング論』河源社.
深澤真. (2014). 「Q&A より良いテストの作り方・使い方 スピーキングの評価・1：テストの作成」『英語教育』，第63巻10号 (12月号), 62-63. 大修館書店.
深澤真. (2015). 「Q&A より良いテストの作り方・使い方 スピーキングの評価・2：テストの採点方法」『英語教育』，第63巻11号 (1月号), 62-63. 大修館書店.
本田敏幸. (2014). 「ため息からの授業改善―ポイントはこれだ！ 話すことや書くことの評価はどうすればいいの？」『英語教育』，第62巻13号 (3月号), 46-47. 大修館書店.
山森光陽，鈴木秀幸，松浦伸和 (編). (2011). 『平成24年版 観点別学習状況の評価規準と判定基準 中学校外国語』図書文化.
Brown, A. (2003). Interviewer variation and the co-construction of speaking proficiency. *Language Testing, 20*, 1-25. doi：10.1191/0265532203lt242oa
Brown, H. D., & Abeywickrama, P. (2010). *Language assessment：Principles and classroom practices* (2nd ed.). White Plains, NY：Pearson Education.
Fulcher, G. (2003). *Testing second language speaking*. Essex, U.K.：Pearson Education Limited.
Hirai, A., Ito, N., & O'ki, T. (2011). Applicability of peer assessment for classroom oral performance. *JLTA (Japan Language Testing Association) Journal, 14*, 41-59. Retrieved from http://ci.nii.ac.jp/naid/110009561379
Hirai, A., & Koizumi, R. (2013). Validation of empirically derived rating scales for a Story Retelling Speaking Test. *Language Assessment Quarterly, 10*, 398-422. doi：10.1080/15434303.2013.824973
Hughes, A. (2003). *Testing for language teachers* (2nd ed.). Cambridge, UK：Cambridge University Press.
Luoma, S. (2004). *Assessing speaking*. Cambridge, U.K.：Cambridge University Press.
O'Sullivan, B., & Green, A. (2011). Test taker characteristics. In L. Taylor (Ed.), *Examining speaking：Research and practice in assessing second language speaking* (pp. 36-64). Cambridge, UK：Cambridge University Press.
O'Sullivan, B., Weir, C. J., & Saville, N. (2002). Using observation checklists to validate speaking-test tasks. *Language Testing, 19*, 33-56. doi：10.1191/0265532202lt219oa

Sawaki, Y., & Koizumi, R. (2015). *Providing test performance feedback that bridges assessment and instruction : The case of two standardized English language tests in Japan*. Unpublished manuscript.
Taylor, L. (Ed.). (2011). *Examining speaking : Research and practice in assessing second language speaking*. Cambridge, UK : Cambridge University Press.
Turner, C. E., & Upshur, J. A. (1996). Developing rating scales for the assessment of second language performance. In G. Wigglesworth & C. Elder (Eds.), *The language testing cycle : From inception to washback* (pp. 55-79). Melbourne, Australia : Applied Linguistics Association of Australia.

|理論編|

4. リーディングの評価
——リーディングテストの作成：理論からのアプローチ

清水　真紀

1　はじめに

　これまでリーディングテストを作成していて次のような疑問を持ったことはないだろうか。「このテストで良い点をとった生徒は，果たして文章をきちんと読めていたと言えるのか」，「このテストで点数が悪かった生徒は，あまり読めていなかったと言えるのか」。これは評価の**妥当性**（validity），つまり「テストの得点に基づき受験者の能力を推定する際にどの程度その解釈が妥当であるか」という問題であり，テスト開発の際に重視されなければならないものである。本章では，これまでのリーディング研究からテスト作成に役立つ理論——具体的には，第2節でリーディングのコンポーネントモデルを，第3節で心的表象の概念を紹介する。第4節では，教科書以外からの文章を選んで定期テストのリーディング問題を作成するような場合，文章選択に当たっての留意点について述べる。第5節では，学習指導要領について触れたい。

2　ボトムアップ型のテスト作成：コンポーネントモデルに基づいて

　リーディングが複数の分割可能なコンポーネント（要素，構成素）により成り立っていると考えるのが，この**コンポーネントモデル**（component model, component skills approach）の基本的な考え方である（Carr et al., 1990；Grabe & Stoller, 2002；Urquhart & Weir, 1998）。さて，その分割可能なコンポーネントについては，Carr et al.（1990）を参考に以下16個のコンポーネントを挙げる。

　1. 書かれてある文字がどのような形であるか理解する
　　例）大文字か小文字か，MかNか

2. サイトワード（書かれてある文字をわざわざ音に変換しなくとも一目見て判断できる単語。重要語に多い）を正確に認識する
3. 書かれてある文字を正確に音へと変換する
   例）apple → [ǽpl]
4. サイトワードを素早く認識する
5. 書かれてある文字を素早く音へと変換する
6. 書かれてある文字列がどのような音へと変換されるか理解している（メタ認知）
7. 正しい単語の綴りを理解する
   例）rane は間違い，rain は正しい
8. 正しい単語の綴りを自ら書くことができる
9. 単語の意味が分かる
10. 文章の後半でどのような出来事が起こりうるか文脈から推測できる
11. 語彙知識や文法知識を利用して文理解を行い，その文がどのような考えを述べているかを理解し，更に文章全体としてどのような内容であるかを理解する（統合プロセス）
12. 提示された項目を順序問わずワーキングメモリ（記憶としてとどめられる時間は約2秒と短い。以前は短期記憶と呼ばれていた）で記憶する
13. 提示された項目を順序通りにワーキングメモリで記憶する
14. パタン（綴り，音，文構造，文章構成）を理解する
15. 知能
    例）Wechsler 知能検査のような標準化された IQ テストで測定される
16. 時間をかけずに効率よく文章全体を理解する

　文字や単語といった下位レベルの処理から，文章全体をひとつのまとまりとして捉えるのに欠かせない推論を働かせるといった上位レベルの処理まで，実に様々なレベルのコンポーネントがあることが分かる。また，平成20（2008）年版中学校学習指導要領の読むことに関する言語活動の1つとして挙げられている「文字や符号を識別し，正しく読むこと」は，まさに上述の1～6 ないしは1～9 に当たる文字や単語レベルの処理であると言える。
　このモデルの長所の1つには，児童や生徒の英語リーディング力の発達をコンポーネントごとに分けて検討できることがある。例えば，英語の綴りの

理解はできるがそれを音へ変換することができない，あるいは統語の処理はできるが背景知識を利用しながらの理解ができないなどの説明が可能になってくる。

さて，こうした考えに近い形でリーディングテストを実施しているものに，主に北米の大学・大学院に留学する際の英語力を証明するものとして **TOEFL iBT** (Test of English as a Foreign Language Internet Based Test) がある。700語前後の文章3つないしは5つが用意され，解答時間は60-80分間であるが，**質問タイプ** (question type) として10種類が想定されている（次頁表1）。

タイプ1，2，7の質問文では，文章の一部がパラフレーズされて出題されることも多く，文解析や統語解析といったコンポーネントを測定していると考えられる。また，このような形式にすることで，受験者の母語を介する必要がなく，英語を英語のまま理解する生徒の能力を測定することができる。タイプ3～6は，それぞれ推論，修辞，語彙，照応のコンポーネントを測定する。タイプ8は，論理性や文章の一貫性が的確に構築できているかを測定する問題で，初見の文章を定期テストで出題する場合などには利用できる。なお，生徒に挿入させる文は，たとえば，"On the other hand,…" "For example,…" "Similarly,…" "In other words,…" などの「つながり語句」を含むものから選ぶのがコツである。タイプ9とタイプ10を除き，基本的に1つのタイプに1つのリーディングコンポーネントが割り当てられていると考えてよい。

テスト作成者が考えるべきもうひとつの重要な点として，どの質問タイプに何問ずつ割り当てるかということがある。TOEFL iBTでは，1つの文章に平均して12～14個の項目が用意されるが，そのうちの事実に関する問題（タイプ1，2，7）だけで6～9問（表1参照），つまり全体の5割前後がこれらの問題で占められる。また，語彙問題（タイプ5）も全体の2～4割を占める（表1参照）。TOEFL iBTのリーディングセクションでは「受験者の大学レベルのアカデミックな文章を理解できる能力を測定する」と謳っているため，まずは情報を正確に読み取れたり，文章理解の基本である語彙の意味を理解できていたりといった部分に多くが割かれる構成になっていると推測できる。

コンポーネントモデルに基づくテスト作成であるが，このTOEFL iBTを

表1 TOEFL iBTで出題される質問タイプと項目数（Educational Testing Service, 2012, pp. 37-59）

	リーディングセクションにおける質問タイプ	項目数（文章1つ当たり）
1	文章に書いてある事実に関する問題（例：According to the paragraph, which of the following is true of X?）	6
2	文章に書いて<u>いない</u>事実に関する問題（例：According to the passage, which of the following is NOT true of X?）	0～2
3	推論問題（例：Which of the following can be inferred about X?）	1～3
4	修辞問題（文章中の句，文，段落などの修辞的役割，例えば定義，例示，描写，解説などについて問う）（例：The author discusses X in paragraph Y in order to…）	1～2
5	語彙問題（例：The word "X" in the passage is closest in meaning to…）	3～5
6	照応問題（例：The word "X" in the passage refers to…）	0～2
7	文の平易化問題（例：Which of the following best expresses the essential information in the highlighted sentence?）	0～1
8	文挿入問題（例：Look at the four squares [■] that indicate where the following sentence could be added to the passage. Where would the sentence best fit?）	1
9	要約問題（例：応用美術［applied arts］と絵画や彫刻などの美術［fine arts］に関する文章を読み，文章中で述べられている内容で特に重要であると思われるものを6つの選択肢の中から3つ選ぶ（●の後に入れる）。＊以下は，正解が入ったものを掲載。 This passage discusses fundamental differences between applied-art objects and fine-art objects. ● Applied-art objects fulfill functions, such as containing or sheltering, and objects with the same function have similar characteristics because they are constrained by their purpose. ● Fine-art objects are not functional, so they are limited only by the properties of the materials used. ● In all periods, fine artists tend to challenge the physical limitations of their materials while applied artists tend to cooperate with the physical properties of their materials.）	どちらか1
10	表完成問題（例：Complete the table below to summarize information about the two types of art discussed in the passage. Match the appropriate statements to the types of art with which they are associated.）	

参考にしながらの中学校・高校の定期テスト（リーディング問題）に応用することも可能であろう。手続きとしては，(1)学習した単元目標に照らし合わせてテストで測定したい能力（**構成概念**, construct）を定義する，(2)その構成概念に基づいて質問タイプや項目数などテストの構成を決める，(3)文章の選択（教科書以外から文章を出題する場合については第4節で詳述する），(4)質問文の作成となる。(1)と(2)の段階が難しい場合には，この TOEFL iBT の質問タイプと項目数に倣って作成するというのもひとつの手であるように思われる。後述する平成 21（2009）年版高等学校学習指導要領の「コミュニケーション英語 II」に記述のある文章 4 種類のうち，「説明文」，「評論文」，「随筆文」に関しては，基本的にこのような方法でもよいように思われる。つまり，1 つの文章に対して 12～14 個の項目数をつけるとすると，表 1 にあるように，タイプ 1（文章に書いてある事実に関する質問）を 6 つ，タイプ 2（文章に書いていない事実に関する質問）を 0～2 つ，タイプ 9（要約問題），もしくはタイプ 10（表完成問題）のどちらか 1 つを作成するという計画をまずは立て，後は実際に作成する過程で必要に応じてその割合を変えるという方法もとれるだろう。

　ただし，「物語文」に関しては，他の 3 種類の文章とは異なった読みが求められる場合も多いと思われる。たとえば，単元目標として「物語文などを読んで，登場人物の言動やその言動の理由等を捉えることを通じ，概要や要点を理解することができる」（NIER, 2012, p. 28）と設定されている場合は，文章に書かれてある事実を読み取らせる問題の他に，登場人物の気持ちを推測させるようなタイプ 3（推論問題）が多くなると考えられる。物語文を読む際に読み手が生成する推論については，(1)因果関係にある出来事の原因や結果について，(2)登場人物の感情や行為の動機について，(3)登場人物により達せられた行為の下位目標や計画などについて，(4)使用された道具について，(5)登場人物の性格や事物の空間的位置など「状態」について，(6)読み手の感情など，様々な推論が提案されている。物語文の場合は，題材に応じてこれらを取捨選択しながら推論問題を作成していくことになると思われる（清水, 2005；田近, 2002）。

　これまで述べてきたリーディング力を複数のコンポーネントに分解し，それぞれのコンポーネントを測定する項目を作成していくという方法は，最後にコンポーネントを足した総体をリーディング力として捉えているという意

味で「ボトムアップ（bottom-up）型」アプローチによるテスト作成と言えそうである。

3　トップダウン型のテスト作成：心的表象に基づいて

　本を読んでいる時，ある風景がイメージとして浮かんできたという経験をされたことはないであろうか。私たちは，実は，文章を読んでいる時，**状況モデル**（situation model）と呼ばれる**心的表象**（mental representation）を形成していると一般に考えられている（Kintsch, 1988, 1994, 1998; van Dijk & Kintsch, 1983; van Oostendorp & Goldman, 1999; van Oostendorp, 2002）。
　下に引用したものは，わずか2文からなる短い文章であるが，これを十分に理解できたと自信を持って言える者は多くないであろう。

> When a baby has a septal defect, the blood cannot get rid of enough carbon dioxide through the lungs. Therefore, it looks purple.
> （Kintsch, 1994）
> （中隔欠損症のある乳児は，血液が肺を通って二酸化炭素を除去することが十分にできない。そのため，血液は赤紫になる。）
> ＊筆者和訳。

　Kinsch（1994）は，この文章をきちんと理解した読み手は下記のような心的表象（図1参照）を形成していると述べる。

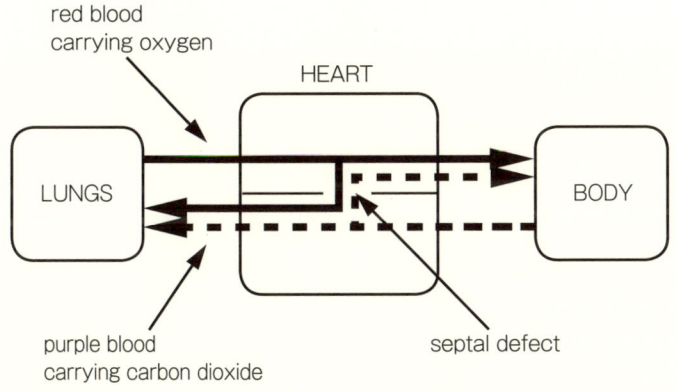

図1　文章リーディング後に生成される状況モデルの例 (Kintsch, 1994, p. 295)

さらに，この図を解説すると以下のように言えるかもしれない。

①正常な心臓では，「肺」から「心臓」に向かって肺静脈（酸素を多く含んだ赤い血液が流れている），そして「心臓」から「全身」へと大動脈（酸素を多く含んだ赤い血液が流れている）が通っている。②また，全身から心臓に向かって大静脈（二酸化炭素を多く含んだ赤紫の血液が流れている），そして「心臓」から「肺」へ肺動脈（二酸化炭素を多く含んだ赤紫の血液が流れている）が通っており，二酸化炭素を除去し，酸素を取り入れている。③しかし，その心臓を仕切っている中隔が欠損してしまうと，全身から心臓に向かって流れてきた血液は，本来経由するはずの肺に達することなく心臓内で循環してしまい，再び二酸化炭素が除去されない状態の赤紫の血液が全身に廻ってしまうことになる。

①と②の「正常な心臓では（中略）酸素を取り入れている」は，読み手が有していた背景知識からの情報に基づくもので，英文では述べられていない。③は，英文にそれに近い記述があるが，ここでも背景知識からの情報が加わり，単に文章に書かれてある事実の理解を超えた深い読みが必要であることが分かる。そして，③の下線部は，図の中央から右半分に掛けて描かれる「血液が循環する」との部分に該当している。つまり，この短い２文からなる文章と図で説明したかったのは，文章の内容を十分に理解するためには，心臓，肺，血液に関して正確な知識を持ちあわせていて，かつそれらを読みながら利用することができなくてはならないということである。言い換えると，この文章を十分に理解するためには，背景知識を利用して推論を働かせなくてはならないということである（筆者注：第二外国語のリーディングを語る上ではやや難解な英文であったが，心的表象を取り上げる際にはよく用いられる文例であるため本稿でも取り上げた）。

さて，英語リーディングテストにおいても，実際こうした心的表象の理論に基づいてのテスト作りがなされている。

次頁の図２はイギリス圏の大学・大学院に進学を希望する留学生が受験する **IELTS**（International English Language Testing System）の練習問題である（Sorrenson, 2012, pp. 80-82）。「図のラベルづけ」(labelling a diagram) の問題として知られているもので，今回取り上げたものでは，受験生はまず蛍光顕微鏡の仕組みについて書かれた文章（紙面の都合上，省

Questions 22-26
Label the diagram below.
Choose **ONE WORD** *from the passage for each answer.*

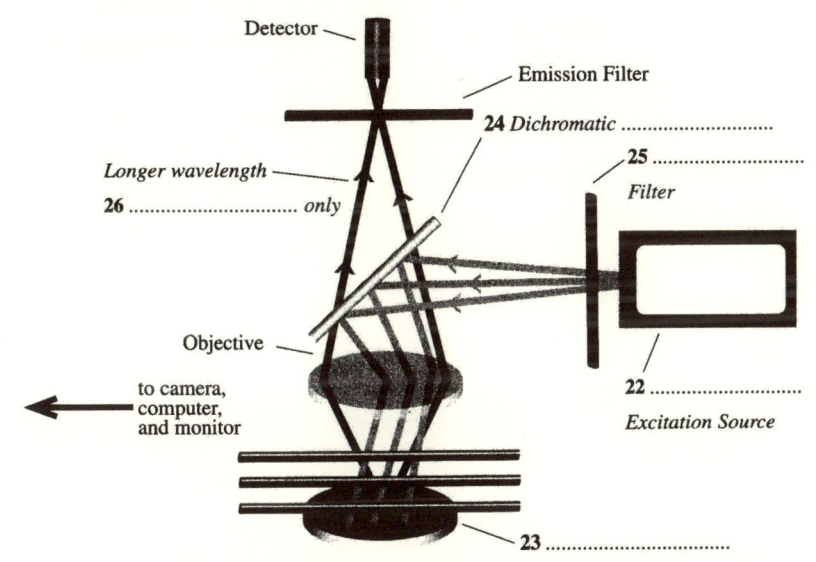

図2　IELTS の labelling a diagram タイプの例（Sorrenson, 2012, p. 82）

略）を読み，13個の問いに解答する形式となっている。そのうちの5問が，図2に示された空所を埋めるものとなっている。

　こういった「図のラベルづけ」のタスクは，物語文などを読んで登場人物の人間関係を埋めていく場合などにも応用可能であろう。ただ注意したいのは，当然のことながら，すべての人が全く同じ状況モデルを作成するとは限らない。生徒によって背景知識の量も違うであろうし，どの程度推論を働かせて読むかといった量の違いもテスト作成者は理解しておく必要がある。そのため，「この文章を読めた」と言えるには，少なくともこの程度の状況モデルが心内に描かれている必要があるといった「最低限の状況モデル」というものが想定されなくてはならず，問題作成後に複数の教員間でチェックすることも必要であろう。

4 定期テストで初見の文章を使用する：「パラレル」な文章とは

　これまでもリーディングテストとして総合問題を出題すること，また教科書など既習の文章を出題することの問題点が指摘されてきた（卯城，2012; 靜，2002）。前者は，通常のリーディング過程（例：新聞を読む，好きな小説を読む）では起こりえない活動――文章中で空所になっている箇所を補う，指定された語句を並べ替えて文を完成させるなど様々な活動――を1つの文章の中で受験者に課す点で問題とされる。また，後者に関しては，生徒の学習において望ましくない**波及効果**（washback effect, test impact）が起こる可能性を否定できない。例えば，(a)英語の授業中に，英文に対して自分が訳してきた和訳が合っているか間違っているかのみに注意を払っている，(b)英語の試験であるにも関わらず，生徒は教科書の英文の対訳だけを丸暗記して試験準備を終えたと満足し，実際のテストでもその丸暗記した和訳の知識だけで問題を解くような場合である。さらに，和訳が分かっていればテストで高得点がとれてしまうというのでは，評価の妥当性という点からも問題である。

　本節では，授業で扱わなかった初見の文章を選んで定期テストのリーディング問題を作成する際，どのようなことに留意して教科書の文章と同等の，言わば「パラレル」な文章を見つけていったらよいか（あるいは作成していったらよいか）について，1.「トピック」，2.「読みやすさ」，3.「文章構成」，4.「語彙・文法項目」から検討を加える。

　第1の「トピック」について，教科書の文章が仮に「森林破壊が進んだ結果，自然環境がどのように変わったか」，「発展途上国が抱える教育問題」，「英語の言い回しがどのように伝え広まっていったか」などを扱っているとする。「パラレル」な文章というためには，それぞれ環境問題を扱ったもの，教育問題を扱ったもの，言語に関するものなどできる限り教科書と類似したトピックのものが望ましいと言える。

　第2の「**読みやすさ**（readability）」を表す指標としては，Dale-Chall, Flesch, Flesch-Kincaid の公式などが知られている（詳細は清川，2000を参照）。いずれも，電子テキスト化された文章と専用のパソコンソフトさえあれば，単語の難易度（単語の使用頻度や長さから推定される）及び文の難易度（1文の長さから推定される）から「読みやすさ」を表す値が自動的に計算され，即座に結果が得られるので便利である。中でも **Flesch Reading Ease** と **Flesch-Kincaid Grade Level** の公式の計算は Microsoft Word の標

準備となっていて（「Wordのオプション」設定で「文章の読みやすさを評価する」にチェックが入っていることを確認した上で，対象の文章を範囲指定し，［校閲］タブの［スペルチェックと文章校正］をクリックすると結果が表示される），中でもFlesch-Kincaidは解釈が容易であることから最もよく活用されている指標である。このFlesch-Kincaid Grade Levelとして表示されるのは，英語圏児童・生徒にとって相当であると考えられる学年である。例を挙げると，A社の高校英語教科書からの文章（一部抜粋）では6.8という値が得られた。これは，イギリスやアメリカの児童・生徒小学6年生〜中学1年生レベルと言える（表2を参照）。

表2　2つの文章の単語数・文の数・読みやすさ

	A社の教科書からの文章（一部抜粋）	トピックが同じ文章X
単語数	184	85
文の数	12	7
Flesch Reading Ease	73.5	40.2
Flesch-Kincaid Grade Level	6.8	10.6

そして筆者が選んだもので，教科書とトピックを同じくする文章Xについては10.6，つまり英語圏10〜11年生が読むレベルとの結果になった。教科書の方がこの選んだ文章よりも4学年ほど易しいことが明らかになった。もし仮にこの文章を「パラレル」な文章として定期テストなどで出題するような場合には，未習語に注釈をつけたり，文構造が複雑だと思われる箇所は書き換えを行ったりするなど，難易度を下げるための工夫が必要となるであろう。ただし，場合によっては，生徒にとってチャレンジングな問題として修正を行わずに出題するというのも可能である。というのも，このFlesch-Kincaid Grade Level 10〜11というレベルは，大学入試センター試験第6問や国立大学2次試験とほぼ同程等の難易度であり（小泉，2012），もし対象とする生徒が高校2年生や3年生であれば，それも念頭に入れて出題するという判断もあると思われる。

第3の**文章構成**（text structure, text organization, paragraph pattern）については，これまでも様々な分類が提案されてきた。標準的なものとしてGrabe & Stoller（2002）の分類を挙げると，「原因・結果（cause and effect）」，「分類（classification）」，「比較・対照（comparison and contrast）」,「定義（definition）」,「描写（description）」,「時間的配列（narrative sequence of events）」,「問題解決（problem and solution），手続き（procedures）」などが挙げられる。なお，先の教科書の文章は，トピックは「言語」に関するもので，文章構成は「定義」であった。そして，「パラレル」な文章として選んだ文章もまた同様である。

　第4の，教科書と同じ「語彙・文法項目」が「パラレル」な文章にも含まれている必要があるかという点については，答えは「必要ない」である。例えば，教科書で仮定法過去や関係代名詞の非制限用法の学習が行われたとする。しかし，これらはリーディング問題ではなく独立した文法問題として測定すれば十分であろう。語彙問題も同様である。

　最後に，この「パラレル」の文章選択に関して2点挙げておきたい。第1に，教科書とはトピックが類似していない場合でも，「パラレル」の文章になりうる場合があるということである。それは，学習目標が「説明などを読んで，特に重要な事実等を捉えることを通じ，全体の要旨を理解することができる」（NIER, 2012, p. 28）など，特に教科書の文章の題材に特化していない場合や，たとえ学習目標に「英語のイディオムの意味やその由来に関して理解を深め…」とあっても，その部分はあえてリーディングテストという形で測定しないような場合である。そうなると，（今回のケースで言えば）「言語」以外のトピックから文章を選べることになり，選択肢は広がる。*Timed Reading Plus in Science*（Glencoe/McGraw-Hill & Jamestown Education, 2002）から「定義」の文章構成のものを選ぶと "What Is Mineral?"（p. 21）や "What Is a Geneticist?"（p. 33）がある。それぞれ，化学分野や生物学（遺伝学）分野からの説明文である。

　第2に，「パラレル」の文章の選択の際にも，前述のように測定したい生徒のリーディングスキルをきちんと測れるかという**構成概念妥当性**（construct validity）の問題を忘れてはならない。先の「説明などを読んで，特に重要な事実等を捉えることを通じ，全体の要旨を理解することができる」（NIER, 2012）という学習目標に対しては，評価においても説明文を用い，文章中で重要な事実が書かれてある部分について問うような質問文（表1のTOEFL iBTで述べるとタイプ1, 2, 7）を作成することが必須である。また，学習目標後半部の「全体の要旨を理解することができる」に対しては，生徒に読んだ内容を要約させるサマリー問題にしてもよいし，これを空所補充形

式にすることもできる。あるいはまた，TOEFL iBT のタイプ9のような形式で，「鉱物であるための5つの条件をそれぞれ答えなさい」のように自由記述形式の質問にすることもできる。

以上をまとめると，教科書で学習した文章と「パラレル」な文章を作成・選択するに当たっては，語彙・文法を除き，トピック（ただし，学習目標と照らし合わせて不要な場合もある），読みやすさ，文章構成の3点に配慮することが重要である。

5　おわりに：学習指導要領を踏まえて

2008年に中学校，2009年に高等学校の学習指導要領が告示され，現在はこの学習指導要領が全ての中学校・高等学校において実施されている。外国語（英語）の教科目標については新旧で大きな違いはなかったが，高等学校の科目構成には大きな改訂があった。現行の学習指導要領では，「コミュニケーション英語基礎/I（必履修）/II/III」，「英語表現I/II」，「英語会話」の7科目となり，これまでの「リーディング」や「ライティング」の科目はなくなった。

また，コミュニケーション英語が4技能統合型の科目であるのに対し，英語表現科目は「話すこと」，「書くこと」に焦点を当てたものとなっている（岡部・松本，2010）。リーディング技能に関連しては，コミュニケーション英語科目の学習指導要領の「内容」の中に以下のような記述が見られる。

> 「説明や物語などを読んで，情報や考えなどを理解したり，概要や要点をとらえたりする。また，聞き手に伝わるように音読する」（コミュニケーション英語I）
> 「説明，評論，物語，随筆などについて，速読したり精読したりするなど目的に応じた読み方をする。また，聞き手に伝わるように音読や暗唱を行う」（コミュニケーション英語II）

コミュニケーション英語Iでは説明文と物語文の2種類が挙げられ，事実をとらえたり，概要をとらえたりすることが中心に据えられている。そして，コミュニケーション英語IIではこれに評論文と随筆文が加わり，「目的に応じた読み方」との記述が加わっている（また，音読の指導については，清水

(2009，2013) で論じている）。

　この「目的に応じた読み方」というのが本章の内容と重なる。例えば，説明文などを読んで，そこで理解した情報を図や表などのイメージに置き換えさせるような理解がそこで求められているような題材であれば，（本章第3節の血液の循環を示す図や蛍光顕微鏡の図のような）図表等を用いて生徒の理解を測定することは有効である。あるいはまた，文章で述べられている事実や意見などを1つ1つ理解することが求められるような題材であれば，本章第2節で述べたように，事実に関する問題，修辞問題，語彙問題，照応問題，文の平易化問題など，質問タイプごとに割り当てる項目数などにも配慮しながら質問文を作成していく方法などが取れると思われる。本章が，現場でリーディング指導及び評価に当たっておられる先生方に少しでも貢献できたら幸いである。

参考文献
卯城祐司（編著）．(2012)．『英語リーディングテストの考え方と作り方』研究社．
岡部幸枝，松本茂（編著）．(2010)．『高等学校新学習指導要領の展開　外国語科英語編』明治図書．
清川英男．(2000)．「リーダビリティ」．高梨庸雄，卯城祐司（編著）．『英語リーディング事典』(pp. 29-40)．研究社．
小泉利恵．(2012)．「テキストの難易度の尺度」．卯城祐司（編著）．『英語リーディングテストの考え方と作り方』(pp. 20-24)．研究社．
文部科学省国立教育政策研究所教育課程研究センター(NIER)．(2012)．『評価規準の作成，評価方法等の工夫改善のための参考資料：高等学校外国語』教育出版．
靜哲人．(2002)．『英語テスト作成の達人マニュアル』大修館書店．
清水真紀．(2005)．「リーディングテストにおける質問タイプ：パラフレーズ・推論・テーマ質問と処理レベルの観点から」．*STEP Bulletin, 17*（第17回英検研究助成報告），48-62.
清水真紀．(2009)．「音読」卯城祐司（編）．『英語リーディングの科学―「読めたつもり」の謎を解く』(pp. 63-74)．研究社．
清水真紀．(2013)．「音読と〈正確さ〉と〈流暢さ〉：ワーキングメモリの観点から」『英語教育』，第62巻7号（10月号），16-18．大修館書店．
田近裕子．(2002)．「推論」津田塾大学言語文化研究所読解研究グループ（編）．『英文読解のプロセスと指導』(pp. 185-207)．大修館書店．
Carr, T. H., Brown, T. L., Vavrus, L. G., & Evans, M. A. (1990). *Cognitive skill maps and cognitive skill profiles: Componential analysis of individual differences in children's reading efficiency*. San Diego, CA: Academic Press.
Educational Testing Service (2012). *Official guide to the TOEFL test* (4th ed.). New York, NY: McGraw-Hill.
Glencoe/McGrow-Hill & Jamestown Education, (2002). *Timed readings plus in science: Book 8*. New York, NY: Glencoe/McGrow-Hill.
Grabe, W., & Stoller, F. L. (2002). *Teaching and researching reading*. Harlow, UK:

Pearson Education.
Kintsch, W. (1988). The role of knowledge in discourse comprehension: A construction-integration model. *Psychological Review, 95*, 163-182.
Kintsch, W. (1994). Text comprehension, memory, and learning. *American Psychology, 49*, 294-303.
Kintsch, W. (1998). *Comprehension: A paradigm for cognition.* Cambridge University Press.
Sorrenson, M. (2012). *McGraw-Hill's IELTS.* New York, NY: McGraw-Hill.
Urquhart, S., & Weir, C. (1998). *Reading in a second language: Process, product and practice.* Essex, UK: Addison Wesley Longman.
van Dijk, T. A., & Kintsch, W. (1983). *Strategies of discourse comprehension.* New York, NY: Academic Press.
van Oostendorp, H., & Goldman, S. R. (Eds). (1999). *The construction of mental representations during reading.* Mahwah, NJ: Lawrence Erlbaum Associates.
van Oostendorp, H. (2002). Updating mental representations during reading science text. In J. Otero, J. A. Leon & A. C. Graesser (Eds.), *The psychology of science text comprehension* (pp. 309-329). Mahwah, NJ: Lawrence Erlbaum Associates.

理論編

5. リスニングの評価

印南　洋

1　はじめに

　リスニング力の評価は重要である。平成20（2008）年版中学校学習指導要領では，外国語科における教科目標を，「外国語を通じて，言語や文化に対する理解を深め，積極的にコミュニケーションを図ろうとする態度の育成を図り，聞くこと，話すこと，読むこと，書くことなどのコミュニケーション力の基礎を養う」（NIER, 2011, p. 21）と定めている。平成21（2009）年版高等学校学習指導要領では，外国語科における教科目標を，「外国語を通じて，言語や文化に対する情報を深め，積極的にコミュニケーションを図ろうとする態度の育成を図り，情報や考えなどを的確に理解したり適切に伝えたりするコミュニケーション能力を養う」（NIER, 2012, p. 34）と定めている。中学では「聞くこと」，高校では「理解したり」の部分にリスニングは関連し，中高ともに外国語教育の中にリスニングが位置付けられ，指導に伴い評価が必要である。

　本章では，教育現場におけるリスニングの評価について，注意すべきことを2点述べる。第1に，リスニングテストの作成手順および注意事項について述べる。第2に，実際のリスニングテスト作成を，中間・期末テストおよび実力・模擬テストを例に述べる。

2　リスニングテストの作成手順および注意事項

　主にHughes（2003），Buck（2001），および学習指導要領の観点別評価と授業内容を関連させる方法の点から述べる。

2.1　テストの使用目的を決める

　何の使用目的のためにテストを実施するかを決める必要がある。例えば，

中間・期末テストの目的は，ある特定の該当学期の授業での既習事項が身についたかを確認することである。一方，実力テスト・模擬テスト・大学入試センター試験等の目的は，より幅広い事項の習得を確認することだろう。テストの使用目的によって使用するテキスト・タスクが異なる恐れがあるため，テストの使用目的は熟考する必要がある。

2.2 測りたいリスニング力を定義する

Buck (2001) によると，測定対象とする**リスニング力** (listening ability) を決めるには4つの方法がある。そのうち教育現場において使いやすい2つの方法を紹介する。

第1は，リスニング力を理論的に，テストのタスク (task) と関連させながら定義する方法である (Buck, 2001, p. 102)。リスニング力は，**英語力** (English ability) と**方略的能力** (strategic competence) からなると理論的に考えられている。英語力は，①文法に関する知識，②談話に関する知識，③語用論に関する知識，④社会言語的な知識からなる。方略的能力は，①認知的な方略（理解の過程，短期・長期記憶に情報を貯蔵し記憶する過程，記憶から取り出す過程）と②メタ認知的な方略（状況把握，自己の理解度をモニター，自己の理解度を評価・再検証）からなる。このうち，特に教育現場に関連するのは英語力だろう。リスニングでは方略的能力も関わるが，どのように具体的に関わるかは不明瞭な点が多く，まずはリスニングに必ず関わる英語力に焦点を当てるのが先決だからである。

英語力をテストのタスクと関連させるには，生徒にとってリスニングが必要になる具体的な場面で，どのようなリスニング力が求められるかを考える必要がある。例えば，友人同士がスポーツについて話している場面で必要なリスニング力には，ストレス・イントネーション，話し言葉で使わる単語，談話標識 (first, second, third など)，概要と詳細の聞き分け，文字通りの意味の背後にある真の意図，イディオムの理解があるだろう。駅構内で列車時刻のアナウンスを聞き取る場面であれば，必要なリスニング力にはストレス・イントネーション，談話標識，概要と詳細の聞き分け，文字通りの意味，フォーマルな表現の理解があるだろう。友人同士の会話と駅構内での放送を理解するために必要な能力は異なり，友人同士の会話では話し言葉で使う単語を理解する必要があるが，駅構内の放送ではよりフォーマルな単語を使っ

た内容を理解する必要があるだろう。したがって，各タスクで求められるリスニング力は異なり，どのようなタスクではどのようなリスニング力が必要になるかを慎重に検討する必要がある。検討は各専門家や各教員が行い，その後検討結果が一致するか，話し合いが必要だろう。

　英語力を構成する4つの知識（文法・談話・語用論・社会言語に関する知識）を，これら2つのタスクと組み合わせることで（表1を参照），どの能力の側面を測るためにどのタスクを使うかの組み合わせが分かりやすくなり，リスニング力をタスクと関連させ明確に定義できる。

表1　リスニング力の定義：能力の理論的な観点とタスクの観点から

	友人同士の会話の聞き取り				駅での放送の聞き取り			
	T1		T2		T1		T2	
	Q1	Q2	Q1	Q2	Q1	Q2	Q1	Q2
(A) 文法に関する知識								
(A1) ストレス・イントネーション	x				x		x	
(A2) 話し言葉で用いられる単語	x	x	x	x				
(B) 談話に関する知識								
(B1) 談話標識				x	x		x	
(B2) 概要と詳細の聞き分け	x	x	x	x		x		x
(C) 語用論に関する知識								
(C1) 文字通りの意味を理解する		x	x	x	x	x	x	x
(C2) 相手の意図を推測する	x		x					
(D) 社会言語に関する知識								
(D1) イディオム	x							
(D2) フォーマルな表現					x	x	x	x

注：T＝タスク。x＝タスクで該当知識が測定されていることを示す。

　第2の方法は，Buck (2001, p. 112) の**標準的なリスニング構成概念**（default listening construct）を使うことである。標準的なリスニング構成概念とは，多くのリスニング場面で必要とされる汎用性の高いリスニング力である。具体的には，(1)実際に起こりうる数多くの話し言葉を自動的に即時に処理する能力，(2)テキスト中に明確に述べられている言語情報を理解する能力，(3)テキスト中に明確に含意される推論を理解する能力の3つからなる。これら3つの重要な要素から，リスニング力を定義できる。

リスニングの力を定義する Buck（2001）の 2 つの方法に加え第 3 の方法は，学習指導要領の**観点別評価**（criterion-referenced evaluation/assessment）と授業内容を関連させリスニング力を定義することである。平成 20（2008）年版中学校学習指導要領に基づいた外国語能力の理解についての評価の観点は，「外国語を聞いたり読んだりして，話し手や書き手の意向などを理解している」(NIER, 2011, p. 21) である。評価規準に入れるべき「聞くこと」の事項として，「『聞くこと』の言語活動に積極的に取り組んでいる」など（コミュニケーションへの関心・意欲・態度），「英語を聞いて，英語で話されたり読まれたりする内容を正しく聞き取ることができる」など（外国語能力の理解），「英語やその運用についての知識を身に付けている」など（言語や文化についての知識・理解）(NIER, 2011, p. 22) がある。評価規準の設定例として，「相づちを打ったりメモをとったりするなど，相手の話に関心をもって聞いている」など（コミュニケーションへの関心・意欲・態度），「話されている内容から話し手の意向を理解することができる」など（外国語能力の理解），「家庭，学校や社会における日常の生活や風俗習慣など，『聞くこと』の言語活動に必要な文化的背景について理解している」など（言語や文化についての知識・理解）(NIER, 2011, p. 22) とある。

平成 21（2009）年版高等学校学習指導要領に基づいた外国語能力の理解についての評価の観点は，例えばコミュニケーション英語 I では「英語を聞いたり読んだりして，情報や考えなどを的確に理解している」(NIER, 2012, p. 25) である。評価規準に入れるべき「聞くこと」の事項として，「「聞くこと」の言語活動に積極的に取り組んでいる」（コミュニケーションへの関心・意欲・態度），「英語を聞いて，情報や考えなどを理解したり，概要や要点を捉えたりすることができる」（外国語能力の理解），「英語の仕組み，使われている言葉の意味や働きなどを理解しているとともに，言語の背景にある文化を理解している」（言語や文化についての知識・理解）(NIER, 2012, p. 26) がある。評価規準の設定例として，「相づちを打ったり必要に応じてメモをとったりするなど，相手の話に関心をもって聞いている」など（コミュニケーションへの関心・意欲・態度），「場面や状況，背景，相手の表情などを踏まえて，話し手の意図を把握することができる」など（外国語能力の理解），「場面や状況，目的に応じた表現や論理の展開を表す表現についての知識を身に付けている」など（言語や文化についての知識・理解）(NIER, 2012,

p. 26) とある。

　例えば，中学校の授業での目標が「依頼や提案を聞き適切に応じることができる」であれば，そのような力をリスニング力と定義できる。定義したリスニング力は，判定基準の1つの「英語を聞いて，英語で話されたり読まれたりする内容を正しく聞き取ることができる」（外国語能力の理解）に相当する。

　では，測定対象とするリスニング力を決めるには，どの方法を使うべきだろうか。第1の方法は特に理論的背景が強く，理論的には好ましい。第2の方法である，標準的なリスニング構成概念の点から定義する方法は即時性，明示的・暗示的な情報理解と焦点化されており，分かりやすい。これらは多くのリスニング場面で必要な能力であり，リスニングテストにも含めるべき能力だからである。ただし，日本の教育現場であれば第3の方法が最も関連し，中高では取り組まなくてはならない。学習指導要領と観点別評価と授業内容を関連させることで，リスニング力をより明確に定義でき，指導と評価を一体化し，リスニング力の育成につなげやすいだろう。第1～3の方法を併用して，より明確に測定対象の定義を行うこともできる。

　いずれの方法を使うにせよ，テストしたいリスニング力を明確にすることは重要である。測りたい能力を書き出し，それを測るのに何問出題するかなどを後述する**テスト細目**（test specification）という形でまとめておくと，テストの全体像が見えやすくなり，生徒が習得できた，できていない能力を見分け，指導に生かしやすいテストにつながる（小泉，2014）。

2.3 テキストを探す

　Hughes（2003）およびBuck（2001）に基づき，以下5つの段階を述べる。第1に，**テキスト**（text）の種類や形式を検討する。例えば，モノローグ，ダイアローグ，会話，放送，講義，記述，説明，論説，指示などのどの種類のテキストを使うのかを検討する。第2に，テキストの長さを検討する。例えば，何分何秒や発話の順序の交代の回数により，長さを測ることができる。これを目安に何分ぐらいのものを使うか考える。第3に，音声の速さを検討する。これは，1分あたりの語数や秒あたりの音節数を計算すると分かる。一般的には，速く話されるほど，理解度が落ちる。1分当たりの語数が250語（Foulke, 1968）や275語（Carver, 1973）を超えると，理解度が落ちると

言われている。なお速さの目安として，Tauroza & Allison（1990）は，イギリス英語では，ラジオ番組のモノローグでは1分あたりの語数は160語，会話は210語，インタビューは190語，ノンネイティブ向けに大学などで講義するときは140語と報告している。これを目安に，1分あたり何語程度のテキストを使うかを決める。第4に，話し方が標準的か非標準的なテキストのどちらを使うかを検討する。より標準的な話し方（標準語）ほど聞きやすく，それから外れるほど理解しづらくなる。第5に，音声言語の特徴がどの程度含まれるかを検討する。具体的には，音の同化（例：'Do you' → 'Doya' と発音），脱落（例：'red dress' → 'redress' と発音），いいよどみ（ポーズ，フィラー［例：well, let's see］など），強調（例：重要な語句は強く長く発音される），繰り返し，言い換え（例：she → that girl）が含まれるものを使うかを検討する。

2.4 タスクを作る

タスク（task）の作成においては，以下3つの検討事項がある（Buck, 2001, pp. 116-153）。第1に，タスクを課すことで生徒のどのようなリスニング力を測定するかを検討する必要がある。その観点からの注意事項には4点ある。第1点目は，正答するためには音声テキストを理解する必要があるタスクを作ること。当然のことに思えるが，実際には音声を聞かなくても多肢選択式で選択肢の違いを見抜いただけで正答にいたる場合，背景知識や一般常識で正答できる場合があるので注意が必要である。第2点目は，測定したいリスニング力にできるだけ適切なタスク形式を用いること。例えば，特定の単語の聞き取りができるかを確認したければ，該当語を空欄にしたディクテーションテストが使える。最小対（minimal pair; big と bug など）の聞き分けができるかが対象であれば，ディクテーションテストに加え true/false や選択式も考えられる。第3点目は，測定したいリスニング力とは無関係の要因を最小化するタスクにすること。例えば，上記の第1点目と関わるが，多肢選択式では選択肢の違いから正答できる状態を極力なくすこと。第4点目は，正答するために理解が必要な情報を検討すること。これは第1点目とも関わり，正答するためにはテキスト中のどの箇所（語句・表現）を理解する必要があるかを検討し，測りたい能力と照らし合わせて問題ないかを確認する必要がある。

2つ目の検討事項は，内容理解の設問についてである。第1に全体的な点として，概要を問う設問，詳細を問う設問についてである。前者は後者よりも一般的に難しいが，あまりに些細な詳細を問う設問は，過度に難しくなる場合がある。第2に，音声テキストを聞く前に，生徒に設問を提示するかである。そうすることで正答しやすくなると生徒は感じることが多いが，実際の研究結果は一致していない（Berne, 1995; Sherman, 1997）。第3に，聞きながらメモを取ることを許容するかである。そうすることで常に理解度が向上するとは言えず，メモを取ることに気を取られ理解度が下がることもある（Hale & Courtney, 1994）。第4に，設問（質問文［と多肢選択式では選択肢］）を紙上もしくは音声で提示するかである。第5に，タスク形式を検討すること。例えば，短答，多肢選択，true/false，マッチング，要約，要約穴埋め，ディクテーションがある。リスニング力測定が目的のため，質問文や選択肢は短く明確で，過度にリーディング力を求めることが無いように注意すべきである。もしリスニングに加えリーディング力も測定したいのであれば，長めの要約を用いた要約穴埋め式が使えるだろう。いずれにせよ，正答は明確であるべきだし，選択ではなく回答を産出させる形式（短答，要約，要約穴埋め，ディクテーション）では日本語と英語のどちらで回答させるか，英語ではスペルミスや類義語はどの程度まで許容するか，中間点を与えるかを考える必要がある。ディクテーションテストの詳細は，靜（2011）を参照のこと。

　3つ目の検討事項は，テキストとタスクの難易度調整である。例えば，2.3節でも述べたように，スピードが遅いほど，普段聞きなれている発音であるほど，テキストは理解しやすくなる。また，2度聞かせることで易しくなる。最後に，難易度調整に最も関わる要因は，多肢選択式では正答の選択肢とテキスト内の語句の重なりである。重なりが多いほど，設問が簡単になる。重なりが少ないほど，設問が難しくなる。例えばテキストでShe went to the bookstore and purchased a dictionary. と放送され，設問がWhat did she do at the bookstore? の場合，正解の選択肢がShe bought a book. のときはShe purchased a dictionary. よりも難しくなることが多い。Purchasedをboughtに，a dictionaryをa bookに言い換え，語句の重なりが少ないためである。その他の要因は，Buck（2001）に加え片桐（2002）でも報告されている。

　その他の重要事項は，テスト作成後に自分で設問を解いてみること，同僚

の先生に解いてもらうことである。特に，答えが1つに限定されるか，テキストを聞かずとも選択肢のみから判断して正答にいたることは無いか，などを検討する。

3　リスニングテスト作成の例

実際のリスニングテスト作成について，中間・期末テストおよび実力・模擬テストを例に以下述べる。

3.1　中間・期末テスト

これらのテストの主な目的は，ある特定の該当学期の授業での既習事項が身についたかを確認することである。中間・期末テストは授業内容と密接に関連するため，授業での重要事項の習得が関心の対象である。したがって，測定対象とするリスニング力もそのような重要事項に基づき定義できる。例えば，その時期の単元目標が「簡単な会話を正しく聞き取ることができる」であった場合，そのような力をリスニング力と定義する（2.2節の第3の方法）。しかし，もう少し詳細に定義したい場合，次頁の表2のようにリスニング力をタスクと関連させ定義できる（2.2節の第1の方法）。ここでは，文法・談話・語用論に関する知識を，挨拶の聞き取りと買い物の聞き取りの2つのタスクを用い測定しようとしている。各タスク場面で求められるリスニング能力を教員間で検討し，文法・談話・語用論の各知識がどのタスク場面にかかわるかを決める。話し合いの結果をまとめ，表2のようにリスニング力をタスクと関連させ定義できる。

次にテキストを探す。最も身近なものは，教科書の該当部分である。音声に関して最も手短なものは，教科書付属の音声CDである。付属していない場合，また多様なアクセントの英語を聞かせたい場合は，ALTに録音をお願いすることも可能だろう。授業で扱ったテキストが既習教材であり難易度が易しければ，音声を速くする，内容を部分的に書き換える（例：一部の単語を類義語に置き換える），加筆する方法などが考えられる。難易度が高すぎるのであれば，音声を遅くする，内容を易しい単語で言い換えるなどが可能だろう。また，他社の音声教材やインターネット上の素材を利用することも可能である。音声の取り込みおよび編集は飯村（n. d.）を参照のこと。

その後，テキストと見比べながらタスクを作る。教科書内のタスクをその

表2 中間・期末テストのリスニング力の定義

	初対面の人同士の挨拶の聞き取り				買い物客と店員の会話の聞き取り			
	T1		T2		T1		T2	
	Q1	Q2	Q1	Q2	Q1	Q2	Q1	Q2
(A) 文法に関する知識								
(A1) ストレス・イントネーション	x				x		x	
(A2) 話し言葉で用いられる単語	x	x	x	x	x	x	x	x
(B) 談話に関する知識								
(B1) 談話標識				x	x		x	
(B2) 概要と詳細の聞き分け	x	x	x	x		x		x
(C) 語用論に関する知識								
(C1) 文字通りの意味を理解する		x	x	x	x	x		x
(C2) 相手の意図を推測する	x						x	
(D) 社会言語に関する知識								
(D1) イディオム								
(D2) フォーマルな表現								

注：T＝タスク。x＝タスクで該当知識が測定されていることを示す。

まま使うのか，部分修正するのか，新たに作成するのかを検討する。そのまま使うとしても，暗記テストにならないようにするため，テキストを理解して初めて正答できるように工夫する必要がある。例えば選択肢の順番を変える，選択肢を入れ替えたり新たに追加したりするなどの方法で，選択肢に変更を加えるべきかもしれない。消去法で正答することを排除するためには，短答式や要約穴埋め式での出題が考えられる。また，教科書の設問数が少なく，測定対象とするリスニング力を十分に測れるかが不安であれば，新たに設問を加えてもよい。たとえ不安でなくとも，新たに設問を加えることで生徒がテキストの内容をより深く理解できるし，事前に通知することで試験に向けて一層真剣に勉強するよい機会になる。その際，授業内で生徒に自由記述させて出てきた誤答は，良い設問や選択肢を作成するヒントになる。タスクが完成したら難易度を検討し，適宜修正する。リスニングテスト作成においてこのように検討すべきことは多く，リスニング以外の技能も中間・期末テストでは通常は対象にするため，テスト作成には想定以上の時間がかかる。テスト直前に作成するのではなく，授業内容や進度を学期最初に計画する時

点で作成しておくのが理想的である。

　最後に2節で述べた点に加え，テスト後に正答率の低い設問内容を分析することで，授業での既習事項が未修得である部分が分かる。例えば多肢選択式では誤答だが多くの生徒が選んだ選択肢，短答式では回答内容を検討することで，誤答の原因が分かるかもしれない。それらの誤答内容はテスト返却時のみでなく，その後の授業にも意図的に取り込み，定着を目指したい。

3.2　実力・模擬テスト

　実力・模擬テストの目的は，より幅広い事項の習得を確認することである。したがって出題範囲は広く，対象とするリスニング力も幅広いことが多い。例えば，上記表1と表2の全ての能力を対象に，より多くのタスクを用いて測定する必要があるかもしれない。表1では社会言語に関する知識は測定対象ではなかったが，表2では測定対象であった。

　テキストの選定，タスクの作成については基本的には中間・期末テストと同様な点に注意すべきである。対象とするリスニング力が幅広いことから，より多く多様なテキストおよびタスクを作成する必要がある。テストが完成するまでには予想以上の時間がかかるだろう。計画的に作成したい。

　なお，特に大規模に実施され，生徒に大きな影響を与えるテストほど，テスト作成前にこれらの詳細を書き出しまとめたテスト細目を作ることが好ましい（具体例は小泉，2011を参照）。今後テストを改訂するごとに記録をとり書類を保存することで，テスト内容をより詳細に検討する資料になる。また，新たなテストを作成時には一度作り上げたテスト細目と見比べることで，どの点が具体的に異なるかを明確にできる。その結果，テスト間でどの程度同じリスニング力を測定しているかなどを検討する有意義な参考資料になる。

4　おわりに

　本章では，リスニングテストの作成手順および注意事項，それに基づく実際のリスニングテスト作成について述べた。実際にテスト作成を開始すると，作成手順どおりに進むことは少なく，テキストや設問を幾度と無く修正することが多いだろう。しかし，これらの作成手順や注意事項はより良いリスニングテストを作成し，明確に定義したリスニング力を測り，テスト結果を更なるリスニング力育成につなげるためには重要な過程である。より多くの教

育現場で検討されることを期待したい。

参考文献

飯村英樹. (n. d.). Testing listening. Retrieved from https://e-learning-service.net/jlta. ac/pluginfile.php/623/mod_resource/content/5/6%29%20Assessing%20Listening/contents/page_000.html

小泉利恵. (2011).「英語技能の測定・評価：リスニングの測定・評価」. 石川祥一, 西田正, 斉田智里（編著）.『英語教育学大系第13巻　テスティングと評価―4技能の測定から大学入試まで』(pp. 173-187). 大修館書店.

小泉利恵. (2014).「テストの作成方法」.『英語教育』第63巻1号（4月号）, 62-63. 大修館書店.

文部科学省国立教育政策研究所教育課程研究センター (NIER). (2011).『評価規準の作成, 評価方法等の工夫改善のための参考資料：中学校外国語』教育出版.

文部科学省国立教育政策研究所教育課程研究センター (NIER). (2012).『評価規準の作成, 評価方法等の工夫改善のための参考資料：高等学校外国語』教育出版.

靜哲人. (2011).「リスニングテストの作成とその評価」. 冨田かおる, 小栗裕子, 河内千栄子（編著）.『英語教育学大系第9巻　リスニングとスピーキングの理論と実践―効果的な授業を目指して』(pp. 127-145). 大修館書店.

片桐一彦. (2002).「リスニング能力の測定と評価」. 武井昭江（編著）.『英語リスニング論』(pp. 125-141). 桐原書店.

Berne, J. E. (1995). How does varying pre-listening activities affect second language listening comprehension? *Hispania, 78*, 316-329.

Buck, G. (2001). *Assessing listening*. Cambridge, UK: Cambridge University Press.

Carver, R. (1973). Effect of increasing the rate of speech presentation upon comprehension. *Journal of Educational Psychology, 65*, 118-126.

Field, J. (2008). *Listening in the language classroom*. Cambridge, UK: Cambridge University Press.

Flowerdew, J., & Miller, L. (2005). *Second language listening: Theory and practice*. New York: Cambridge University Press.

Foulke, E. (1968). Listening comprehension as a function of word rate. *Journal of Communication, 18*, 198-206.

Hale, G. A., & Courtney, R. (1994). The effects of note-taking on listening comprehension in the Test of English as a Foreign Language. *Language Testing, 11*, 29-47.

Hughes, A. (2003). *Testing for language teachers* (2nd ed.). Cambridge, UK: Cambridge University Press.

Rost, M. (2002). *Teaching and researching listening*. Harlow, UK: Pearson.

Sherman, J. (1997). The effect of question preview in listening comprehension tests. *Language Testing, 14*, 185-213.

Tauroza, S., & Allison, D. (1990). Speech rates in British English. *Applied Linguistics, 11*, 90-105.

Vandergrift, L. (2010). Recent developments in second and foreign language listening comprehension research. *Language Teaching, 40*, 191-210.

理論編

6. 技能統合的活動の評価

深澤　真

1　学習指導要領と4技能の統合

　平成20（2008）年版中学校および平成21（2009）年版高等学校学習指導要領では，「聞くこと」，「話すこと」，「読むこと」，「書くこと」の4技能を統合した活動を通してコミュニケーション能力を育成することが大きな焦点の1つとなっている。中学校学習指導要領では，これまでの「聞くこと」，「話すこと」に焦点を当てたコミュニケーション能力の育成から，「読むこと」と「書くこと」も含めて総合的でバランスの良い指導が求められている。さらに以下のように技能を統合して活用できる能力の育成も求められている。

　　「聞くこと」，「話すこと」，「読むこと」及び「書くこと」の4技能の総合的な指導を通して，これら4技能を統合的に活用できるコミュニケーション能力を育成する…。　　　　　　　（下線は著者による，以下同様）

　つまり，4技能を万遍なく学習するだけでなく，それら複数の技能をコミュニケーション上，必然的かつ自然な形で統合していくことが求められている（根岸，2011a）。たとえば，コンサートへの誘いのeメールをもらい，そのメールに断りの返事を書くと言うような場合である。この場合，「読むこと」と「書くこと」の2技能が自然で必然的な形で統合されたコミュニケーションといえる。日常生活の中では，見た映画について翌日に友人に話したり，メニューを見て注文をしたり，父親にかかってきた電話を受け取り，伝言をメモして，後で父親に伝えるなど，複数の技能を統合したコミュニケーションが少なくない。そのため技能を統合したコミュニケーションは，より現実的で有効なコミュニケーション活動ということができるであろう。

　さらに，中学校学習指導要領では言語活動（抜粋）を次のように説明している。

ア　聞くこと
　　(エ)話し手に聞き返すなどして内容を確認しながら理解すること。
　イ　話すこと
　　(ウ)聞いたり読んだりしたことなどについて，問答したり意見を述べ合ったりなどすること。
　ウ　読むこと
　　(エ)伝言や手紙などの文章から書き手の意向を理解し，適切に応じること。
　エ　書くこと
　　(ウ)聞いたり読んだりしたことについてメモをとったり，感想，賛否やその理由を書いたりなどすること。

　下線部は，各技能の説明の中で他技能について言及されている箇所である。たとえば，「ア　聞くこと」の言語活動の中に，話し手に聞き返すといった「話すこと」の技能も含まれており，それぞれの技能の言語活動の中に下線部のような他技能の要素が含まれている。中学校から4技能を統合したコミュニケーション能力の育成が強く示唆されている。
　さらに，高校学習指導要領では改善の基本方針の1つとして次のように述べられており，高校では中学校での4技能の「総合的」指導及び「統合的」活動に基づいて，さらに深化拡充した言語活動が求められていると言える。

　　高等学校においては，中学校における学習の基礎の上に，聞いたことや読んだことを踏まえた上で，コミュニケーションの中で自らの考えなどについて内容的にまとまりのある発信ができるようにすることをめざし，「聞くこと」や「読むこと」と，「話すこと」や「書くこと」を結びつけ，四つの領域の言語活動の統合を図る。

2　技能統合的評価の必要性

　中学校，高校の学習指導要領において4技能を統合したコミュニケーション能力の育成が求められるのに伴い，現場の授業も変わりつつある。教科書などの英文を読んで，その内容を**リテリング**（retelling）したり，インタビューした要点を書き取ったりするなどはその一例である。このように，授業が変化し，多技能を統合した活動が増えてくると，それに対応した評価が不可欠となる。つまり，授業の指導目標が技能統合的になれば，評価も技能

統合的にならなくてはならない（根岸, 2011b）。それは，「読むこと」と「話すこと」がそれぞれできることと，「読んで話すこと」は必ずしも同じではないからである。したがって，**ストーリーリテリング**（story retelling）のように，授業で「読んで話す」活動を行い，それがその授業や単元の到達目標であるならば，可能な限り「読んで話す」ことを評価するべきである。

　上述したように，技能を統合したコミュニケーション能力は，日常生活や学校生活で使われることが多く，**真正性**（authenticity）の高い言語活動である。代表的な英語熟達度テストである **TOEFL iBT**（Tese of English as a Foreign Language Internet Based Test）でも，次のような**技能統合的タスク**（integrated tasks）が出題されているのは興味深い。ここでは，大学での生活や講義を想定したスピーキングとライティングの技能が測定されている。

表1　TOEFL iBT における技能統合的タスク

Section	Integrated Tasks
Speaking	- Read＋Listen → Speak - Listen → Speak
Writing	- Read＋Listen → Write

　教育現場での到達度テストだけでなく，TOEFL のような大規模に行われる熟達度テストにおいても，現実の使用場面にできるだけ合わせて技能統合の能力評価を打ち出している点は注目すべきである。

3　技能統合的活動と評価
3.1　技能統合的活動の種類

　まず，**技能統合的活動**（integrated activity）の主なパターンと活動例をまとめた上で，それらの評価方法を検討する。技能統合的活動は，2技能の統合と3, 4技能の統合に分けてまとめられる。2つに分けた理由は，2技能の統合の場合，各レッスンの課末で行うことができるような比較的身近で教育現場でも実施しやすいと思われる活動であるが，3つ以上の技能が統合される場合，資料集めなどから始まり，収集した資料などを基にスピーキングやライティングなどの産出活動につなげるような比較的大がかりな活動と思われるからである。下の表2に示されている「統合される技能」や「活動例」

については代表的なものである。インタビューしたことを書き留めたり，プレゼンテーションの後に質疑応答を入れたりすれば，統合される技能は増え，即興で行うディベートやディスカッションであれば統合される技能が減るので，活動の仕方により統合される技能数が変わることをお含み置きいただきたい。また，統合される技能が多いほど，より規模の大きい活動であるプロジェクト型学習などになることもある。プロジェクト型学習とその評価については，理論編第9章に詳述する。

表2　2技能を統合した活動

統合される技能	活動例
リスニング＋スピーキング	・インタビューを行う。
リスニング　→　ライティング	・授業を聞いて，メモをとる。 ・スピーチを聞いて，コメントを書く。
リーディング　→　スピーキング	・レストランでメニューを読んで，注文する。 ・読んだ物語のストーリーリテリングを行う。
リーディング　→　ライティング	・英文を読み，感想文を書く。 ・手紙を読んで，返事を書く。
ライティング　→　スピーキング	・スピーチの原稿を書き，それを基にスピーチを行う。

表3　3，4技能を統合した活動

技能数	統合される技能	活動例
3	リーディング →リスニング＋スピーキング	・テーマについての資料を読み，それを基にディスカッションを行う。
3	リーディング→ライティング→スピーキング	・テーマについての資料を読み，プレゼンテーションの原稿を書き，それを基にプレゼンテーションを行う。
4	リーディング→ライティング→スピーキング＋リスニング	・テーマについての資料を読み，それを基に立論を書き，ディベートを行う。

3.2　最終目標となる技能を目指した技能統合的活動の評価

　では，これらの技能が統合された活動をどのように評価したらよいであろうか。言い換えると，どの技能をどのような割合で評価に入れるべきであろう。これが，技能統合的活動の評価の難しい点である。

　技能統合的活動の評価について，根岸（2011b）は技能統合の強さに着目している。会議で資料を見ながら説明を聞き，メモをとって発言するような

「**強い技能統合**（strong integration）」の場合は，技能を統合した形で評価するとしている。特に，高校学習指導要領では「理解の能力」と「表現の能力」にまたがる活動を想定しているため，その場合統合された技能のうち中心的な技能の枠で評価することを薦めている。一方，スピーチを聞いて，それを参考に自分でもスピーチするような「**弱い技能統合**（weak integration）」の場合は，技能の独立性が高いため，それぞれの技能ごとに評価するとしている。

また，以下の高校学習指導要領の「コミュニケーション英語Ⅰ」における学習指導要領の内容に示されている言語活動についてのNIER（2012）の技能統合的活動の評価方法は大いに参考になる。

ア 事物に関する紹介や対話などを聞いて，情報や考えなどを理解したり，概要や要点をとらえたりする。
イ 説明や物語などを読んで，情報や考えなどを理解したり，概要や要点を捉えたりする。また，聞き手に伝わるように音読する。
ウ 聞いたり読んだりしたこと，学んだことや体験したことに基づき，情報や考えなどについて，話し合ったり意見の交換をしたりする。
エ 聞いたり読んだりしたこと，学んだことや体験したことに基づき，情報や考えなどについて，簡潔に書く。

（下線部，四角の囲みは著者による）

四角で囲まれている箇所が中心となる技能を表し，下線部が他技能または他技能につながる箇所を表している。アの聞くことを中心とした活動においては概要や要点を捉えることにより意見や感想を述べたりするような活動につなげることを想定している。また，イの読むことを中心とした活動も同様に，表現活動と有機的に関連させていくことを念頭に置いているとともに，音読により音声による表現にも言及している。ウの話すことを中心とした活動でも話す活動の前に聞いたり読んだりすることにより情報や考えなどを取り入れることを想定している。エの書くことを中心とした活動についても，事前に行われる聞いたり読んだりする受容的技能とのつながりを強く意識していることは話すことを中心とした活動同様である。

NIER（2012）では，これらの言語活動をそれぞれ次のような内容のまとまり，つまり技能の枠に入れている。

アは，聞いて理解する活動なので「聞くこと」
イは，読んで理解したり音読したりする活動なので，「読むこと」
ウは，話すことを中心に展開する活動なので，「話すこと」
エは，書いて表現する活動なので，「書くこと」

(NIER, 2012)

　この「内容のまとまり」ごとに判定基準を設定しており，技能を有機的に関連させた活動については，その最終目標となっている技能の枠の中で評価すること，また指導上それをできる（CAN-DO）ようにすることが大切であることが強く示唆されている。

　ここまで述べた評価方法の共通点は，統合された技能のうち最終目標となる技能を評価するというものである。2技能が統合された活動の場合，2つ目の最終目標の産出技能（スピーキングまたはライティング）が評価されることになる。具体的には，読んでリテリングを行う場合は，リテリング活動が評価対象となり，手紙を読んで返事を書く場合は，返事として書いた手紙が評価される。NIER（2012）では，「読むこと」から「話すこと」につなげる指導と評価の計画として，読んで得た情報を口頭で要約するとともに，自分自身の考えやその理由を口頭で伝える能力の評価例を提示している。評価はインタビュー形式のテストで行い，テストは指示された3つのキーワードを全て用いて本文の要旨を述べるタスクと，本文の内容に関連した問いに対して自分の意見を述べるタスクで構成されている。例えば，口頭要約の判定基準の具体例は以下の通りである。

表4　口頭要約の判定基準例（NIER, 2012, pp. 46-49）

評価	状況	評価のポイント
A	十分満足できる	文法・語法等の誤りが少なく，多様な表現を用いて適切に内容を伝えることができる。
B	おおむね満足できる	文法・語法等の誤りはあるが，3つのキーワードを全て入れて，おおよその内容を要約することができている。
C	努力を要する	評価Bの基準を満たしていない。

　また，3つ以上の技能を統合する場合も，最終目標の産出技能を評価するという点においては同様である。2技能統合の場合も含め，ライティング，スピーキングそれぞれの技能の評価については，理論編第2章，第3章をご参照いただきたい。

3.3 タスクとしての技能統合的活動の評価

　もう1つの技能統合的活動の評価方法として，技能を統合して行うコミュニケーションの目標が達成されたかどうかで評価する方法がある。Willis (2003) は，「コミュニケーションを行う目的を持って英語を使う活動であり，何らかの成果を導くために行われるもの」を**タスク**（task）と定義している。必ずしもタスクが複数の技能を統合する活動ではないが，この定義に基づけば，レストランでメニューを読んで注文したり，コンサートに一緒に行こうと誘うeメールを読んで，お断りのメールを出す，などの活動は，コミュニケーションの目的が明確なタスクである。中学校および高等学校学習指導要領においても，具体的な場面や状況を設定したコミュニケーション活動が求められており，タスクと呼べる活動は少なくない。タスクは「形式」よりも「意味」を重視している点でも学習指導要領の方向性に合致していると言えよう。Norris et al. (1998) では，タスクに基づくテストは広い意味での**パフォーマンス評価**（performance assessment）と位置づけており，タスクに基づくテストの重要な要素として，(1)タスクに基づくこと，(2)できるだけ実際の活動に近いこと，(3)タスクが成功か失敗かは資格のある審査員によって評価されることを挙げている。技能統合的活動のタスクに基づく評価の特徴は，コミュニケーションの目的を達成されたかどうかで判断される点である。Ellis (2003) は，タスクに基づくテストにおける主なパフォーマンスの測定方法として(1)タスク成果の直接的評価，(2)談話分析的測定，(3)外的評価を挙げている。タスク成果の直接的評価とは，タスクが達成されたかどうか，つまり合格か不合格かの二者択一で評価される方法である。2つ目の**談話分析的測定**（discourse analytic measures）は，タスクのパフォーマンスから言語能力（流暢さ，正確さ，複雑さなどの程度），社会言語学的能力（リクエスト方略の適切さの程度），談話能力（結束マーカーの適切さの程度），方略的能力（意味交渉のための方略の使用の程度）など特定の言語的特徴を数えることにより分析するものであるが，時間を要する作業のため，研究以外では実際にはあまり用いられない。3つ目の**外的評価**（external rating）とは，ルーブリックなどの評価尺度に基づいて行われる評価であり，タスクに基づくパフォーマンス評価としては最も一般的な方法と言える。**ルーブリック**（rubric）には，測定される能力（評価規準）とパフォーマンスのレベル（判定基準）を明記する。測定される能力はタスク達成における行動的観点，ま

たは言語的な観点から表現することが可能である。以下は，講義を聞いてノートを取ることをタスクとした場合，使用が可能なルーブリックの一例である。

表5 ノート取りのタスクのルーブリック例
(Council of Europe, 2004, p. 101)

	ノート取り（講義やセミナーなど）
C2	話の含意やほのめかしに気づき，それらをメモし，さらに実際に使った表現をノートに取ることができる。
C1	自分の興味関心のある分野の話題の講義で，詳細なノートを取ることができる。記録された情報が非常に詳細で，話された内容を忠実に再現しているから，他の人にもそのノートが役立つ。
B2	言葉そのものに集中しすぎて，情報を時には聞き逃す傾向もあるが，身近な話題で明確に組み立てられた講義なら理解でき，重要だと感じた点をノートに取ることができる。
B1	もし話題が自分の興味関心の範囲であり，話がはっきりとしていて，組み立てがしっかりしていれば，後で自分が使うためには充分精確なノートを講義中に取ることができる。
B1	もし話題が身近で，簡単な言葉で表現されており，はっきりとした発音で標準的な話し言葉で話されれば，簡単な講義を聞きながら，重要な点をリストにすることができる。
A2	利用できる能力記述文はない。
A1	利用できる能力記述文はない。

また，第7章（pp. 96-97 参照）には，TOEFL iBT テストにおける技能統合的ライティング・タスクのルーブリックが示されている。この指針においては，ライティングの判定基準ばかりでなく統合的に使われているリスニングやリーディングについての能力の評価方法にも言及している。こちらも，技能統合的タスクにおけるルーブリックとして参考になると思われる。

4 おわりに

現行の学習指導要領では，中学校，高等学校とも4技能を統合したコミュニケーション能力の育成が焦点となり，技能統合的活動も増えてきている。それに伴い，技能統合的活動の評価も行っていかなくてはならない。そのような評価方法として，統合された技能の中で最終目標となる技能の枠内で評価する方法を紹介した。また，コミュニケーションの目的が明確な言語活動であれば，タスクとして技能統合的活動を評価することも可能であり，今後

ますますその必要性は高まると思われる。複数の技能が統合された言語活動を評価することは教員にとって簡単なことではない。しかし，実際に活用できるコミュニケーション能力育成がますます求められている今日，より使用頻度が高く，より現実的である技能統合型の活動および評価は，英語の教育現場においてさらに重要になってきている。

参考文献

Council of Europe（著）．吉島茂・大橋理恵（編訳）．(2004)．『外国語教育Ⅱ―外国語の学習，教授，評価のためのヨーロッパ共通参照枠』朝日出版．Retrieved from http://www.dokkyo.net/~daf-kurs/library/CEF.pdf

根岸雅史（2011a）．「「技能統合」と「診断」」．『Teaching English Now』Vol. 20, 14-15, 三省堂．

根岸雅史（2011b）．「技能統合の評価をどうするか」．『英語教育』第60巻2号（5月号），29-31, 大修館書店．

文部科学省国立教育政策研究所教育課程研究センター(NIER)．(2012)．『評価基準の作成，評価方法等の工夫改善のための参考資料：高等学校外国語』．教育出版．

Ellis, R. (2003). *Task-based language learning and teaching.* NY: Oxford University Press.

Norris, J., Brown, J.D., Hudson. T., & Yoshioka, J. (1998). *Designing second language performance assessments.* Honolulu HI: University of Hawaii.

Willis, J. (1996). *A framework for task-based learning.* New Jersey: Pearson Education.

理論編

7. ライティングと他技能との技能統合的活動の評価

望月　昭彦

1　はじめに

ライティングと他技能との**技能統合的活動**（integrated activity）を考えると，ライティングと他の1つの技能，ライティングと他の2種類または3種類の技能との統合的活動が考えられる。

ライティング（W）と他の1つの技能，合計2種類の技能を使う場合（以下，ライティング＝W，スピーキング＝S，リーディング＝R，リスニング＝L）

(1)　L＋W：ある主題について聴取（L）して内容を書いてまとめる（W）。
(2)　R＋W：ある主題について読んで（R）内容を書いてまとめる（W）。
(3)　S＋W：ある主題について話して（S）から書いてまとめる（W）。
(4)　W＋L＋W：自分でエッセイを書いて（W）から，類似の主題の反対の意見を聞いて（L），自分の考えを更に書いてまとめる（W）。
(5)　W＋R＋W：自分でエッセイを書いて（W）から類似の主題の反対の意見の文章を読み（R）自分の考えを書いてまとめる（W）。
(6)　W＋S＋W：自分でエッセイを書いて（W）それを皆に話（S）し，友人からコメントをもらった後に，さらに自分の考えを書いてまとめる（W）。

ライティングと他の2種類の技能，合計3種類の技能を使う場合

(7)　L＋R＋W：ある主題についての文章を聴取（L）して，関連する文章を読み（R），最後に自分の意見をまとめて書く（W）。
(8)　R＋L＋W：ある主題について文章を読み（R）関連する主題の意見を聞き（L），最後に自分の意見をまとめて書く（W）。
(9)　S＋R＋W：自分の意見を話し（S），類似の主題の反対の意見の文章を読み（R）最後に自己の意見をまとめて書く（W）。

⑽　S＋L＋W：自分の意見を話し（S），類似の主題の反対の意見を聴取し（L），最後に自己の意見をまとめて書く（W）。

　ディベートなどには合計4技能を使う場合があるが，ディベート以外では，ライティングを中心とする活動は以上のような2技能，3技能を使う場合，最後は自己の意見を書いてまとめる活動が考えられる。

2　ライティングと他の技能を使った技能統合的活動の評価

　ライティングと他の技能を使った技能統合的活動の評価については，前章でも解説した通り，複数の技能を使っても評価の対象となるのは，最終目標を設定した最後の技能であるライティングである。例えば，リーディングの活動としてある作品を読み，その作品について感想文を書くことや，スピーキングの活動としてディベートをさせた後に生徒1人1人に自分の考えを英語で150～200語程度のエッセイにまとめるライティングを行う場合は，その途中の段階のリーディングやスピーキングの活動を評価することを考えるのではなく，ライティングの活動だけを評価する，すなわち，感想文やエッセイを評価するという考え方でよい。

2.1　国立教育政策研究所教育課程研究センター（NIER）による評価方法

　上記の評価方法の例として文部科学省国立教育政策研究所教育課程研究センター（NIER）（2011）「キーワード：技能統合型の活動における評価」（p. 41）をあげておく。この項では，1つの単元 Places to Go, Things to Do　中学校第3学年「書くこと」を取りあげて，統合的活動の評価の基本方針を述べている。

　この単元の目標は，⑴まとまりのある文章を読んで，自分の感想を書くこと，⑵辞書を活用するなどして書くこと，⑶現在分詞や過去分詞の後置修飾を用いた文の構造を理解すること，⑷接触節を用いた文の構造を理解することの4点である。「単元の評価基準」の項目では，4観点の第1の観点「コミュニケーションへの関心・意欲・態度」として「①辞書を活用するなどして書いている」，第2の観点「外国語表現の能力」として「①まとまりのある文章を読んで，自分の感想を書くことができる」の評価規準を設定している。しかし，第3の観点「外国語理解の能力」はこの単元では該当の観点の具体的な場面や状況を絞った評価規準がない。第4の観点「言語や文化について

の知識・理解」は「①現在分詞・過去分詞の後置修飾を用いた文の構造を理解している。②接触節を用いた文の構造を理解している」という2つの評価規準を設定している。注目すべき事柄は，技能統合型の活動の評価方法について，上述の記述の下に（注）として「この単元では，「読むこと」と「書くこと」に関わる技能の統合の指導を行うが，目標は感想を書くことであるので，<u>「読むこと」は評価の対象とせず，「書くこと」のみで実施する</u>」（下線は筆者）と記されていることである。つまり，技能統合的活動の評価は，最終的目標が何かを考えて，その目標を達成するために複数の技能を関連付けて用いるが，最終的に何ができる（CAN-DO）ことを目標にすべきかを明確にしてその最終的な成果――この単元では自分の感想を書くことができること――を評価することである。

NIER（2011, p. 44）に「まとまりのある文章を読んで，自分の感想を書くことができる」（外国語表現の能力）ことに関して，(1)「評価方法，別の文章を読んで感想を書いたワークシートをチェックする」とある。(2)「評価の決定」として，以下のような具体例が挙げられている。

「おおむね満足できる」状況(B)と判断した具体例の感想文
<u>Mr. A write</u> about 350 meters high. I am surprised at its size. It is high than Tokyo Tower. Wonderful.（説明略）
「十分満足できる」状況(A)と判断した具体例の感想文：
Mr. A wrote, "I want to see colorful fish swimming in the water." I want to dive in the Australian sea to watch colorful fish too. Australia is famous for its Great Barrier Reef. It is very beautiful. So it is wonderful to see colorful fish in the beautiful sea.（説明略）
「努力を要する」状況(C)と判断した具体例：
It is one big rock.（説明略）

実際の評価では，これらの例を見ながら，自分の学校の生徒の多様な回答が評価 A, B, C のどれにあたるかを判断するよう求められている。

2.2 TOEFL iBT の評価方法

この複数の技能を活用して1つのコミュニカティブな目標を達成する言語活動について，上述の方法とは異なる評価方法をとっている **TOEFL iBT**

(Test of English as a Foreign Language Internet Based Test）の方法を参考として紹介する。

TOEFL iBTのライティング・テストには2種類あり，1つは**単独技能タスク**（independent task，ある主題について意見を述べるタスク），もう2つは**技能統合的タスク**（integrated task，受験者が既に読んだり聞いたりしたことに基づいて書くタスク）である。TOEFL iBTの技能統合的タスクの評価方法は，斬新で注目すべきである。以下は，インターネットで公表されているTOEFL iBT Integrated Writingの受験上の注意（https://www.ets.org/Media/Tests/TOEFL/pdf/ibt_writing_sample_responses.pdf）の主な部分を筆者が日本語に試訳したものである。

　文章を読んでそれについてメモをする時間が与えられ，次に講義を聞きメモも取ることもできる。1つの質問がついた元の文章が再度現れてから，受験者は応答をパソコンで打ち込む時間20分が与えられる。

　リーディングの文章は画面上にあり，受験者は自分のメモを使うことができる。受験者には以下の注意事項が与えられる。

　a. 応答は内容（正確さ（accuracy）と完結性（completeness））及び言語の適切な使用と文構造に対して評価を受けること

　b. 応答は，受験者がその文章と講義の中の主なアイディアと重要な情報，文章・講義の関係を理解していることを示さなければならないこと

　c.「このタスクはあなたの意見を求めていない。あなたが読んだ文章とあなたが聞いた短い講義の中の情報に基づいてまとまってうまく書かれた方法で応答するよう求めている」こと

　d. 一般に効果的な応答は150〜225語になること（a，b，c，dの記号は筆者）

　リーディングのタスクの例：3分間でパソコン画面上で261語の文章を読む。（リーディングの文章は略）

　リスニングのタスクの例：クラスの前で男性教授が立っている画面が示され，327語からなる講義を聞く。（リスニングのスクリプトは略）

　リーディングのタスク：リーディングの文章が再度画面に出現し，次の指示と質問が画面上に出現する。

　You have **20 minutes** to plan and write your response. Your response will be judged on the basis of the quality of your writing and on how well your response presents the points in the lecture and their relationship to the reading passage. Typically, an effective response will be 150 to 225 words.

そのあと，受験者は以下の指示に従って応答する：

Summarize the points made in the lecture you just heard, explaining how they cast doubt on points made in the reading.

（TOEFL iBT Integrated Writing から一部抜粋。原文は資料1として本章末に掲載）

上記の受験上の注意の後，テストを実施し，その後，採点がなされるが，問題はその採点基準である。技能統合的ライティング・タスク（integrated writing task）の採点指針となる，ETS（Educational Testing Service）発行の**ルーブリック**（rubric）の筆者試訳を以下に挙げる。

表1　ETS TOEFL iBT 次世代 TOEFL テスト
技能統合的ライティング・タスクのルーブリック（採点基準）

得点	タスクの説明
5	このレベルの応答は講義からの重要な情報を上手に選択して，この情報をリーディングで提示された関連ある情報との関係で一貫性を持ち正確に提示している。その応答は上手に構成されており，時折見られる言語的誤りは不正確で不明確な内容提示，関係提示の結果に終わらない。
4	このレベルの応答は，講義から大事な情報を選択する点において，及び一貫性を持って正確にこの情報をリーディングの中の関連情報との関係で提示する点において，概ね良い。しかし，その応答は講義の内容から小さな脱落，不正確さ，曖昧さ，または不明確さをもつ場合もある，またはリーディングにおいて述べられた要点の関係の点でも同様の場合もある。応答は，また，より頻繁に起こるまたは気づかれるほどの小さな言語的誤りがある場合，語法及び文法的構造が時々明確さを欠く程度の結果になる限り，また，それらの語法・文法的構造がアイディアの関係を結果的に変えてしまわない限り，このレベルでは採点される。
3	このレベルの応答は講義からの重要な情報を幾分含み，リーディングとの関連ある関係を伝えているが，その応答は次の1つまたは複数の特徴がある。 ■全体的な応答は，確かにタスクの方向に向いているが，その応答は講義で述べられた要点とリーディングで述べられた要点の間の漠然とした大まかな不明瞭なまたは幾分不明確な関係だけしか伝えていない。 ■その応答は，講義で述べられた1つの大きな重要な要点を省いてしまっている場合もある。 ■講義またはリーディング，または講義とリーディングの間の関係で述べられたいくつかの重要な点は，不完全，不正確または不明確である場合もある。

■語法・文法の誤りは，考えと関係を伝える際に，より頻繁に起こるかまたは著しく漠然とした表現または曖昧な意味に終わる場合もある。

2　このレベルの応答は，講義からの幾分関連ある情報を含んでいるが，重大な言語的困難点に特徴があるか，または，その応答は講義からの大事なアイディアが大きく脱落していることまたは不正確であること，または講義とリーディングの間の関係において大きく脱落していることまたは不正確であることに特徴がある。
　このレベルの応答は，以下の1つまたは複数の特徴がある。
■その応答は，講義とリーディングの間の全体的関係を大きく誤って説明をするか，完全にその関係を省いてしまっている。
■その応答は，講義で述べられた大事な要点を大きく省いてしまっているか，大きく誤った説明をしている。
■その応答は，大事な出来事で関係または意味を大きくぼやかしているか，またはまだリーディングと講義には慣れていない読者に対して，大事なアイディアの理解を多分ぼやかしているような言語的誤りまたは表現を含んでいる。

1　このレベルの応答は，次の1つまたは複数の特徴がある。
■その応答は，講義からの意味のあるまたは関連ある一貫性のある内容をほとんどまたは何も伝えていない。
■その応答の言語レベルは，あまり低いので意味を取るのが困難である。

0　このレベルの応答は，リーディングからの文を単にコピーし，主題を拒絶するか主題と無関係であるか，外国語で書かれているか，でたらめの文字からなるかまたは，白紙答案である。

（出典：http://www.ets.org/Media/Tests/TOEFL/pdf/ibt_writing_sample_responses.pdf）

なお，本章末の資料2として上記の表1の原文を掲載する。

TOEFL iBT の技能統合的ライティング・タスクのルーブリックの後に，最高5から最低0までとする6段階の評価（5，4，3，2，1，0）に相当する，実際の受験者の代表的な答案が，採点者の注（Benchmark Annotations: Reading-Listening-Writing Task）と共にインターネット上に公開されているので，参照されたい。（https://www.ets.org/Media/Tests/TOEFL/pdf/ibt_writing_sample_responses.pdf）

3　中学・高校のライティングにおける技能統合的活動の評価

では，上記の2通りの評価方法を中学・高校での評価でどう利用したらよいのだろうか。NIER の方法は，コミュニケーションの最終目標に従い，指導を行い，最終的に英語を使って何ができるか（CAN-DO）を考慮に入れながら最終目標として設定した最後の技能を評価することである。例えば，読むこと，書くことに関する技能の指導を行うが，CAN-DO の最終目標は「感想を英語で書くことができる」であるので，「書くこと」のみを評価するのである。

他方，TOEFL iBT の技能統合的活動の評価方法は前節で述べている通り，使用した途中の技能も全て評価することである。つまり，リーディングとリスニングの2つの技能のそれぞれと，それらの2つの関係をまとめる技能としてのライティングを評価しているのである。しかし，この評価方法は，日本の中学校，高校で実施する場合，信頼性，妥当性，実用性確保の点からかなりの労力と時間がかかると思われる。

　中学・高校での技能統合的活動の評価については，NIERによる評価方法が信頼性，妥当性，実用性が高く，大変有益で参考になるので，まずはこの方法で，確実に着実に評価することが重要と思われる。

　しかし，TOEFL iBT のライティングの技能統合的活動は，ある読み物を読み，それについて反対の立場の人の意見を聞き，その読み物と聞いた話の内容をまとめ，それらの2つの関係を述べて上手にまとめなくてはならないというような活動であり，その方法は，海外の大学に留学した場合や，日本でも留学生を多く抱え英語で授業を行う大学では，実際のアカデミックな活動の中で求められるタスクである。教育のグローバル化が進む将来に備えて，この評価法についても検討してみる価値が十分あるだろう。

謝辞　TOEFL iBT Integrated Writing の技能統合的タスクのルーブリックの掲載について，TOEFL Marketing Brand Manager Daumas, Magali 氏及び Assessment Specialist Becker, Valerie 氏から許可を頂き，細かなご指示をいただいた。感謝申し上げる。

参考文献
国立教育政策研究所教育課程研究センター(NIER)．(2011)．『評価規準の作成，評価方法等の工夫改善のための参考資料』【中学校　外国語】．教育出版．
国立教育政策研究所教育課程研究センター(NIER)．(2012)．『評価規準の作成，評価方法等の工夫改善のための参考資料』【高等学校　外国語】．東京：教育出版．
藤田義人（2012）．「高校書く力を測るテストとその評価」．『英語教育』第61巻8号（10月増刊号），36-39．大修館書店．
Educational Testing Service. (2005). *TOEFL iBT writing sample responses*. New Jersey, USA: Educational Testing Service.
Educational Testing Service. (2006). Integrated WRITING Rubrics. In *TOEFL writing activities*. New Jersey, USA: Educational Testing Service. https://www.ets.org/Media/Tests/TOEFL/pdf/Integrated_Writing_Rubrics_2008.pdf

資料1　ETS Integrated Writing Task の受験上の注意
TOEFL® iBT Writing Sample Responses

There are two writing tasks on the next generation TOEFL Internet-based test (iBT). The first is an integrated task that requires test takers to read, listen, and then write in response to what they have read and heard. The second is an independent task where test takers support an opinion on a topic.

Below is an example of each type, responses at each score level, with annotations that explain why the response received its score. The rubric or scoring guide for Writing describes the characteristics of responses at each level for both independent and integrated writing tasks.

Task 1: The Reading-Listening-Writing Integrated Task

Via computer delivery, examinees are given some time to read and take notes if they wish about a reading passage. They then listen to a lecture and are allowed to take notes during the lecture. The reading passage then reappears along with a question and examinees are given **20 minutes** to key in their responses.

The reading passage remains present and examinees can use their notes. Examinees are told in the instructions in advance of this writing task

- that their response will be evaluated for content (accuracy and completeness), **and** for appropriate use of language and sentence structure;
- that their response should show that they understand the major ideas and important information in the passage and lecture, and their relationship; and
- that "This writing task is **not** asking for your opinion; it is asking you to give an answer, in an organized and well-written way, based on the information in the passage you read and short lecture you heard."
- that typically an effective response would be 150-225 words.

READING
First examinees see the following reading passage on their computer screen for three minutes:

　　　　In many organizations, perhaps the best way to approach certain new projects is to assemble a group of people into a team. Having a team of people attack a project offers several advantages. First of all, a group of people has a wider range of knowledge, expertise, and skills than any single individual is likely to possess. Also, because of the numbers of people involved and the greater resources they possess, a group can work more quickly in response to the task assigned to it and can come up with highly creative solutions to problems and issues. Sometimes these creative solutions come about because a group is more likely to make risky decisions that an individual might not undertake. This is because the group spreads responsibility for a decision to all the members and thus no single individual can be held accountable if the decision turns out to be wrong.
　　　　Taking part in a group process can be very rewarding for members of the team. Team members who have a voice in making a decision will no doubt feel better about carrying out the work that is entailed by that decision than they might doing work that is imposed on them by others. Also, the individual team member has a much better chance to "shine," to get his or her contributions and ideas not only recognized but recognized as highly significant, because a team's overall results can be more far-reaching and have greater impact than what might have otherwise been possible for the person to accomplish or contribute working alone.

A narrator then says, "Now listen to part of a lecture on the topic you just read about."

Then examinees listen to and can take notes on the following lecture, the script of which is given below.

LISTENING

They view:

> A picture of a male professor standing in front of a class

They listen to:

> (Professor) Now I want to tell you about what one company found when it decided that it would turn over some of its new projects to teams of people, and make the team responsible for planning the projects and getting the work done. After about six months, the company took a look at how well the teams performed.
>
> On virtually every team, some members got almost a "free ride" ... they didn't contribute much at all, but if their team did a good job, they nevertheless benefited from the recognition the team got. And what about group members who worked especially well and who provided a lot of insight on problems and issues? Well...the recognition for a job well done went to the group as a whole, no names were named. So it won't surprise you to learn that when the real contributors were asked how they felt about the group process, their attitude was just the opposite of what the reading predicts.
>
> Another finding was that some projects just didn't move very quickly. Why? Because it took so long to reach consensus...it took many, many meetings to build the agreement among group members about how they would move the project along. On the other hand, there were other instances where one or two people managed to become very influential over what their group did. Sometimes when those influencers said "That will never work" about an idea the group was developing, the idea was quickly dropped instead of being further discussed. And then there was another occasion when a couple influencers convinced the group that a plan of theirs was "highly creative." And even though some members tried to warn the rest of the group that the project was moving in directions that might not work, they were basically ignored by other group members. Can you guess the ending to "this" story? When the project failed, the blame was placed on all the members of the group.

READING

The reading passage then reappears and the following directions and question appear on the screen:

They read:

> You have **20 minutes** to plan and write your response. Your response will be judged on the basis of the quality of your writing and on how well your response presents the points in the lecture and their relationship to the reading passage. Typically, an effective response will be 150 to 225 words.

They respond to:

> Summarize the points made in the lecture you just heard, explaining how they cast doubt on points made in the reading.

(http://www.ets.org/Media/Tests/TOEFL/pdf/ibt_writing_sample_responses.pdf)

資料2　ETS　TOEFL iBT/次世代 TOEFL テスト　技能統合的ライティング・タスクのルーブリック（採点基準）

iBT/Next Generation TOEFL Test
Integrated Writing Rubrics (Scoring Standards)

Score	Task Description
5	A response at this level successfully selects the important information from the lecture and coherently and accurately presents this information in relation to the relevant information presented in the reading. The response is well organized, and occasional language errors that are present do not result in inaccurate or imprecise presentation of content or connections.
4	A response at this level is generally good in selecting the important information from the lecture and in coherently and accurately presenting this information in relation to the relevant information in the reading, but it may have minor omission, inaccuracy, vagueness, or imprecision of some content from the lecture or in connection to points made in the reading. A response is also scored at this level if it has more frequent or noticeable minor language errors, as long as such usage and grammatical structures do not result in anything more than an occasional lapse of clarity or in the connection of ideas.
3	A response at this level contains some important information from the lecture and conveys some relevant connection to the reading, but it is marked by one or more of the following: • Although the overall response is definitely oriented to the task, it conveys only vague, global, unclear, or somewhat imprecise connection of the points made in the lecture to points made in the reading. • The response may omit one major key point made in the lecture. • Some key points made in the lecture or the reading, or connections between the two, may be incomplete, inaccurate, or imprecise. • Errors of usage and/or grammar may be more frequent or may result in noticeably vague expressions or obscured meanings in conveying ideas and connections.
2	A response at this level contains some relevant information from the lecture, but is marked by significant language difficulties or by significant omission or inaccuracy of important ideas from the lecture or in the connections between the lecture and the reading; a response at this level is marked by one or more of the following: • The response significantly misrepresents or completely omits the overall connection between the lecture and the reading. • The response significantly omits or significantly misrepresents important points made in the lecture. • The response contains language errors or expressions that largely obscure connections or meaning at key junctures, or that would likely obscure understanding of key ideas for a reader not already familiar with the reading and the lecture.
1	A response at this level is marked by one or more of the following: • The response provides little or no meaningful or relevant coherent content from the lecture. • The language level of the response is so low that it is difficult to derive meaning.
0	A response at this level merely copies sentences from the reading, rejects the topic or is otherwise not connected to the topic, is written in a foreign language, consists of keystroke characters, or is blank.

Copyright © 2004 by Educational Testing Service. All rights reserved.

理論編

8. リーディングと他技能との技能統合的活動の評価

清水　真紀

1　はじめに

　私たちは日常生活で，新聞の内容について人に話したり，電子メールをもらって返信したりといったことを当たり前のようにやっている。「学習指導要領（外国語科）」（中学校　平成 20 年版；高等学校　平成 21 年版）では，「聞くこと」，「話すこと」，「読むこと」及び「書くこと」の 4 技能を総合的に育成することが示さている（以下を参照）。

> 中学校におけるコミュニケーション能力の基礎を養うための総合的な指導を踏まえ，聞いたことや読んだことを踏まえた上で話したり書いたりする言語活動を適切に取り入れながら，四つの領域の言語活動を有機的に関連付けつつ総合的に指導するものとする。
>
> （高等学校外国語科目「コミュニケーション英語Ⅰ」からの抜粋）

　技能別に指導し，評価することを否定するものでは決してない。学習者のつまずきを見出し，その上で集中的に指導することの有効性は依然あるように思われる。一方で，学習者にとって外国語を学ぶということは，実際の社会において使うことのできる，つまり「情報や考えを的確に理解したり適切に伝えたりするコミュニケーション能力」をつけることが，ひとつ大きな目標である。つまり，今日の外国語指導や評価において，「**真正性**（authenticity）」が強く求められていると言える。評価に限って言えば，この真正性とは，**目標言語使用領域**（target language use domain）——テスト受験者がテスト以外でその言語を使用すると考えられる状況や場面——におけるタスクと言語テストでのタスクがどれほど似通っているかの度合であると定義されるものである。そして，この真正性が高いテストは，第 1 に，そこで得られたテスト得点を現実社会において一般化できるということを意

味し，第2に，テストを実施することが受験者の認知およびパフォーマンスに良い影響を与えることにつながる（Bachman & Palmer, 1996）。

2 TOEFL iBT

　国際的な英語能力テストとして2005年より**技能統合的タスク**（integrated task）を積極的に取り入れているのが，**TOEFL iBT**（Test of English as a Foreign Language Internet Based Test）である。当テストは基本的には，技能別のセクション構成となっているが，スピーキングセクションとライティングセクションで技能統合的タスクが出題されているのが特徴である。スピーキング4題／6題が，そしてライティング1題／2題が統合問題となっている。本節では，ETS（2012, pp. 170-179; pp. 195-206）から，リーディングとの組み合わせの技能統合的タスク（スピーキングセクションから2題とライティングセクションから1題）の形式とその評価について取り上げる。

● 「リーディング＋リスニング＋スピーキング」タイプ
　大学からのお知らせ（例：キャンパス内に新たに設けられた駐車場に関する規則について）や学生が大学新聞の編集者へ送ったとされる手紙（例：学生寮でのラジオ使用を控えるようにという新たな大学規則に対する意見）などの文章を読解し（45-50秒間で75-100語の文章），関連する学生の会話を聞き（60-80秒間），最後に「今聞いた学生の意見についてその内容をまとめた上で，彼らがそのような意見を持つに至った理由について，あなたが読んだり聞いたりした情報を示しながら口頭で説明」するというもの。最後のスピーキングは，30秒間の準備を経て60秒間で行うものとなっている。

● 「リーディング＋リスニング＋スピーキング」タイプ
　ある科目（例：生物学）に関する文章を読解し（45秒間で75-100語の文章），それに関する講義を聞く。その後，質問に口頭で解答する（30秒間の準備を経て，60秒間で行う）。

● 「リーディング＋リスニング＋ライティング」タイプ
　ある科目（例：生物学）に関する文章を読解し（3分間で75-100語の文章），それに関する講義を聞く。その後，筆記で「読解した文章で述べられている

事項に関して講義の中ではどのような疑問が呈されていたかを説明し，更に講義の内容で重要な点についてまとめる」。計画も含めて 20 分間で 150-225 語程度の英作文を行う。

(ETS, 2012；下線はリーディング技能を示す。筆者が付した)

まず気づくことは，どのタスクでもこのテストの主な対象者である「北米の大学や大学院への進学を目指す人たち」が，「将来，留学先で身近に遭遇すると思われる具体的な場面設定」がなされているということである。入学後に講義を十分に理解でき，また円滑に大学生活を送ることができるか否かを判断する材料として用いられているこのテストが高い真正性を有していることが分かる。

それでは，私たちが英語（外国語）を，日本国内の児童・生徒たちに指導するとき，どのような場面が想定できるだろうか。当然，児童・生徒の置かれた生活環境や個人的な事情によっても異なってくるであろうが，例を挙げると海外からの訪問者と英語で会話する，インターネットで英文記事や英語の動画を検索して読んだり聞いたりする，海外旅行先で英語を話す，（将来）職場の同僚と英語でコミュニケーションを図る，（将来）社内会議で英語のプレゼンテーションを行う，（将来）大勢の聴衆の前で英語のスピーチを行うなどがある。技能統合的タスクを指導や評価で使用する場合，こうしたブレインストーミングの作業がまず必要になってくるものと思われる。

また，この技能統合に関しては，第 6 章でも述べたが，根岸（2011）の指摘する「**強い技能統合**（strong integration）」と「**弱い技能統合**（weak integration）」の区別も重要であるように思う。前者は，「会議で資料をみながら説明を聞き，メモをとって発言する」活動などで，この場合，リーディングとリスニングの内容を踏まえてスピーキングが行われているという点で，3 技能の関わり具合は強い。そうした場合には，技能統合的タスクという形で評価を行う理由は十分にあると述べられている。一方，後者については，「スピーチを聞いて，それを参考に自分でもスピーチする」というように，必ずしも聞いた内容について言及することは要求されず，弱い技能統合である。つまり，こうした弱い関連の場合には，技能ごとに評価を行えばよいのであって，あえて技能統合という形で評価する必要はない（根岸，2011, p. 30）。

ここで TOEFL iBT に話を戻すと，いずれも読んだり聞いたりした内容について話させる，ないしは書かせるものであって，受験者が自分の意見を述べることはこれらのタスクでは想定されていない。TOEFL iBT では，強い技能統合的タスクとなっている。

さて，評価に関して，TOEFL iBT の技能統合的タスクに対してはいずれも**ルーブリック**（rubric）による採点が行われている。そもそもルーブリックとは評価指標とも言い換えられるものである。評価の観点は示されているが（スピーキングでは運用［delivery］，言語使用［language use］，内容の関連性［topic development］の3観点など），これら観点が別々に評価されたり，またある観点が他よりも比重が置かれて採点されたりということはない。**分析的評価**（analytic evaluation/assessment）と**総合的評価**（holistic evaluation/assessment）の別で言えば，総合的評価に当たるものである。そして，TOEFL iBT では，最後に行われるアウトプット技能の全体的な出来映えが0〜5（ライティング）ないしは0〜4（スピーキング）で評価される。そして，リーディングやリスニングなどのインプットの技能は，スピーキングで言うと上述の「内容の関連性」の観点に含められ評価されると考えられるのである。

3　英検二次試験

実は，私たちにとってより身近なテストである**英検**（EIKEN Test）にも，この技能統合的タスクが出題されている。二次試験のスピーキングテストがそれである。ここでは，高校卒業程度のレベルの英検2級の問題を例に見ていく。英検2級の二次試験（面接）は，基本的にスピーキングテストとなっていて，全4題のうち2題が技能統合的タスクに該当する。

まず，No. 1 の問題では，受験生は60語程度の長さの文章を読み（20秒間の黙読の後，音読する），その後，面接官から文章に関する質問がなされるので，それに対して口頭で答える。その質問とは，文章の字義的な内容が理解できているかどうかを確認するタイプのものであるため，文章の一部を少し言い変えれば正解となる。つまり，スピーキングとしての自由度は低い訳だが，紛れもなくリーディング＋スピーキングの技能統合的タスクである。

続く No. 2 では，社会性のある話題が描かれている3コマのイラストが与えられ，受験生は20秒間の準備の後，そのイラストの展開について口頭で

説明する。そのイラストには 20 語程度と分量的には多くないものの，文や語句が含まれているため，これもリーディング＋スピーキングの技能統合的タスクであると考えられる。上述の No. 1 がリーディングに比重があったのに対して，この No. 2 ではスピーキングに比重が置かれている。そして，残りの No. 3 と No. 4 は，先の 2 題とトピックという点では関連しているものの（例：「環境に優しい素材」，「オンライン会議」），面接官の質問に対して自分の意見を述べるよう要求されるため，スピーキング単独の技能を測定していると考えてよい。

これらのパフォーマンスは，「応答内容」，「発音」，「語彙」，「文法」，「語法」，「情報量」，「積極的にコミュニケーションを図ろうとする意欲や態度」などの観点から評価されることが日本英語検定協会により明らかにされている。リーディングによる理解が関わるのは，「応答内容」と「情報量」の 2 点であると言えるかもしれない。

以上，本章の内容をまとめると，技能統合的タスクを作成する上でまずタスクの設定に関して真正性を考慮すること，そしてタスク内での技能統合の強さ（他の技能との関連の度合い）について事前に評価することの 2 点である。そして，パフォーマンスの評価については，参照した TOEFL iBT，英検いずれもアウトプットの技能（スピーキング，ライティング）が中心となるが，リーディングに関しても「内容の関連性」，あるいは「応答内容」や「情報量」の観点に含まれ評価されると考えられる。また，TOEFL iBT で使用されている 3 観点，英検の 7 観点は，実際に教室で技能統合的タスクを実施しその評価を行う際には参考になるものと思われる。

参考文献

根岸雅史．(2011)．「技能統合の評価をどうするか」．『英語教育』，第 60 巻 2 号（5 月号），29-31，大修館書店．

Bachman, L. F., & Palmer, A. S. (1996). *Language testing in practice*. Oxford University Press．［大友賢二，ランドルフ・スラッシャー（監訳）．(2000)．『実践 言語テスト作成法』大修館書店．］

Educational Testing Service [ETS]. (2012). *The official guide to the TOEFL test* (4th ed.). New York: McGraw-Hill.

理論編

9. プロジェクト型活動の評価

深澤　真

1　プロジェクト型学習とは

　学習指導要領で求められる英語4技能を統合した活動や生徒が主体となった活動を実施しようとすると、最終的なパフォーマンスやタスクに向けた段階的な指導や、パフォーマンスに必要な下位技能の習得が不可欠となる。それを可能にするのが**プロジェクト型学習**（project-based learning）である。プロジェクトを活用した学習は「プロジェクト学習」や「プロジェクト型学習」などと呼ばれる。このタイプの活動は複数の技能を含むことが多く、理論編第6章で述べた技能統合的活動でもある。狭義の定義は、プロジェクト学習とプロジェクト型学習では異なる場合があるが、教育現場ではプレゼンテーションやディベートなど、あるコミュニケーション活動を目標として一定の期間を使って段階的に学習していくことをプロジェクトと呼ぶことも多く、本書ではプロジェクトを通した学習活動を広い意味での「プロジェクト型学習」と呼ぶこととする。

　プロジェクト型学習の特徴として、西村（2012, p. 3）は次の3点を挙げている。

(1) **学習者中心**（learner-centered）であり、**学習者の自律性**（learner autonomy）を重んじる。
(2) 学習の中心はテーマの内容理解を深めることである（content-based approach, content driven, problem-based learning）。
(3) 学習者は、競争的であるよりは、協力的に学習にあたる。

　特徴(1)の「学習者中心」や「学習者の自律性」は、学習指導要領の生徒主体の授業と直結している。また、特徴(2)として、プロジェクト型学習では**内容中心アプローチ**（content-based approach）や**問題基盤型学習**（problem-based learning）のように内容理解を深めることを中心としながら、それを

通して英語を学ぶ。さらに，プロジェクトを進めるにあたり，学習者同士が目標や課題達成に向けてペアやグループで協力して学習する機会が多く，3つ目の特徴となっている。さらに西村は，第2言語教育におけるプロジェクト型学習にとって重要な概念として，学習者が1人または複数で取り組むタスクを通じての学習を挙げている。英語をタスク達成のための道具として活用する事により，コミュニケーションを通して英語を学ぶ学習指導要領の主旨とも合致していると言える。

　プロジェクト型学習には3つの利点がある。まず，明確な目標設定があることである（阿部，2011；三井 2011）。生徒は，どのようなパフォーマンス課題や活動が求められているのかを知った上で，それに向かって授業や学習に望むことができる。次に，インプットやアウトプットが増えることである（阿部，2011）。プロジェクト型学習では，多技能が統合される場合が多い（第6章参照）。調べ学習で読んで，ポスターに書いてまとめ，そのポスターを読んで優秀作品を決めるような活動の場合，最終的に生徒は全てのポスターを読む事になり，インプットの量は大きく増加する。さらに，読んだポスターについて英語でコメントを書くような活動を含めれば，書く量も大きく増加することとなる。第3の利点は，生徒の学習意欲が高まることである（阿部，2011）。プロジェクト型学習ではグループ活動やペア活動が取り入れられることも多く，それにより生徒がお互いに学び合い，学習意欲が喚起される。主体的に学習する結果，達成感も通常の授業や活動に比べて高いようである（阿部，2011）。

　中学校，高校においてのプロジェクト型活動としては，show & tell を含むスピーチや創作スキット，プレゼンテーション，ディベート，英語新聞作り，ポスター作り，英語劇，などが挙げられる（本田，2011）。次に，これらのプロジェクト型学習の評価方法について検討を行う。

2　プロジェクト型学習の評価

　パフォーマンス評価（performance assessment）の場合は，最終目標となっているパフォーマンスを評価する場合が多い。プロジェクト型学習でも最終的なタスクやパフォーマンスの評価が重要であることは同様である。しかし，プロジェクト型学習の評価の難しい点は，一定の期間にわたり活動を続けていくため，技能統合的な活動でありながら，最終的なタスクや技能の

評価だけが行われ，必ずしも評価のバランスがよくない事である。また，これは最終的なパフォーマンス評価の一発勝負になってしまうことも意味している。もう1つの評価の課題は，ペアやグループでの協同学習の要素が加わることである。そのため生徒個人としての評価が難しい側面を持っている。その結果，教育的には多くの利点を持つプロジェクト型学習だが，評価に結びつけづらい現状がある。このような課題に対応した，プロジェクト型学習の評価方法として，ルーブリックを活用した評価と，ポートフォリオを使った評価を紹介する。それぞれの評価の代表例として，プレゼンテーションとディベートのプロジェクト型学習の評価を提示するが，もちろんそれ以外の組み合わせも可能である。

2.1 ルーブリックを活用した評価：プレゼンテーション・プロジェクト

　プロジェクト型学習として**プレゼンテーション**（presentation）を行い，最終目標とするパフォーマンスを評価する場合，次のような2つの問題点がある。1つは，グループで行う発表において個々の生徒を評価しなくてはならないこと，もう1つは準備して行うスピーチとしての「プレゼンテーション」とインタラクションとしての「質疑応答」の2つの技能を評価しなければならないことである。このように，個々の生徒の評価を複数の技能にわたって行わなくてはならないため，より客観的にかつ円滑に評価できる**ルーブリック**（rubric）を活用するとよい。ルーブリックとは，評価の観点（評価項目）ごとに，どのような行動が見られたときにどのような評価となるかを記述した一覧表である（高島，2005）。

　ルーブリックを評価基準として活用する場合，プロジェクト活動の初めに，生徒に提示し説明しておく。教員と生徒で評価基準を共有できるとともに，生徒にとっては明確な学習指標にもなる（阿部，2011；三井，2011）。

　次頁は，**ヨーロッパ共通参照枠（CEFR）**（Council of Europe, 2004, p. 64）の聴衆の前での講演のルーブリックである（表1）。これは，授業におけるプレゼンテーションのルーブリック作成の参考になる。また，ルーブリックには，質疑応答についても含まれており，プレゼンテーション後の質疑応答の判定基準作成の参考にもなる。

表1 「聴衆の前での講演」のルーブリック (Council of Europe, 2004, p. 64)

	聴衆の前での講演
C2	・話題について知識のない聴衆に対しても，自信を持ってはっきりと複雑な内容を口頭発表できる。聴衆の必要性に合わせて柔軟に話しを構造化し，変えていくことができる。 ・難しい，あるいは敵意すら感じられる質問に対処することができる。
C1	・複雑な話題について，明確なきちんとした構造を持ったプレゼンテーションができる。補助事項，理由，関連事例を詳しく説明し，論点を展開し，立証できる。 ・聴衆からの不意の発言にも対応することができる。ほとんど苦労せずに自然に対応できる。
B2	・はっきりとした，体系的に展開したプレゼンテーションができる。その際重要な要点や，関連する詳細事項を補足的に強調することができる。 ・予め用意されたテクストから自然に離れて，聴衆が喚起した興味ある事柄に対応できる。そこで非常に流暢に，楽に表現ができる。 ・事前に用意されたプレゼンテーションをはっきりと行うことができる。ある見方に賛成，反対の理由を挙げて，いくつかの選択肢の利点と不利な点を示すことができる。 ・一連の質問に，ある程度流暢に，自然に対応ができる。話しを聞く，あるいは話しをする際に聴衆にも自分にも余分な負荷をかけることはない。
B1	・自分の専門でよく知っている話題について，事前に用意された簡単なプレゼンテーションができる。ほとんどの場合，聴衆が難なく話しについて行ける程度に，はっきりとしたプレゼンテーションをすることができ，また要点をそこそこ正確に述べることができる。 ・質問には対応できるが，そのスピードが速い場合は，もう一度繰り返すことを頼むこともある。
A2	・自分の毎日の生活に直接関連のある話題については，リハーサルして，短いプレゼンテーションができる。意見，計画，行動にたいして，理由を挙げて，短く述べることができる。 ・話し終えた後，限られた数の簡単な質問に対処することができる。 ・身近な話題について，リハーサルをして，短い基本的なプレゼンテーションができる。 ・質問を繰り返し言ってもらい，回答するのに何らかの助け船を出してくれる人がいるなら，話し終えた後から出される簡単な質問に答えることができる。
A1	・非常に短い，準備して練習したことばを読み上げることができる。例えば，話し手の紹介や乾杯の発声など。

　CEFRの能力記述文は，それぞれの技能の熟達度を示す指標であり，授業で身につけた知識や学習内容を測る尺度としては必ずしも適しているとは言えない。また，CEFRでは話す能力を「やりとり」と「表現」の2つに分けていながらも，この尺度にはそのどちらもが入っている。プロジェクト型学習として，準備をして行うプレゼンテーションの準備と質疑応答の練習をそ

れぞれ準備してきた場合は，学習指導内容に応じてそれぞれの技能を評価すべきである。

そのため，これらの能力記述文を参考にしながらも，生徒の学習目標や学習内容に合致した学習到達度を測るルーブリック作成が必要となる。その際，学習目標や内容にあわせて評価項目を絞り込み，できるだけ簡便なものとして評価できることが望ましい。NIER (2012) は，評価を A（十分満足できる），B（おおむね満足できる），C（努力を要する）での3段階でパフォーマンス評価を提示している。プロジェクト型学習におけるプレゼンテーションのルーブリック例として，三井 (2011) の沖縄プレゼンテーションを見てみる。このプロジェクト型学習では沖縄に行ったことのない ALT の先生に沖縄のおすすめスポットを紹介することを目的とし，プロジェクト活動の流れは，(1)教科書で沖縄についてのレッスンを学習，(2) 3～4人グループで沖縄修学旅行の際に写真撮影や資料収集，(3)発表準備およびポスター作成，(4)ポスターを使ったグループ・プレゼンテーションおよび ALT による質疑応答である。そして，プレゼンテーションのルーブリックは表2の通りである。

表2　沖縄プレゼンテーションのルーブリック（三井, 2011, p. 34）

	内容	ポスター	質問
A	おすすめの場所について，わかりやすく理由や説明が示されている。	必要事項を含んだ見やすいポスターである。	先生の質問に正確に答えられる。
B	おすすめの場所について，理由や説明が示されている。	必要事項を含んだポスターである。	先生の質問にほぼ正確に答えられる。
C	理由や説明は不十分だが，おすすめの場所について書かれている。	必要事項が不足したポスターである。	先生の質問に答えられない。

この沖縄プレゼンテーションの例では，「内容」で発表の評価を，「質問」で質疑応答の評価を3段階評価で行っている。さらに，プレゼンテーションに使う「ポスター」ではライティングの要素も加わり，簡便なルーブリックでありながら，発表，インタラクション，ライティングの評価を行うことが可能である。また，学習目標や学習内容に応じて評価割合を変えたい場合は，内容（50％），ポスター（25％），質問（25％）のようにその割合を決めておくと円滑な評価ができる。

プレゼンテーションをグループとして評価することも可能であるが，表3のような評価表を作成することにより，ルーブリックに基づき，各グループ

の個々の生徒の評価を簡単に，かつ信頼性を確保しながら行うことができる。下の評価表例では，発表内容と質疑応答については生徒それぞれの評価をする。また，グループで1枚のポスターを作成した場合は，同一グループには同じ評価を与えるグループ評価とする。このようにすることで，個人的な評価ばかりでなく，プロジェクト型学習の特徴の1つである協同学習の面も評価に反映することができ，多面的な評価にもなる。

表3　プレゼンテーション評価表例

Group 1

発表順	氏名	内容	ポスター	質問
1		A　B　C		A　B　C
2		A　B　C	A　B　C	A　B　C
3		A　B　C		A　B　C
4		A　B　C		A　B　C

　グループ・プレゼンテーションにおいてグループのそれぞれの生徒を評価する場合，注意したい点が2つある。1つは，それぞれの生徒について発表の条件をできるだけ同じにすることである。例えば，4人グループの場合，4人をそれぞれ導入，本論1，本論2，まとめのように分けてしまうと同じルーブリックで評価することが難しくなってしまう。そのため，導入とまとめは簡単にしたり，評価しないなどしながら，4人の生徒それぞれが本論1〜4を担当して，おすすめのスポットを紹介する形にするとよい。2つ目は，質疑応答の際，発表者全員に質問をするとともに，質問の難易度をできるだけ一定にすることである。質問の難易度が変われば，生徒が回答も変わってしまう。公平でより信頼性が高い評価とするためにも，同じ難易度の質問をいくつか用意しておくとよい。

2.2　ポートフォリオを活用した評価：ディベート・プロジェクト

　ディベートをプロジェクト型学習として行う場合，いくつかのレッスンにわたって段階的に**ディベート**（debate）の準備をしていくことが多く，数時間から10時間以上の時間をプロジェクトにかける場合もある。このようなディベート・プロジェクトを評価する場合，いくつか課題がある。1つはディベート・プロジェクトにおける複数の技能のバランスのよい評価が難しいことである。最終的なディベートのパフォーマンスのみで評価する場合，リス

ニングとスピーキング2技能の評価となってしまう。しかし，ディベートのプロジェクト学習では，調べ学習等でのリーディングやノート・テイキングなどにも少なからぬ時間を割くため，最終的なパフォーマンスの評価にこだわらず，できれば各技能をバランスよく評価すべきである。

　2つ目の課題は，生徒個人の評価が難しい点である。ディベートの場合グループで行うことが多く，データや根拠収集などの準備や立論の作成も協力して行う。さらに，立論，アタック，ディフェンス，まとめなどそれぞれ異なる役割があるため，同じ指標で評価することが難しい。そのため個々の生徒を評価しようとすると，結果として十分な妥当性や信頼性の確保が難しくなってしまう。

　そのような課題を克服し，できるだけ各技能をバランスよく評価し，かつ1人1人の生徒により妥当性，信頼性の高い評価をすることができる方法の1つが，**ポートフォリオ**（portfolio）を活用した評価である。Huang（2012）は，ポートフォリオ評価を「ある程度の期間に1つかそれ以上の領域における生徒の努力，進歩や達成を実証する目的のある生徒作品の収集」（p. 1）と定義している。ポートフォリオには各学習者が作成した作文やテストの答案などの学習成果物を保存しておく。この評価方法では，どの学習成果物をどのように評価するのか，明確な基準を作成しておくことが大切である（村野井他, 2012）。

　英語教育におけるポートフォリオ評価の利点は，(1)一定期間の生徒の進歩を多面的な観点から見ることができること，(2)内省や学習者の自律を促すこと，(3)学習，教授，評価を統合することの3点である（Huang, 2012）。特に，多面的な観点から生徒の進歩を見る事ができるというポートフォリオ評価の利点は，複数の技能のバランスのよい評価や，グループの側面からだけでなく生徒1人1人の評価が可能であることを示唆しており，ディベートのプロジェクト活動のように多面的評価が求められる活動の評価には向いていると言えよう。

　ポートフォリオ評価に特に決まった手順はないが，Huang（2012）は次のような手順を提案している（(6)は著者が追加）。

《ポートフォリオ評価活用の手順》
(1)　ポートフォリオの目的の設定
(2)　ポートフォリオタスクの決定

(3)　評価のための基準作成
　(4)　構成の決定
　(5)　生徒への説明
　(6)　プロジェクト活動の開始
　(7)　ポートフォリオの観察
　(8)　ポートフォリオ評価

　まず第1の手順としてどのような目的でポートフォリオを作成するか，目的を決める。第2に，その目的に合わせて，どのようなタスクや作品を通してポートフォリオ評価を行うかを決める。第3に，それぞれのタスクや作品について，どのように評価していくかについての評価規準を作成する。第4に，ポートフォリオで評価されるタスクや作品の構成をどのようにするかなど詳しい評価方法を決定する。第5に，生徒の準備として，生徒にポートフォリオ評価の説明を行う。第6番目として，プロジェクト活動を開始するとともに，ポートフォリオタスクに基づいた作品や資料の保存を始める。第7番目として，折に触れてポートフォリオ評価の対象となるタスクや作品の進捗状況を観察し，必要に応じてフィードバックを与える。最後に，ポートフォリオを使って収集した作品等を基に，ルーブリックや評価割合に従って，ポートフォリオ評価を行う。

　ポートフォリオ評価にあたっては，タスクや作品が多くなることも少なくないので，ぶれがなく簡便に評価できるルーブリックを使用したい。また，A～Cの3段階評価の場合，どのような特徴が見られれば「A」，「B」あるいは「C」と評価されるのか明確な判定基準を決めたり，可能であれば具体例を用意したりしておくとよい。そうすることで評価の信頼性を高めることができる（北尾他，2011）。さらに，毎年プロジェクト型学習を行うような場合は，「A」「B」「C」にあたる代表例を次年度のために残しておくとよい。合わせて，判定基準の検討を必要に応じて継続的に行うことにより，信頼性の高い判定基準を作成していくことができる。

　では，ポートフォリオ評価を活用したディベート・プロジェクトの評価例を見てみたい。プロジェクト型学習としてのディベート活動を，(1)調べ学習，(2)論の展開を追っていくために書き留めるフローチャートへのノート・テイキングや，アタック，ディフェンスなどの練習，(3)実際のディベート，(4)ディベートの論題についてのエッセイ・ライティングという流れで進めるとする。

調べ学習 (reading) → ノート・テイキングなどの練習 (listening + writing) → ディベート (speaking) ノート・テイキング (listening) → エッセイ・ライティング (writing)

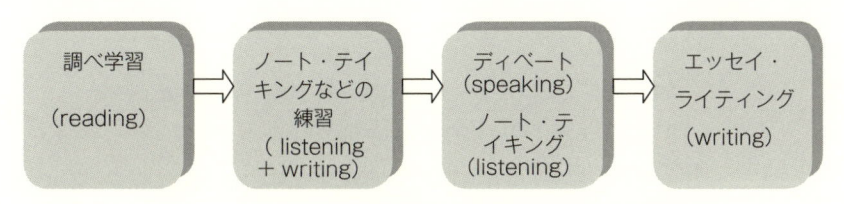

図1 プロジェクト型学習としてのディベート活動例

次に，ディベート・プロジェクトのポートフォリオ評価の手順を追ってみる。

(1) ポートフォリオの目的の設定

ポートフォリオの目的は，技能統合的活動であるディベート・プロジェクトの評価とする。

(2) ポートフォリオ・タスクの決定

このディベート・プロジェクトの活動内容を基に，ポートフォリオ・タスクは以下の通りとする。

タスク	内容	主なスキル
①調べ学習	ディベートのための資料収集，及びその資料を基に作成したディベート用のカード作成（アタックやディフェンス等の際に活用するデータや論拠をまとめたカード）	reading
②ディベート	ディベートにおけるパフォーマンス	speaking, listening
③フローシート	ディベートを聴衆として聞く際のフローシートへの論の展開の記入	listening, writing
④エッセイ	ディベートの論題についてのエッセイ・ライティング	writing

(3) 評価のための基準作成

ポートフォリオ評価のためのルーブリック（例）は以下①～④の通りである。

①調べ学習（ディベートのための資料，及びカード）

評価	判定基準
A	ディベートの準備として，十分満足できる。
B	ディベートの準備として，おおむね満足できる。
C	ディベートの準備として，不十分な点が多い。

②ディベート

役割	判定基準
立論	2つの論点についてデータや根拠を示しながら話すことができた。
アタック	データや根拠を示しながら，相手側の論点に対し反論することができた。
ディフェンス	データや根拠を示しながら，相手側の反論に対し再反論することができた。
まとめ	これまでの論点を要約し，自分側の意見の優位性を論じることができた。

基準：A:十分満足　B:おおむね満足　C:努力を要する
注．ディベートについては，教員がパフォーマンス評価を行い，各生徒にフィードバックを行う。

③フローシート

評価	判定基準
A	ディベートの流れを十分捉えることができた。
B	ディベートの流れをおおむね捉えることができた。
C	ディベートの流れを捉えられない点が多い。

④エッセイ

評価	判定基準
A	論点が明確で，データや根拠があり十分説得力がある。
B	データや根拠はもう少しだが論点は明確で，説得力はある。
C	論点が不明確で，説得力を高める必要がある

(4) 構成の決定

各タスクにおける評価割合及び評価方法は以下の通りである。評価割合については，学習目的や学習した内容に応じて変更が可能である。また，調べ学習についても個人評価とすることもできる。

	評価割合	評価方法
①調べ学習	20%	グループ評価
②ディベート	35%	グループ評価
③フローシート	10%	個人評価
④エッセイ	35%	個人評価

(5) 生徒への説明

ディベート・プロジェクトの開始にあたり，プロジェクトの説明，及びポートフォリオ評価の評価方法を生徒に対し提示する。これらの説明や提示

により，生徒はこのプロジェクト学習において何をしなくてはならず，何が評価されるのかを理解する。

(6) プロジェクト活動の開始

指導計画に基づき，ディベート・プロジェクトを進める。

(7) ポートフォリオの観察

プロジェクトの展開に合わせて，ディベートのための資料収集の状況やカード作成の状況，エッセイ・ライテングの進捗状況を確認するとともに，練習用フローシートへのフィードバックやエッセイ原稿などへのフィードバックを行う。さらに，ディベートのパフォーマンスについても，教員からのコメントや自己評価を記録させ，可能であれば生徒相互評価によるフィードバック等も活用する。

(8) ポートフォリオ評価

これまで生徒が保存してきた，①調べ学習で収集した資料やカード，②教員によるディベートのパフォーマンス評価，③フローシート，④エッセイを基に，評価計画に従ってディベート・プロジェクトの評価を行う。

3　プロジェクト型学習の評価における注意点

ルーブリックとポートフォリオを活用したプロジェクト型学習の評価方法を紹介したが，その際に注意したい点が3つある。1つは，ルーブリックで使われる表現について，その具体例を示すことができるようにしておくことである。例えば，プレゼンテーションのルーブリックにある「わかりやすく」「見やすい」「ほぼ正確に」などの表現があるが，どのようなプレゼンテーションであれば「わかりやすい」プレゼンテーションなのか過去のプレゼンテーションから具体例を取っておいたり，ない場合にはあらかじめ教員が作っておくなどしたい。これはポートフォリオのルーブリックにある「十分満足できる」「おおむね満足できる」「努力を要する」などの表現も同様である。これにより，ルーブリックの曖昧さが少なくなり，より客観的な評価することに貢献する。また，具体例を用意することにより，他の教員との評価基準の共有もしやすくすることができる。

2つ目は，**評価者訓練**（rater training）の実施である。訓練というと堅苦しいが，評価練習である。プロジェクト型学習は，複数のクラスでそれぞれの教員が評価にあたる事もあるので，できれば前年の記録（録画や録音）な

どを活用して，評価者訓練を行いたい。教員間の評価にばらつきがでた場合は，どうしてそのような評価にしたのか話し合い，合意するまで検討を行う。このプロセスにより，教員間で判定基準を共有できるとともに，それぞれの評価者が判定基準を内在化させて行くことに役立つ。また，問題となった箇所については，メモなどの記録を取っておくと，実際の評価の際に役立つ。

3つ目は複数教員による評価である。できるだけ2名以上で評価を行うことが望ましい。一般的に評価者が多いほど，評価の信頼性は向上する。しかし，実際の教育現場で教員は多忙であり，複数名での評価は難しいかも知れない。そのような場合は，外国人指導助手（ALT）に協力してもらうのも一案である。また，どうしても1名で評価をしなくてはいけない場合，発表を録画や録音で記録しておき，それを基に発表者の20%程度を他の教員と評価し，一貫した評価ができていたか確認するとよい（小泉，2014）。さらに，**相互評価**（peer assessment）の活用も考えられるであろう。相互評価とは，プレゼンテーションなどのパフォーマンス評価の際，発表者以外の生徒の評価結果を平均し，成績の一部として加味するものである。相互評価は教員評価と比べても一定の妥当性を有しており（Fukazawa, 2010），教員評価を補完し，評価をより多面的なものとすることが可能である。

4　おわりに

プロジェクト型学習の評価として，ルーブリックを活用した評価とポートフォリオ評価について述べた。どちらの評価においてもプロジェクト型学習の評価に求められる多技能の評価や多面的な評価が可能である。ルーブリックを活用した評価は，パフォーマンスをその場で評価しなければならない場合に，より円滑で信頼性のある評価を行うのに特に役立つ。ポートフォリオ評価の場合は，作品や資料を保存していくので，プロジェクトが比較的長期間にわたり，最終的なパフォーマンスや作品だけでなく，ディベートのための資料集めやカード作成のようにそこに至るプロセスも評価に加えることができる長所を持っている。

一方，ルーブリックを活用した評価はその場で瞬時に判断しなくてはいけない場合が多く，十分な信頼性を確保するためにも，特に上述した注意点には気をつける必要がある。ポートフォリオ評価では，作品や資料が手元にあるため評価はしやすい面はあるものの，評価対象となる作品などが多くなり

評価が煩雑になる場合もあるので，学習目標に合わせた評価タスクの選定と判定基準の作成が重要となる。このような，ルーブリックやポートフォリオの長所と短所を十分に理解して，実際に行うプロジェクトに合った評価方法を選びたい。

　プロジェクト型学習には，現在の日本の英語教育で求められている英語4技能を統合したコミュニケーション活動や生徒が主体的に取り組む活動を展開しやすい長所がある。一方，活動が多技能にわたることや，協同学習としてペアワークやグループワークも取り入れられることにより，1人1人の生徒に対する評価が難しい側面も持っている。プロジェクト型学習への評価方法の研究が進み，今後さらに確立していくことを願っている。

参考文献

阿部邦彦（2011）．「プロジェクト型学習の成果と生徒からの反応」『英語教育』第60巻9号（11月号），16-18，大修館書店．

北尾倫彦（監修）．山森光陽，鈴木秀幸，松浦伸和（編）．（2011）．『観点別学習状況の評価規準と判定基準：中学校外国語〈平成24年版〉』図書文化社．

Council of Europe（著）．吉島茂，大橋理恵（編訳）．（2004）．『外国語教育Ⅱ—外国語の学習，教授，評価のためのヨーロッパ共通参照枠』朝日出版．Retrieved from http://www.dokkyo.net/~daf-kurs/library/CEF.pdf

小泉利恵．（2014）．「スピーキング評価の実際」．『全国英語教育学会40周年記念特別誌 英語教育学の今—理論と実践の統合』（pp. 82-85）．全国英語教育学会．

関田信生．（2004）．「プロジェクト学習における生徒のオートノミー」『東海大学紀要』12, 21-36．

髙島英幸．（2005）．『文法項目別　英語のタスク活動とタスク—34の実践と評価』大修館書店．

西村月満．（2012）「プロジェクト課題による大学英語教育—その背景と実践」『北里大学一般教育紀要』17, 1-12．

本田敏幸．（2011）「今からスピーキングのプロジェクト活動を企画してみよう！」『英語教育』第60巻4号（7月号），26-28，大修館書店．

三井三和．（2011）「プロジェクト型活動が高校生を変える」『英語教育』第60巻9号（11月号），32-34，大修館書店．

村野井仁，渡部良典，尾関直子，冨田祐一．（2012）．『統合的英語科教育法』成美堂．

Fukazawa, M. (2010). Validity of peer assessment of speech performance. *Annual Review of English Language Education in Japan, 21*, 181-190. Retrieved from http://ci.nii.ac.jp/naid/110008512408

Huang, J. (2012). The implementation of portfolio assessment in integrated English course. *English Language and Literature Studie,* 15-21. Retrieved from http://www.ccsenet.org/journal/index.php/ells/article/view/20291

実践編

実践編① ライティング［高校］

ライティングの授業における自由英作文の実践と評価

大谷　岳史

1　はじめに

　英語の授業で自由英作文の指導を行うことの最大の利点は，思考を論理的に構成立てることが可能になることではないだろうか。生徒は日本語を自在に扱えるので，日本語で文を書くときにはあまり構成を意識しないことが多い。しかし英語での作文はそうはいかず，「どう書けばいいのか」という書くための枠組み，構成の支援を生徒の側から求めてくる。そこでパラグラフ・ライティングの書き方を伝えることで，論理的表現を身につけることができれば，英語能力の伸長はもとより，生徒の思考・表現を論理的に構築する力を高めることができる。

2　授業の準備・実践

2.1　授業の概要

　授業の対象は，勤務校2年次生の Writing I(B)選択者のうち24名。勤務校において Writing I は選択科目であり，また Writing I(A)と Writing I(B)と2つの科目に分かれている。Writing I(A)は桐原書店の *PRO-VISION ENGLISH WRITING* を使用した文法を意識した指導を行う，週1回2時間続きの講座である。Writing I(B)も同じ教科書を使用した週1回2時間の講座であるが，*PRO-VISION* を使用しての文法の指導は前半1時間に圧縮して行い，後半の1時間を ALT とのティーム・ティーチングで発展的な内容（主にパラグラフ・ライティングの指導）を行う講座となっている。Writing I(A)が12講座開かれているのに対して，Writing I(B)は4講座の開講となっており，Writing I(B)を選択している生徒は英語が得意，もしくは好きな生徒であると言うことができる。

　本稿では，2時間続きの授業の後半で行っている，自由英作文を中心とし

た指導について主に述べていきたい。

本講座においては，パラグラフ・ライティングを広い意味で捉えており，純粋に紙に書く作業だけでなく，パラグラフという構成を意識したプレゼンテーション活動やディベート活動も取り入れ，多面的な表現活動を行う中で，論理的に考える力，表現する力を高めることを目標としている。

2.2 年間計画と学期目標

本講座での1年間の大まかな流れは，以下の通りである。

1学期は，パラグラフ・ライティングの基礎を学ぶことが目標である。生徒にとってなじみの薄い英語のパラグラフの書き方の作法を，実践を通じて身につけていく。

2学期は，1学期に身につけたパラグラフ・ライティングの形式を，プレゼンテーションに応用した活動を行うことで，パラグラフという構成について理解をより深める。そして同時に，1つのパラグラフ内の構成だけでなく，より大きな文章（発表）全体を構成立てて組み立てる力を身につけることを目標とする。

3学期はさらに，その構成方法でディベート活動を行う。パラグラフ構成を身につけることが，準備された発話（作文）はもちろん，即興の発話においても論理的思考，表現につながることを学ぶ。

2.3 授業
2.3.1 パラグラフ・ライティングの指導

1学期に授業で中心的に行い，また家庭学習課題として1年間を通じて行ったのが，パラグラフ・ライティングの指導である。指導をせずに生徒に自由英作文を課すと，まずインデントをとらずに左端から書き始める。そして，行の右端まで使うことなく，文の切れ目全てで改行する。また，トピック・センテンスやクロージング・センテンスという意識は日本語の作文では希薄なため，つらつらと出来事や思ったことを書くだけのまとまりのない作品になってしまう。そこで私の授業では，ITBCS (Indent, Topic Sentence, Body, Closing Sentence, Space の頭文字。下の表1参照）を合言葉に，これらの形式の整ったパラグラフ・ライティングができるように取り組ませた。

表1　ITBCSについて

頭文字	略された語	意味
I	Indent	書き出しを数文字分空ける
T	Topic Sentence	トピック・センテンスを書く
B	Body	本文を書く
C	Closing Sentence	クロージング・センテンスを書く
S	Space	不要に改行して，余計な空白を残さない

　ITBCSが定着してきた頃には，授業の前半1時間との連携も意識した指導を行った。Grammar Challengeと銘打ち，前半の1時間で学んだ文法事項を実際にエッセイで使い，文法事項の定着も図った。

　Grammar Challengeと平行して，Bodyの中身を濃くするために，First, Secondと言った列挙のディスコース・マーカーや，理由を述べるディスコース・マーカーの導入を行い，よりよく構成された，内容の濃いパラグラフを書くことが出来るよう指導を行った。

　また，パラグラフ・ライティングの応用として，手紙文の書き方も指導した。手紙文の構成を検証して骨組みを理解し，それを先に学んだパラグラフ・ライティングの構成と比較することで，相互補完的にそれぞれの構成を確実に身につけるよう指導を行った。

　家庭学習として課したエッセイのテーマは，生徒の生活や教科書の題材からとった。教科書は文法項目ごとにレッスンが構成されているが，文法項目ごとに「めざそう，自分の夢」「ゴールデン・ウィークの計画は？」のようなテーマが存在しているため，それに材をとって題を設定した。

2.3.2　プレゼンテーションの指導

　生徒を5つの班に分け，班ごとに修学旅行についてのプレゼンテーションを行った。各班が旅行代理店になったと仮定して，修学旅行の契約が取れるようそれぞれ旅行先についてポスターを製作し，プレゼンテーションを行う。生徒はそれぞれの班の中で，食べ物，体験活動など1人1つの担当を持ち，それについて発表を行う。その発表が，先に学んだ，パラグラフ・ライティングの書き方に従ったまとまりのあるものであるように指導した。

　さらに，各班にはまとめ役の司会者を設けさせ，班のプレゼンテーション全体も，導入があり，各担当の発表があり，まとめがあり，というように，

大きなパラグラフ・ライティングの書き方に従ったものとするよう指示した。
　ポスター作りの前には Date, Destination, Activity（What to eat? Where to visit? etc...）などの質問に答える Pre-Writing 活動を行い，書く内容を考える助けとした。

2.3.3　ディベート活動の指導
　班ごとに対抗してディベート活動を行ったが，その活動自体（ディベートの勝敗）を評価の対象とはしなかった。生徒にはディベートの経験の無い者が多く，初めてのディベートで立論以外の部分を論理的に構築することは難しいと考えたためである。むしろ，今後のディベートや英会話で，発話を論理的に構成することができるよう，自分達の発話を記録し，それへの反省と改善を目標として行った活動である。
　6つの班に分けて2班ずつディベートを行わせたが，その際，各グループには ALT と JTE が補助として入った。ディベートを聞いている4つの班には，発言の要旨をメモするよう指示をした。そのメモをもとに，そのメモから1箇所を選ばせて，その箇所をパラグラフ・ライティングの書き方にのっとってエッセイを書くことを課した。

3　評価
3.1　パラグラフ・ライティングの評価
　英作文の直接の評価は後述する判定基準に則り，ALT が行ってくれている。達成すべき目標は明らかであるため JTE による評価も可能であるが，細かな語法の誤りなど JTE に直しきれない点も多いため，ALT の存在が自由英作文の指導に寄与するところは大きいと考えられる。
　生徒の成長については，実際に生徒の作品の変化を見ることによって理解していただけるのではないかと思う。ここに引用するのは，4月当初から英語が苦手であると公言していた生徒の作品である。
　例えば1学期に課した "Golden Week" という題の英作文では，このような作文を書いていた。

This golden week, I'm planning to visit Shibuya and Harajuku with my friends. I will buy shoes. I will see the statue of Hachiko at Shibuya station.

After that, I will eat a crepe in Harajuku.

この作品に対しては以下のような ALT からのコメント・評価を付している。作品の冒頭に Topic Sentence? 作品の終わりに Closing Sentence? 総評として Your content is good, but it would be better if you had a topic and closing sentence! とし，全体としては B⁻ の評価となっている。

この時点では生徒が萎縮することを心配して，あまり細かな項目別の評価は行っておらず，それよりはコメントによって個に応じた指導を重視した。

生徒は課題のプリントをノートの左半分に貼り，その書き直しを右半分にすることになっており，先の ALT からのコメントを受けて生徒は以下の通りに書き直している。

This golden week, I'm planning to visit Shibuya and Harajuku with my friends. I will buy shoes. I will see the statue of Hachiko at Shibuya station. After that, I will eat a crepe in Harajuku. I hope enjoy the Golden week.

文法的に誤りはあるが，Closing Sentence を付していることが見てとれる。

次の作品は，"A Letter to a Celebrity" という題で，自分が好きな有名人に手紙を書くという設定の課題である。この課ではいわゆる純粋なパラグラフ・ライティングではなく，その応用として英文で手紙を書く際の形式を身につけることを目標とした。以下が生徒の作品である。

Dear Kumi Koda

Hello! I like you because of so many reasons. First, you are very pretty. I want to become <u>as</u> you. Also, your songs are great! It give me <u>fine</u>. I always listen to it. Most of all, your dance is sexy and pretty. I like to watch it.

これに対する ALT の朱書きは，下線部 as を like に，同じく fine を energy に訂正し，末尾に Closing Sentence? sincerely? name? date? また総評として Be careful about letter-structure. Please rewrite, and give me next writing class. というコメントを付している。またこの回より項目別の評価を始め，各項目 0〜3 点中，Grammar 1, Content 2, Organization/

Structure 1 の評価となっている。この ALT の朱書きを受けての生徒の書き直しは以下の通りである。

Dear Koda Kumi

　　Hello! I like you because of so many reasons. First, you are very pretty. I want to be like you. Also, your songs are great! It give me energy. I always listen to it. Most of all, your dance is sexy and pretty. I like to watch it. I support you. Please good luck!
Sincerely,
　（生徒のファーストネーム）

14th / June / 2013

　手紙の構成が正しくなっているのを見てとることができる。また次のエッセイは，先の手紙から2回後の "Introduction about Inagakuen" という課題で，David というアメリカの高校生が留学生として自分の学校にやってくると想定し，彼に学校紹介の手紙を書く課題である。生徒の作品は以下の通りである。

Dear David
　　Welcome to Inagakuen.
There are about 2400 students. It is so many! Also, Inagakuen is a very big high school. Most of all, students have practiced hard in their club.
I hope you will have a wonderful time here.
Sincerely,
　（生徒のファーストネーム）

　本課題についても無論いくつかの訂正を受けてはいるが（特に be careful to write to the end of line という点で），生徒が英文で手紙を書く際の望ましい形式をほぼ身につけていることが見てとれる。
　2学期初めに課した "Let me tell you about..." という課題に対しての生徒作品は以下のようなものであった。

　　Let me tell you about a one of the my memories in the summer vacation.

I went to the Enoshima with my friends. I went to there for the first time. Whether was not good, but we swam in the sea. It sometimes rained and I feld cold. We ate yakisoba in a seaside clubhouse. It was delicious specially. We took many pictures. They were more than 30. We had a good time in Enoshima.

I made a lot of memories. I enjoyed the summer vacation this year. I am looking forward to the summer vacation next year.

私がまず驚いたのは，年度当初と比べて分量が明らかに増えていることである。それに加えて，パラグラフに始めと終わりを持たせよう，という意識も高まっているのが分かる。

3.2 プレゼンテーションの評価

プレゼンテーションの評価については，構成を重視した評価を行った。JTE と ALT がジャッジを務め，個人・グループ全体がパラグラフ・ライティングのマナーにのっとった発表が出来ているかの評価を行った（メモをとりながらの相対評価）。また生徒同士の相互評価も行わせた。こちらは構成の評価を行わせるのではなく，実際に顧客だったらどの旅行代理店と契約をしたいか，という視点から内容の評価を行わせ，最後に最も行きたい旅行先に投票を行わせた。生徒の相互評価は生徒が「真面目に発表を聞く」ための方策として行わせたため，最終評価には加算していない。

次頁の写真（図1）が生徒の製作したポスターの例である。

本講座としては初めてのグループ・プレゼンテーションであったが，質量ともに充実した発表であったと思う。まとめ役の司会を設けさせたことが，全体を構成立てるのに寄与したと考えられる。

3.3 ディベート活動の評価

2.3.3 ディベート活動の指導で述べたとおり，ディベート活動自体の勝敗ではなく，他班のディベートについてメモをとり，それに基づいて書かせたエッセイを評価の対象とした。

この評価についても，内容と文法については活動の主な目標とするところではないため，構成の評価を主に行い，文法的正確さなどについては朱書き

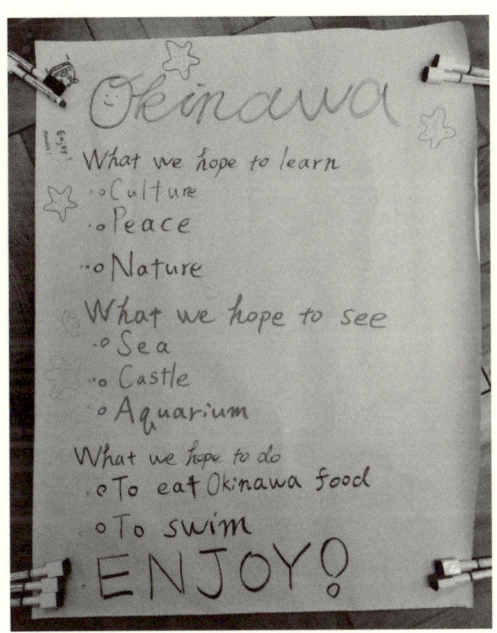

図1　生徒の製作したポスター

での訂正に止めた。

　構成は、先に述べた ITBCS の目標が達せられたかどうかで評価した。すなわち、書き出しにインデントがなされているか、トピック・センテンスがあるか、その後に本文があるか、本文は論理的に書かれているか、クロージング・センテンスがあるか、行末まで書いているか、の観点から評価を行った。0から4の5段階で評価し、理想的な構成となっていれば4の評価となり、上述の基準のうち1つが欠ければ3、2つが欠ければ2、3つが欠ければ1、4つ以上が欠ければ0の評価となる。以下が実際に生徒の書いたエッセイの例である。

　They said, we can make friends with new classmates if the students are reassigned to new homerooms each year. I think it is true. However Inagakuen has a lot of classes. So we can make friends with other students without reassigning to new classes. So your point is weak. Now we strongly believe that Inagakuen students should not be reassigned to new homerooms each year.

class と homeroom という単語の区別など語法上の問題点はあるが，トピック・センテンスとクロージング・センテンスを置き，また Body も論理的につなげようと書いていることが見て取れる。

4　結果と課題

　1年間の活動を通じて，パラグラフという考え方を生徒に根づかせることができたのではないかと思う。エッセイの執筆を基本として，それを手紙文の執筆に，さらにはプレゼンテーションやディベート活動に応用することで，実際に論理的に表現する活動を通じて達成されたものである。そして，パラグラフという骨組みを理解できたことは，情報を整理しながら読む際などにも役立つものと考えられる。

　自由英作文の指導を通じて伸ばすことの出来る領域は，文法・語法的正確さ，流暢さ，そして本稿で主に論じた論理性など，多岐にわたる。これら全ての領域について，科学的指標にしたがって厳密に評価するには膨大な時間が必要となる。しかし，技能の向上が主な目的であり，厳密な検証は必要が無いと割り切れば，この点は問題にならない。大野（2013）にあるように，ライティングの指導は個人差への配慮が欠かせない。3.1 エッセイの評価で述べたような文法・内容・構成程度の大括りの項目による評価に僅かな朱書きを加えるだけであっても，個人向けの指導を行い，生徒がそれを実感することが出来れば，生徒は十分に改善すべき点を理解し，またやる気をもって自由英作文に取り組むことが出来る。

　今回は勤務校において選択科目である，旧課程ライティング I での実践となったが，2015 年度には全学年で新学習指導要領が実施となる。4 技能全てを総合的に伸ばしていくことが目標であるコミュニケーション英語のなかで，どのように自由英作文を取り入れていくか（より多くの生徒を相手にどのような指導を行うのか，ピア・コレクションを取り入れることが出来るか）が，今後の課題となる。

参考文献
大野真澄．(2013)．「ライティングにおける〈正確さ〉と〈流暢さ〉をどう育てるか」『英語教育』第 62 巻 7 号（10 月号），29-31．大修館書店．

実践編② スピーキング［中学］

中学校における英語インタラクティブフォーラムの実践と評価

木野　逸美

1　はじめに

　茨城県では，年に1回「英語インタラクティブフォーラム」が開催されており，これは郡市大会，地区大会，県大会と勝ち上がっていく大きな大会である。この大会は，それまで実施していたスピーチコンテストのように一方通行ではなく，英語を用いて双方向性を重視したコミュニケーション能力を高めることを目的に平成11年度に始まったものである。以後，修正を加えながら現在に至っている。

　出場者は，3名のグループにランダムに振り分けられ，与えられたテーマについて5分間会話を行い，個人のパフォーマンスを2名の審査員（ネイティヴ1名，日本人1名）が「表現」「内容」「態度」の3観点から審査する。グループのメンバーを変えながら3回戦まで行い，合計得点の高いものが勝者となる。県大会においては，得点の高い6名を2つのグループに分けて決勝戦を行い，得点の高かったグループの3名が優勝となる。

　この大会の方法を授業にも取り入れ，学習した言語材料を用いて意思の疎通を図る活動を展開することにより，生徒たちの表現力，理解力，会話に対する意欲を伸ばすことができる。以下に，学級での取り組みを紹介する。

2　インタラクティブフォーラム学級大会の指導
2.1　授業の概要と目標

　中学校学習指導要領解説外国語編の外国語（英語）科の重点には「4技能の総合的な育成」が示されている。そのことを踏まえ，「話す」「聞く」活動にとどまらず，「書く」「読む」活動も組み入れていく。

　ここで紹介する授業では，実際のインタラクティブフォーラムと同様に，あるテーマについて3名で会話をする。実際の大会では5分間だが，授業で

は3分間とする。第1段階として、テーマについて自分が話したい内容をマッピング（ウェビング）を取り入れながら考え、英文を書きため、モノローグの練習をする。第2段階では、相手に対する質問を考える。この時に、ある程度相手の話の内容を予測して考えることが大切である。第3段階では、ペアで練習を行う。ここでの練習に相互評価を取り入れると、互いにアドバイスをし合い、内容に厚みを持たせていくことができる。第4段階では、3人グループでの練習である。初期の段階では、ひとつの内容で話を続けることが難しく、相手の発話を無視して自分が考えておいたことだけを話してしまい、その結果、話の内容が次々と変わり、意思の疎通が図れないことになってしまうことがよくある。そこで、1回の発話につき2，3文話す努力をすることや、相手の話に添いながら話をふくらませていくことができるように助言していくことが大切である。

2.2 レッスンプラン

注：□内は本時の目標

時	学習活動・内容	指導上の留意点
1	1 学習活動及び評価規準を確認する。 2 テーマについて話したい内容を考え、英文を書く。 「"My Dream" について話す内容を書こう。」 3 思いついたことを英文で表す。	・到達目標や評価の観点を示すことで、生徒の学習意欲への関心・意欲を高める。 ・マッピングをしながら、テーマについて思考を深め、系統立てて話せるようにする。
2	「自分の話したいことが相手に伝わるように練習しよう。」 1 書いた英文を何度も読みながら話す練習をする。 2 ペアになって、最初はワークシートを見ながら話し、そして、次第に見なくても話せるように練習し合う。	・ペアで読み手・聞き手になり練習を重ね、英文をインプットしていく。 ・互いにアドバイスしながらよりよい英文にしていく。
3	「相手に対する質問を考えよう。」 1 相手に対する質問を考え、英文を書く。 2 書いた英文を言えるように練習する。 3 ペアで2分間ずつ練習する。	・ペアで練習しながら、お互いに質問してほしいことについての情報交換をしながら、会話が弾むようにする。 ・ワークシートに書き加えながら、会話の内容を増やしていくようにする。

4	ペアで会話練習をしてみよう。 1　ペアで2分間の会話練習を行う。 2　ペアごとに相互評価を行う。	・4人グループでペアごとに聞き合い，アドバイスし合う。 ・ペア，グループを変えることで，必然的に話す内容が変わるので，柔軟に対応できる会話力をつけていくようにする。
5	3人で会話練習をしてみよう。 1　3人で3分間の会話練習を行う。 2　表現や内容に修正を加えながら，3分間を2～3回行う。 3　グループのメンバーを換えながら会話練習を行う。メンバーを換えながら，色々な内容について話せるようにしていく。	・自分以外の2人に気を配りながら話を回すように努力する。 ・話を続けるためには，相手の話をよく聞き，その話題に添うように発話するようにする。
6	1　学級フォーラム1回戦を行う。	・学級を半分に分け，1回戦を行う。 ・相互評価しながら，さらに表現を学ぶ。
7	1　学級フォーラム2回戦，決勝戦を行う。 2　学年フォーラムに進出する学級代表4～5名を選出する。	・相互評価しながら，さらに表現を学ぶ。 ・それぞれが自己評価，相互評価し，英語学習への意欲をさらに高められるようにする。

　なお，使用している東京書籍の教科書 *NEW HORIZON English Course* 3 では，第3学年の最後に「なりたい職業」という単元があるが，この活動は，それよりも早い時期（2年の6月，または3年の6月）に行っている。その理由としては，7月に行われる Interactive Forum のテーマに "My Dream" があるためで，したがって，教科書の単元とは別に年間指導計画に位置づけてある。

　まず，テーマについて自分の話したいことをまとめるためにマッピングを行い，その中から3つのQ&Aの柱を立てる。テーマが "My Dream" の場合の例を示す。

① My dream is to be a doctor because I want to help many sick people. I know there are many sick people in the world. I want to help them. What's your dream?

② I have a second dream. As I said, I want to be a doctor. But I know it's very difficult. So I want to be a teacher. I want to teach Japanese in foreign countries. What's your second dream?

③ I want to be a doctor or a teacher. So I have to study hard. I'm interested in English but I don't like science. To be a doctor, studying science is important. So, I study science every day. What are you trying hard to realize your dream?

　会話のスタートは将来の夢について語ることになっているので，最初の柱である自分の夢からどのように話が展開していくかが重要で，そのためには柱立てをしておくことが必要である。そこで，2本目，3本目の柱として，例えば2つ目の夢や夢の実現に向けての努力事項について考えておき，話したり質問したりして話題をその方向へもっていくようにする。しかし，大切なことは，相手が一生懸命話しているときに無理矢理この話題に話をもって行こうとしないことである。用意したことを全て話そうとせず，まずは相手の話をよく聞き，内容に合わせて細かい質問（例：Is your father a doctor, too? How about studying math? など）をしながら話を盛り上げていくことが先決である。

3　評価

　生徒相互の評価は，全体の活動の中盤で導入する。教師側がねらいとしている5観点について，できているか否かの2段階で評価することにした。聞き手は，到達したものには○印を付け，発表者に渡すことにした。
　インタラクティブフォーラム県大会及び，地区大会では，「表現」「内容」「協調性のある親しみやすい態度」の3つの観点をそれぞれ10点満点で評価している。教師による評価にもこの3観点を取り入れ，ABCの3段階で評価することにした。

3.1　生徒による相互評価

　まず，第4時のペアワークの時の相互評価である。2ペアずつ相互に，表1の観点について到達できたものには○印を付けて評価する。ペアの相手やペアごとの組み合わせを換えながら，数回実施する。教師も，机間巡視をしながら生徒と同じように評価し，アドバイスを行う。生徒相互が認めあうことにより，意欲が向上し，能力が高まることをねらいとしている。

表1 生徒による相互評価の観点

観　　点
大きな声で話している。
相手の目を見て話している。
相手が話しやすい話題を提供している。
自分の考えを伝えようとしている。
相手の話に寄り添って話している。

注：第6，7時の学級フォーラムの時にも同じものを用いて評価する。

3.2 教師による評価

　第6時の1回戦は学級を半分に分けて別教室で行う。その際，JTE 2名も分かれ，それぞれ評価する。第7時の2回戦及び決勝戦は1つの教室で行い，評価は2名のJTEとALT 1名が行う。その時に，インタラクティブフォーラム県大会及び，各地区大会で使用されている3観点「表現」「内容」「協調性」を用いて評価するものの，各観点10点満点では得点の基準を設けにくく評価しづらいため，ABCの3段階で評価する。B基準を満たさない場合は，Cとなる（表2）。この判定基準は，第5時の3人での会話練習を始めるときに生徒に示し，練習する上での目標となるようにする。また，生徒もこの基準に従って相互に評価するが，発表者には教師による評価のみを伝える。これは，3人の組み合わせや発表者と生徒評価者の関係の親密さによって，評価にブレが生じる恐れがあることや，インタラクションの評価は生徒には困難であることが理由である。

表2 判定基準

〈表現〉

A	・多少のエラーはあるものの，コミュニケーションに支障はない程度である。 ・適切な表現（語彙，円滑さ）ができている。 ・相手に伝わるように言い換えて表現することができる。
B	・多少のエラーがあり，コミュニケーションに小さな支障がある。 ・言いよどみやポーズはあるものの，ほぼ適切な表現ができている。

〈内容〉

A	・ふさわしい内容を提供したり，相手の話題に添ったりしながら会話を進めることができる。
B	・予期せぬ話題に対しても何とか会話に入ることができる。

〈協調性のある親しみやすい態度〉

A	・協力的な話の内容の提供，質問やコメントをしている。 ・間違いを恐れないで話している。 ・困っている相手を助けることができる。
B	・急に話題を転換したり自分のことを優先してしまうことがある。 ・相手の話題に少し興味をもっている。

3.3　生徒へのフィードバック

　第6，7時の生徒相互の評価は本人に伝えないが，第4時に行った生徒相互の評価は，その都度本人に知らせるようにした。生徒による評価は，友だち関係や評価者の英語力によって評価が妥当でないことがある。しかし，時には自分が気づかないことに気づかせてくれることもあるので，次のステップへのアドバイスとして受け止めるように話した。

　1回戦は全員がパフォーマンスを行うので教師による評価も全員行うことができるが，2回戦以降は勝ち抜いた生徒のみが行うため，教師による評価は全ての生徒に対して同じ回数だけ行ったわけではない。しかし，評価したものは全て本人に知らせ，それと同時に具体的な表現のアドバイスも行った。

4　結果と課題

　第2学年を対象に3学期に"My Dream"というテーマで実施した。これはインタラクティブフォーラム2，3学年両方のテーマになっているものである。第4時に行った生徒相互の評価が生徒にどのように影響しているかを調べるために，アンケート調査を行った結果は表3の通りである。

表3　生徒相互評価のアンケート結果

質　問　事　項	はい	いいえ
友だちによる評価がよいアドバイスになった	80%	20%
友だちによる評価によって意欲向上につながった	60%	40%
友だちを評価することが自分のパフォーマンスによい影響を与えた	54.2%	45.8%
友だちを評価することにより自分の意欲向上につながった	71.4%	28.6%

注：調査人員35名

　80％の生徒が「友だちによる評価がよいアドバイスになった」と答えており，60％の生徒が意欲向上を感じている。一方，これらの質問に対して「い

いえ」と答えた理由としては，「自分のパフォーマンスを評価者が理解してくれなかった」「褒めてくれたが，自分ではそうは思えず，アドバイスにはならなかった」などがあげられた。これは，評価者の聞く力及び評価する力が十分でないことが考えられる。

また「評価することが自分のパフォーマンスによい影響を与えた」と答えた生徒は54.2%であった。友だちのパフォーマンスを見ることはよい刺激になると思われたが，「凄すぎて自分には無理」「参考になることはなかった」などの意見があった。「自分の意欲向上につながった」と答えた生徒は71.4%であった。多くの生徒が友だちのパフォーマンスに刺激を受け，自分も頑張ろうという気持ちになっていることが分かる。一方，この質問に対して「いいえ」と答えた理由は，「会話するのは難しい」「相手の言っていることがよく分からない」などであった。これらの生徒を観察していると，英語でのやりとりそのものが容易でないために友だちのパフォーマンスを見ても理解できず，刺激を受けない様子が伺える。

アンケート調査の結果から，生徒相互の評価は半数以上の生徒の意欲や能力の向上によい影響を及ぼしている反面，あまり会話の能力が高くない生徒には，さほど影響を及ぼさないことが言える。

第6時の1回戦で行った教師による評価は以下の通りである。

表4　教師による評価結果（1回戦）
〈表現〉

| A | 8人 | B | 21人 | C | 6人 |

〈内容〉

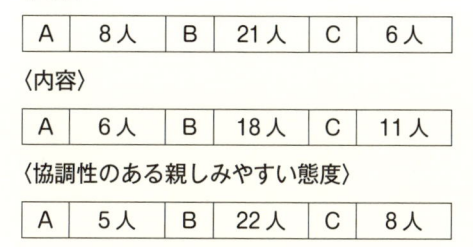

| A | 6人 | B | 18人 | C | 11人 |

〈協調性のある親しみやすい態度〉

| A | 5人 | B | 22人 | C | 8人 |

どの観点もB基準に属する生徒が最も多く，半数を超えている。生徒は，準備したり練習で慣れたりしたことについては話せるが，馴染みのないことになると話を続けるのが困難であった。しかしながら，英語学習入門期の生徒にとって3分間途切れないように会話を続けることは容易ではなく，A基準，B基準を合わせると68.6〜82.9%になったのは比較的良い結果が得ら

れたと言えよう。

　第7時の決勝戦は9人の生徒が3グループに分かれて行い，生徒相互，及び教師による評価を行う。生徒による相互評価は，教師用の評価表を使うのは難しいので，第4時に使用したものと同じ評価表を使用し，特にフィードバックは行わない。教師による評価は以下の通りである。

表5　教師による評価結果（決勝戦）

〈表現〉

| A | 3人 | B | 6人 | C | 0人 |

〈内容〉

| A | 4人 | B | 5人 | C | 0人 |

〈協調性のある親しみやすい態度〉

| A | 5人 | B | 4人 | C | 0人 |

　第6時から第7時と，対戦を重ねることによって表現が豊かになり，個々の能力が伸びた。特に，相手の話題に対してコメントする場面が多く見られた。しかし，相手の言っていることがよく分からなかったり，意図したことと違う解釈をされてしまったりした時に確認することができず，何となくごまかしてしまうことが多く見られた。相手の言っていることが分からないということを全て自分が悪いととらえている傾向が強い。また，ふさわしい言葉を用いて相づちを打つことができず，ただ "Oh!..." と反応する場面も多かった。

　課題としては，次の2つがあげられる。1つ目は，前述したように会話の内容が表面的になってしまっていることである。生徒たちはこのインタラクティブ学級大会が好きで，意欲的に取り組んでいる。パタンプラクティスとは違って，自分の思いを表現しそれが伝わることが大きな喜びとなるからである。しかし，話の内容が薄くなってしまったり，意思とは違っていても説明せずにとりあえずごまかしながら話を続けたりする場面も見られ，自己表現することにこだわる姿勢が必要であると感じている。生徒たちの英語力をさらに伸ばすためには，ごまかしながら会話を続けることを減らしていく努力をさせる必要があり，そのためには日頃から自己表現の場面を多く設定することである。

2つ目として，生徒の相互評価についてである。インタラクションの評価は生徒にとっては非常に困難なため，妥当とは言えないので，アドバイス的な活用しかしていないが，より正しく評価できればさらに有効活用できると思われる。したがってよりよい評価方法を考えていかなくてはならない。

参考文献
Interactive English Forum 2013 Judging Sheet（茨城県教育委員会）

実践編③ スピーキング［中学］

中学3年生の授業におけるスピーキング活動の実践と評価

岡田　栄司

1　はじめに

　生徒のスピーキング能力を評価する方法としては，インタビューテストやShow and Tell，スピーチのようなパフォーマンステストを用いることが多い。ALTと共に評価するようにすると，客観性が生まれ，評価を記入したフィードバックシートを返してやると，生徒たちの励みにもなる。

　しかしながら生徒たちのコミュニケーション活動は日々行われているのに，日々の授業の中で行われている種々の活動については，評価やフィードバックがなおざりになっていることが多い。

　普段のコミュニケーション活動の積み重ねこそが生徒のスピーキング能力を伸ばしているのであり，特別に時間を設定したパフォーマンステストだけでなく，普段のコミュニケーション活動を適宜評価し，生徒たちにフィードバックする方法が確立できれば，生徒たちの力を一層伸ばすことができるし，授業も活性化するのではないかと考えた。

　本章では，普段の授業の中で行っているコミュニケーション活動の中で，スピーキング能力をどのように評価し，フィードバックに繋げ，生徒の意欲や技能を伸ばしているかを紹介したい。

2　中学3年生の授業におけるスピーキング活動の実践と評価
2.1　授業の概要と目標

　ここで使用した教材は，読み物教材で，アメリカの少年少女向け小説，少年探偵ロイ・ブラウンのショートストーリーである。単純明快で分かりやすい人物設定とストーリー展開であり，本来は速読や長文読解など内容把握の練習として扱う題材である。

　本単元では長文読解が中心となる授業の中で，

① Part 1～Part 3 における単語導入の場面
② Part 4 終了後のまとめのコミュニケーション活動

の2つの場面においてスピーキングの活動を取り入れた。そしてこれらの活動の中で，評価とフィードバックを行った。

2.2 レッスンプラン

(1)単元：Let's Read 2　Roy Brown – Boy Detective, *NEW HORIZON English Course 3*（東京書籍）

(2)指導と評価の計画（全5時間）

時間	ねらい・学習活動	評価方法
1	○Part 1 の新出単語を練習し，ペアで会話練習を行う ・単語を導入し，単語の読みを練習する ・新出単語の strange を使って，Who is the most strange TV star? というテーマで会話を楽しむ ○<u>ペアで会話した内容を2列の生徒に発表させる</u> ○Part 1 の本文理解を行い，音読練習に取り組む ・ピクチャーカードを提示し，生徒と英語で対話しながら，本文の内容を理解する ・T/F テストと Q&A に取り組み，音読練習を行う	観察法
2	○Part 2 の新出単語を練習し，ペアで会話練習を行う ・単語を導入し，単語の読みを練習する ・新出単語の daughter と son を使って，When you become a father (mother), which do you want, a son or a daughter? というテーマでペア会話を楽しむ ○<u>ペアで会話した内容を前回と違う2列の生徒に発表させる</u> ○T/F テストと Q&A に取り組み，音読練習を行う	観察法
3	○Part 3 の新出単語を練習し，本文の内容を理解する ・単語を導入し，単語の発音を練習する ・新出単語の arrive を使って，What time did you arrive at school? から始まるペア会話を楽しむ ○<u>ペアで会話した内容を前回，前々回と違う2列の生徒に発表させる</u> ○T/F テストと Q&A に取り組み，音読練習を行う	観察法
4	○Part 4 の新出単語を練習する ・単語を導入し，単語の読みを練習する ○Part 4 の本文を理解し，音読練習に取り組む ○本章のまとめプリントに取り組む	

| 5 | ○話し合い活動「踊る英語御殿」を行う
・テーマを与える："My Friend"
・10分間でテーマについて30語程度の作文をする
・書いた作文を読む練習を行う
・各班で意見を出し合う
・全体の場でスピーチを披露し合う | 観察法 |

　下線を引いた部分が，評価を伴うコミュニケーション活動である。話し合い活動では，すべての生徒に自分の意見を発表させるようにした。ペア活動については，1時間に2列ずつ発表させ，3時間で6列，つまり学級全員の生徒が発表し，評価を行った。

　ペア活動は「誰とペアになってもしっかりと活動すること」の指導を徹底しており，基本的には席順の隣になった相手とペアを組むが，ローテーションをして次々と違う相手と活動させるようにもしている。

3　ペア活動の実践と評価
3.1　授業案（2時間目）

学習内容	生徒の活動	教師の支援	評価方法
1. 単語の導入	・新出単語の意味を理解し，発音練習を行う。	・フラッシュカードを使って発音練習させる。	
2. 説明	・新出単語のdaughterとsonを使って,When you become a father (mother), which do you want, a son or a daughter? Why do you think so? という会話文を練習する。	・文を板書した後，ペア活動がスムーズにできるように，教師の後について，モデル文の音読練習をさせる。	
3. 例文の提示	・指名された生徒は教師の質問に即興で答える。	・リーダー生徒数名に質問をする。	
4. ペア活動	・ペアでお互いに会話させる。	・相手を換え何組かと会話させる。	
5. ライティング	・自分の会話内容をそのまま，配布された用紙に書く。	・普段練習しているチャットから始めるように指示する。	
6. 発表（評価）	・2列のペア（5～6組）に会話を発表させる。	・教師は聞きながら評価，記録をする。	観察法
7. 班活動	・班隊形になり，それぞれの答えを共有しあう。	・班の中でそれぞれの意見を共有させる。	

実践編③──スピーキング［中学］　143

| 8.フィード バック | ・教師のフィードバックをノートに書きとめ，次回の授業に生かす。 | ・プリントを集め，良かった意見を，全体の場で紹介する。 |
| 9.本文理解 | ・教科書本文のTFテストと，Q&Aに取り組み，音読練習を行う。 | ・内容を英語でやりとりしながら理解させる。 |

3.2　板書

son daughter　Mr. Crane was attacked attack(ed)　with a musk angry	A: When you become a father (mother), which do you want, a son or a daughter? B: I want ＿＿＿＿＿＿＿＿ A: Why do you think so? B: Because I want him to play baseball.
教科書本文理解の内容	会話文とヒント

3.3　ペア活動の評価

評価の観点：コミュニケーションへの関心・意欲・態度

CAN-DOリスト項目	選択肢のある質問に対して，自分の考えと理由を適切な英語を使って話すことができる。
評価規準	求められる事柄に対して，適切な英語を使って，自分の答えと理由を，積極的に話すことができる。
具体的な評価規準	1. 自分の答えと理由を言うことができる。 2. 自分の答えと理由を，示した例文以外の表現を使って言うことができる。
判定基準	A: 上の規準2をクリアしている。 B: 上の規準1をクリアしている。 C: 上の規準1をクリアしていない。

　評価規準はあらかじめ生徒に示し，そのクリアを目標にさせた。またこの項目はコミュニケーションへの関心・意欲・態度における評価を行うため，文法的な正確さより，意味が通じることを目標とした。

3.4　評価方法

①Cと判断できる具体例

　I want a son. ←自分の答えのみ

②Bと判断できる具体例

I want a son. ←自分の答え

Because I want him to play baseball. ←例をもとにした理由

③ A と判断できる具体例

I want a son. ←自分の答え

Because I can play baseball with him. ←例をもとにしない理由

3.5 評価結果と生徒へのフィードバック

対象3年生2クラス64名の評価結果は以下の通りとなった。

① A 評価となった生徒

　ア．理由で want to や can 等，提示した例文以外を使って「一緒に〜したい」「一緒に〜できる」などと答えた生徒── 22名（34%）

　　　例　I want to play catch ball with him.

　　　　　I want to talk about her boy friends with her.

　　　　　I can go shopping with her. / I can enjoy fishing with him.

　イ．上記の文型以外を使って答えた生徒── 10名（15%）

　　　例　I can understand a boy's heart.

　　　　　I think daughters are trouble makers.

　　　　　I think boys are kind.

② B 評価となった生徒

　ウ．例文をもとに，want 人 to の構文を使って，自分のしているスポーツや楽器をして欲しいからと答えた生徒── 19名（29%）

　　　例　I want him to play baseball. / I want her to play the piano.

　エ．例文をもとに want 人 to の構文を使って play 以外の動詞を使って答えた生徒── 11名（17%）

　　　例　I want her to cook with me.

　　　　　I want him to be a baseball player.

③ C 評価となった生徒

　オ．理由を言うことができなかった生徒── 3名（5%）

また，生徒へは下記の2点のフィードバックを与えた。

(1) 発表終了後，班隊形になりそれぞれの内容をお互いに共有させた。

(2) 発表内容を書いた用紙を集め，良かった内容を紹介した。また間違いやすい文法項目などは説明を行った。

3.6 考察

今回の活動は,「例文に頼らず,工夫して自分の考えを表現すること」を目標として評価した。結果,上記のように49%の生徒がA評価となった。A評価を得た生徒は,必ずしも英語成績上位の生徒ではなく,簡単な英語を使って自分の言いたいことを上手く表現できた生徒たちであった。

I want a daughter. I like cooking. So I want to cook with my daughter. という答えには温かい拍手が起こり,I want a son. I think daughters are trouble makers. という意見には笑いが起こった。

4 話し合い活動（「踊る英語御殿」）の実践と評価

私が3年間の最終目標としているコミュニケーション活動は,英語井戸端会議「踊る英語御殿」（Dancing English Palace）と名付けているものである。3年生を対象にしたスピーキングの活動で,これまで担当した3年生は,様々なテーマで英語による話し合い活動を楽しむことができた。

4.1 授業案（5時間目）

学習内容	生徒の活動	教師の支援	評価方法
1.テーマの発表と作文	・今回の「踊る英語御殿」のテーマに対して,関係代名詞を使い10分で30語以上を目標に作文する。	・本文内容から決めた今回のテーマ"My Friend"を生徒に伝える。	
2.音読練習	・書いた文の音読練習を個々で行う。	・苦手な生徒のフォローに回る。	
3.班活動	・班長が司会を務め,グループ内で意見の交換をする。	・意見を良く聞き,発表が終わったら,各班の中で拍手をさせる。	
4.全体会	・班長に選ばれた生徒から,1人ずつ全体の前で,自分の意見を発表していく。	・班長にWho has the most interesting speech? 等と言いながら発表者を決めていく。	観察法
	・教師や他の生徒の質問に英語で答える。	・生徒の発表に対して,質問をしながら,話を広げていく。	

4.2 話し合い活動の評価

評価の観点：外国語表現の能力

CAN-DO リスト項目	テーマに対して自分の考えや経験を適切な英語で話し，伝えることができる。
評価規準	求められる事柄に対して，自分の考えや経験を，適切な英語を使って話すことができる。
具体的な評価規準	1. テーマについて 10 分間で 30 語以上の英語を書くことができる。 2. 関係代名詞の文を適切に使うことができている。 3. 経験や事実と，自分の思いの 2 点が書けている。
判定基準	A：上の規準のうち 3 つをクリアしている。 B：上の規準のうち 2 つをクリアしている。 C：B 規準をクリアしていない。

4.3 評価方法

「踊る英語御殿」話し合いテーマ "My Friend" での評価の具体例は下記の通りである。

① A と判断できる具体例

　Hello, everyone. <u>I have a friend who can run very fast.</u> His name is Ryuki. He joined the baseball club. He was also a member of the truck and field club. He is the fastest runner in our school. He's very cool when he is running. I want to run fast like him. Mr. Okada, can you run fast?

〈評価規準〉
1. 30 語以上（59 語）である。
2. 関係代名詞の文が適切に使われている。
3. 経験や事実と，自分の思いが書けている。

② B と判断できる具体例

　Hello, everyone. I have a friend who <u>can shogi</u>. (動詞が書けていない) I like shogi very much. I want to talk about shogi. My favorite shogi piece is "Kin" because it's very strong. Keiji, what do you do in your free time?

〈評価規準〉
1. 30 語以上である。
2. <u>関係代名詞の文が適切に使われていない。</u>
3. 経験や事実と，自分の思いが書けている。

③ C と判断できる具体例

I have a friend who can playng soccer.（動詞の使い方の誤り）He was in the soccer club. He is a good player. Jared sensei, do you like soccer?
〈評価規準〉
1. 30 語に達していない。
2. 関係代名詞の文が適切に使われていない。
3. 自分の思いが書けていない。
　これらの評価は授業中の観察法とともに，授業後に集めたプリントもチェックして評価に加えた。

4.4　評価結果と生徒へのフィードバック
　対象 3 年生 2 クラス 64 名の評価結果は下記の通りとなった。
① A 評価となった生徒——36 人（56%）
② B 評価となった生徒
　語数が 30 語に達していない——10 人（15%）
　関係代名詞を使った文に間違いがある——12 人（18%）
　自分の思いが書けていない——0 人（0%）
③ C 評価となった生徒
　語数が 30 語に達せず，かつ，関係代名詞に間違いがあった——6 名（8%）

　また，活動中・活動後に生徒には下記の 3 点のフィードバックを与えた。
(1) 授業の中で，生徒の発表で表現が間違っているときは，その場で指導する。
(2) 生徒のスピーチの内容に対して英語で質問をする。
(3) 原稿を集めて，ALT に添削してもらう。

4.5　考察
　コミュニケーション活動の中で，生徒たちには文法や語彙の間違いを恐れることなく表現するように指導している。しかし間違いは間違いで，しっかり訂正してあげるようにしている。間違いを指摘することで生徒が自信を無くすという考え方もあるが，現在の生徒たちとは人間関係が確立できているので，表現の間違いなどもその場で訂正するようにしている。冠詞を忘れたり，動詞の活用を間違ったりといった場合，その場で訂正してあげることで，

生徒たちは次からいっそう自信を持って表現できるようである。
　また，我々が最終的に付けさせたい力は，自分を表現する能力と共に，英語で会話を広げていく技能でもある。そのために，生徒の発表に対して，英語で質問をし，話題を広げていくようにしている。例えば，

　Hello, everyone. I like baseball very much. I was in the baseball club. I have a friend who can play baseball very well. He also likes watching baseball on TV. I often talk about baseball with him. We like Hanshin Tigers very much. Mr. Okada, do you like baseball?

というスピーチをした生徒には，

　What's your friend's name? Who is your favorite baseball player? Will you play baseball in high school? Do you like watching Major League Baseball?

等というように発表に関連した質問をして話題を広げていくようにした。
　最終的にはこういったやりとりを生徒間でできるような方向に持っていきたいと考えている。
　次頁にこの活動で使った資料（普段の授業で使っている，英語通信「えいじ新聞」）を紹介する。

5．おわりに
　最後に紹介した英語井戸端会議「踊る英語御殿」活動をかつて徳島県中学校英語教育研究大会の公開授業で行ったとき，その授業を偶然参観してくださっていた関西大学（当時は鳴門教育大学）の今井裕之先生が，ご自身のホームページで私の授業を次のように評価してくださった。

　　決してにわか作りではできない "English Speaking & Learning Community" ができていました。
　　生徒の英語はまだまだ大半は考えてつくって読んだ英語ですが，時々「共同体の生きた言葉」になっているように感じました。にわか作りではないことがこの事からもわかります。
　　英語でディスカッションすること自体は決して珍しい試みではないので

参考資料

参考資料 えいじ新聞 2014 No. 42 By Eiji Okada

class＿＿＿ No.＿＿＿ name＿＿＿＿＿＿＿＿＿

Dancing English Palace 踊る英語御殿

今日のテーマ " My Friend "

今日のテーマは「私の友達」。ただし，もう一つの裏テーマは，「関係代名詞」を使うことです。「僕にはこんな友達がいる。」というのを，例を元に関係代名詞を使って表現してみましょう。

✴ Example （例）

1. Hello, everyone. <u>I have a friend who can sing songs very well.</u> Her name is Naomi. She likes Karaoke very much. I sometimes go to Karaoke with her. When she starts singing, she doesn't leave microphone. She really likes singing songs. She is my good friend, but I don't go to Karaoke with her often because I can't sing. Jared sensei, do you have such friends?

2. <u>I have some friends who like fishing.</u> They are Kenta, Hiroki and Shota. We sometimes go fishing together. I think Kenta is the best fisherman. Last week we went fishing to Hiwasa beach. He caught five squid, but I got only one. Mr. Okada, you said you like fishing. Are you a good fisherman ?

3. I like pro-wrestling very much. But <u>I don't have a friend who loves pro-wrestling.</u> I like watching pro-wrestling on TV. I want to talk about pro-wrestling. I'm looking for friends who can talk about it. Excuse me everyone, if you have such friends, please tell me.

＿＿＿＿＿＿＿＿＿＿＿＿＿＿＿＿＿＿＿＿＿＿＿＿＿＿＿＿＿＿＿＿＿
＿＿＿＿＿＿＿＿＿＿＿＿＿＿＿＿＿＿＿＿＿＿＿＿＿＿＿＿＿＿＿＿＿
＿＿＿＿＿＿＿＿＿＿＿＿＿＿＿＿＿＿＿＿＿＿＿＿＿＿＿＿＿＿＿＿＿
＿＿＿＿＿＿＿＿＿＿＿＿＿＿＿＿＿＿＿＿＿＿＿＿＿＿＿＿＿＿＿＿＿

★最後は必ず何か疑問文です。
★１０３０運動実施中！！ 目標は１０分で３０語以上です！

> ### 班長の進め方
>
> O.K. Let's start Dancing English Palace!踊る英語御殿を始めましょう
> First, Mr.Tanaka, go ahead.最初は田中君どうぞ。
> Thank you, Mr.Tanaka.ありがとう田中君。
> Next, Mr.Tani. Please start.次は谷君。どうぞ始めて下さい。
> Next. Ms.Hashimoto. I want to listen to your speech. Go ahead.
> 　　次は橋本さん。あなたのスピーチを聴きたいです。
> Ms. Hashimoto, your speech was very good.
> 　　橋本さん。あなたのスピーチはすばらしいです。
> 　　全員終わったら！→ "Mr.Okada. We are finished."
>
> ### 自己チェック
> 1．何語使いましたか。目標３０語・・・・・（　　　　　　）語
> 2．大きな声で話せましたか
> 　　　　　　　１　―　２　―　３　―　４　―　５
> 　　　　　　ばっちり　　　　普通　　　　みんなに聞こえなかった。
> 3．今日のあなたの内容は１０点満点で何点？
> 4．今日のあなたの発表は１０点満点で何点？
> 5．今日の一番素晴らしかった人とその理由。

すが，生徒のコトバが「借り物」の域をでている様子は，今まであまり見たことがありません。

（今井，1999から一部抜粋）

今井先生のおっしゃる「生きた言葉」「コトバが借り物の域をでている」という言葉は，正に私が目指していることであり，実際にはこのことの実現がいかに難しいかを示しているように思う。

この活動は，生徒が10分程度で書いた30語程度のスピーチを話し，それに対して教師や生徒同士が英語でやりとりをするという，シンプルな活動なのだが，参加者全員が英語を共有している気分になれる活動である。3年間の活動の締めくくりとして，3年生で何度も行っており，一生懸命に英語を話す生徒たちと，それを楽しんで聞こうとする生徒たちとの幸せな時間が流

れる活動である。

　10年あまりこの実践を続けてきたが，いつもいきいきとクラスメートに自分の思いを伝えようとする生徒の姿が見られた。それはテストといった格式張った評価の場ではなく，生徒たちが「仲間に伝えよう」「友人に聞いてもらいたい」という思いで繰り広げる，純粋なコミュニケーションの場になっていたからであろう。

参考文献
今井裕之. (1999). *Research note*. Retrieved from http://www.soc.hyogo-u.ac.jp/imai/note.html
岡田栄司. (2014). 『荒れ・しらけと闘う！英語授業の鉄則＆活動アイデア―真剣に語り合う集団を育てる・ゴールは「踊る英語御殿」』明治図書出版.
文部科学省国立教育政策研究所教育課程研究センター. (2010). 『評価規準の作成のための参考資料（中学校）』Retrieved from http://www.nier.go.jp/kaihatsu/hyoukakijun/chuu/all.pdf

実践編④　スピーキング［高校］

インタビュー活動における生徒の形成的自己評価用ルーブリックの作成

石川　絵梨子

1 はじめに
1.1 新潟 CAN-DO プロジェクト
　CAN-DO リストを用いた実践が各地で始まっている。筆者が勤務する新潟県でも，2014 年 2 月末までに各校が独自の CAN-DO リストを作成した。
　ここで懸念されたのが，忙しい学校現場では CAN-DO リストを作って終わりになってしまい，十分な活用がなされないのではないかということである。そこで，「CAN-DO リストを絵に描いた餅にしない」を合言葉に，教育センター指導主事の呼びかけのもと，県内有志 15 名による新潟 CAN-DO プロジェクトが始まり，筆者もこのプロジェクトに参加することとなった。
　プロジェクト参加者は，単元ごとにパフォーマンス課題と評価用ルーブリックを作成して生徒に事前に提示し，彼らが見通しを持って主体的に学習に取り組めるようにする。2013 年度中に実践例を集めて県内の英語教員に発信することをプロジェクト第一段階とした。プロジェクトチームは，2014 年度以降も引き続きパフォーマンス評価研究・実践に取り組んでいく予定である。

1.2 本実践の目的
　本実践における評価とは，生徒のスピーキング能力を正確に測定することを目的としたものではない。ねらいは形成的自己評価を通じて生徒が段階的にスピーキング力を伸ばすこと，そして英語に対する自信と意欲を高めて自律学習へとつなげることである。そのために，英語で即興会話を続けるために必要な要素を抽出し，それらを基に活動ごとに自己評価シートを作成して生徒に提示した。生徒が明確な目標を持ってスモールステップを踏んでいけるよう，評価項目は各活動の目的と生徒の達成状況に応じて適宜変更した。

2 インタビュー・プロジェクト

2.1 実践の背景

　筆者はかねてより教科書の音読と暗唱に力を入れてきた。生徒は熱心に練習して多くの文を覚え，定期テストでは一定の成果を上げている。リプロダクションにも熱心に取り組み，多少の誤りはあるが十分に伝わる英語を話す。しかし自由会話になると，覚えたはずの構文や単語をうまく活用できない。教科書のフレーズを利用して簡単な英問英答をすることはできるが，少し質問形式を変えたり，生徒自身の考えを問う発問をしたりすると対応できなくなったり，単語だけで答えたりする。暗唱が本当のコミュニケーションに結びついていない，つまり教科書で学習した英文が本当に意味を持つ言葉として生徒の中に取り込まれていないことに問題意識を持っていた。

　そんな中，新潟 CAN-DO プロジェクトにメンバーとして加わることになった。これを機会に継続的に即興応答能力の育成に取り組もうと考えて始めたのが本実践である。

2.2 プロジェクトの概要

　2013 年 9 月より，コミュニケーション英語 I の授業で『インタビュー・プロジェクト（以下 IP）』を開始した。ターゲット表現を使用したパターン・プラクティスや，暗唱ロールプレイではなく，話題やおおよその流れは事前に共有するが，相手が何を，どんな順番で，どんな言い方で言うかはわからない状況で，即興でやりとりする能力の育成を目指すものである。メイン活動として，教科書の登場人物になりきって行う「なりきりインタビュー」を 2 回設定した。

2.3 「なりきりインタビュー」の目標と各単元の目標

　「なりきりインタビュー1（以下 IP-1）」では「相手の質問を聞きとって適切な答えを返す力」，「なりきりインタビュー2（以下 IP-2）」では「相手の発言を引き出す質問をしたり，相手の発言に対してコメントを付け加える力」の育成を目標とした。IP-1 は 9 月に，IP-2 は 2 月に実施し，それまでの単元を活用して必要な力を段階的に育成した（表1）。なお使用教科書は *CROWN English Communication I*（三省堂）である。

表1 「なりきりインタビュー」にかかる各単元の指導目標

	単元	目標
IP-1 事前指導 (interviewee としての訓練がメイン)	Lesson 6	・インタビューの形式を学び，インタビューを体験する ・回答時に使用するメモの作成方法を学ぶ ・回答メモを使用して答える練習をする
	Lesson 5 Section 1&2	・相手の発言をよく聞く姿勢を学ぶ ・相手の発言を受けて次の会話へつなぐことを体験する
＜9月＞IP-1　使用単元：Lesson 5 Section 3&4		
IP-2 事前指導 (interviewer としての訓練がメイン)	Lesson 7	・感情を込めて話すことを体験する ・質問を作成する体験をする
	Lesson 8	・質問作成訓練をする ・感情を込めて話す練習と，表現方法を学ぶ
	Lesson 9	・質問作成訓練をする ・相手の発言に対する意見・感想を述べる練習をする
	Lesson 10	・インタビュープランを作成し，これまでの訓練を踏まえて長い時間話す練習をする
＜2月＞IP-2　使用単元：Lesson 5, 6を除く既習単元の中から，各自が選択		

注：IP-1事前指導では，インタビュー形式のLesson 6を扱った後，既習のLesson 5（モノローグ形式）を使ってインタビュー活動を行った。

3　評価用ルーブリックの作成

　IP-1，IP-2および各単元の目標に応じて，評価用ルーブリックを作成し，生徒の自己評価（時に相互評価）に活用した。しかし，即興性が高いやりとりの自己評価に関する研究・実践事例が少なく，筆者自身初めての実践であるため，まだまだ評価規準・判定基準は不十分なものである。以下，失敗例や課題も含めて報告する。これが本稿をお読み頂いた方々の参考となれば幸いである。

3.1　IP-1事前指導：Interviewee用ルーブリック

　IP-1事前指導段階で目標としたのは，以下の3点である。
(1) 質問の内容に対し，適切な答えができる（文法的正確さは問わない）。
(2) 覚えたものを復唱するだけの暗唱ロールプレイから脱却する。相手の質問の意味を理解し，自分で回答する内容を考えて話すことができる。

(3) アイコンタクトと声の大きさに気を配り，相手に好印象を与える態度で話すことができる。

　以上の目標を基に，内容，言語，態度の3観点をA，B，Cの3段階，10点満点で評価するルーブリックを作成した。多くの生徒が内容，態度でA，言語でB以上，計8点以上を獲得でき，達成感が得られるようなものを目指したが，(2)の記述文作成が難航した。相手の質問の真意を理解せず，教科書を（時に不要な部分まで）読み上げる状態からは脱してほしかったが，教科書とかけ離れたオリジナルの表現で話すことを無理に求めてはいない。むしろ伝えたい意味をよく考え上で，教科書の表現を大いに活用して話してほしいと思っていた。このことを端的に表す記述文作りがうまくいかず，結局最初（Lesson 6 を用いての活動）は以下のルーブリック（表2）を用い，うまく文章化できなかった部分は口頭で生徒に伝えた。

表2　IP-1 事前指導ルーブリック（Interviewee 用）

	評価規準	A	B	C	total score
内容	聞かれたことに対して，適切な内容を話すことができる	よくできた 4点	できた 2点	できなかった 0点	／4
言語	丸暗記したものを言うのではなく，自分の言葉で話すことができる	よくできた 4点	できた 2点	できなかった 0点	／4
態度	相手の目を見て，聞きやすい大きさの声で話すことができる	よくできた 2点	できた 1点	できなかった 0点	／2　／10

　懸念していたとおり，「言語」の項目の評価がうまくいかなかった。活動の様子を観察したところ，相手の言うことをよく聞き，返すべき言葉をよく考えて話しているように見える生徒が多い。つまりB以上の自己評価をつけてよいのだが，回収したルーブリックを見たところ，自己評価Cの生徒が多数であった。それだけでなく，「内容」でこちらの想定よりも厳しい自己評価をつける生徒も多く，振り返りには「内容が薄い。もっと詳しく話さないと」などの記述が目立った（筆者は「"When" で聞かれているのに，場所に関する情報を言うような的外れな回答をしなければAでよい」と考えていた）。また，「態度」のアイコンタクトに関しても，どの程度相手の目を見ればAが取れるのか，生徒により判断にずれがあった。結果，8点平均

を予想していたのだが，5点前後の自己評価をつける生徒が多く，0点をつける生徒さえいた。

「難しい課題だったけど，がんばったらいい評価が取れた」と達成感を持たせ，モチベーションを上げることは本実践の大切な目的の1つである。このまま低い自己評価が続けば意欲の低下につながりかねない。CAN-DOプロジェクトメンバーに相談したところ，『何をもって「適切」，「自分で考えて話した」というのか，具体的な判断基準がないから，教師の思惑と生徒の自己評価が乖離する。多少記述文が長くなっても，規準達成の判断基準を入れるべきだ』とアドバイスを受けた。

3.2　IP-1：Interviewee用ルーブリック改定版

事前指導での反省を受け，表3のようにルーブリックを改定した。評価規準は簡略化し，規準達成の判断基準を詳しく記述した。

表3　IP-1ルーブリック（Interviewee用）

	評価規準	採点基準　*（ ）内は点数	score	total
内容	適切な内容を話す	A(4)：全ての質問に対して的を射た内容を答えている		
		B(2)：大半の質問に対して的を射た内容を答えているが，一部的外れ，または答えられないものがある		
		C(0)：どの質問に対しても的外れなことを答えている，または何も答えられない	／4	
言語	自分の言葉で話す	A(4)：自分で言いたいことを考え，使う単語・文法・表現を選択しながら話すことができる		
		B(2)：ほぼ教科書どおりだが，意味を理解し，考えながら話すことができる		
		C(0)：Bがまったくできない	／4	
態度	適切な態度で話す	A(1)：相手の目を見ている時間の方が長い		
		C(0)：メモを見ている時間の方が長い	／1	
		A(1)：相手にはっきりと聞こえる声で話している		
		C(0)：相手に声が聞こえにくい	／1	／10

このルーブリックを使用したところ，必要以上に厳しい自己評価は減ったが，「教科書と大きく違う表現を使わなければ言語のAをとれない」という誤解が一部の生徒の中に残った。前述のとおり，筆者は，生徒が伝えたい意味をしっかり考えた上で言葉を発していれば，教科書の表現は大いに活用し

表 5　IP-2 事前指導質問訓練段階ルーブリック（Interviewer 用抜粋）

評価規準	採点基準　＊（　）内は点数	score	total
適切で自然なインタビューをする	A(3)：大きく途切れることなく質問をすることができる		
	B(2)：言葉につまる時もあるが，質問をすることができる		
	C(0)：まったく質問をすることができない	／3	
	A(1)：相手の発言に対して，必要に応じてコメントなどを付け加えることができる		
	C(0)：相手の発言に対して，コメントなどを付け加えることが全くできない	／1	

3.4.2　コメント訓練段階ルーブリック

　次の目標は相手の発言に対して意見や感想を挟むことができることとし，相手の発言を受けての応答に特化した項目を作った（表 6）。応答の種類としては，(a) 相手の発言に対する自分の意見，(b) 相手の発言に対する自分の感想，(c)（話題を切り替える新しい質問ではなく）相手の発言を発展させる関連質問の 3 種類を提示した。

表 6　IP-2 事前指導コメント訓練段階ルーブリック（Interviewer 用抜粋）

評価規準	採点基準　＊（　）内は点数	score	total
意見・感想・関連質問を挟む	A(4)：5 回以上はさむことができる		
	B(2)：3 回以上はさむことができる		
	C(0)：まったくはさめない	／4	

　このルーブリックの問題点は，回数による採点基準を使用したことである。即興性が高く，ペアによって話す内容が異なるため，「○○について聞くことができた」など，内容を統制する基準は設けづらい。コメント回数は評価がしやすく，目標としてもわかりやすい。しかし，コメントの内容の濃さには個人差があり，回数による評価は必ずしも妥当とは言えない。練習段階として回数というわかりやすい基準を使うのは 1 つの手段であろう。しかし，評価のしやすさと規準・基準の妥当性の両方を確保するのが理想である。その難しさを痛感させられるルーブリック作りとなった。

3.5 IP-2：Interviewee 用・Interviewer ルーブリック

　メイン活動である IP-2（既習単元を1つ選択し，なりきりインタビューを行う）では会話が続くということを重視し，新たに「時間」という評価項目を設けた。これはペアでの共通ポイントとした。また，コメント回数による採点基準は削除し，記述文を変更した。（表7，8）

　「時間」はわかりやすい評価項目であり，その他の項目はこれまでに使用してきたものであるため，生徒は混乱なく目標を定め，最終的な自己評価を行うことができた。合計点の平均値は Interviewee 役で 7.4 点，Interviewer 役で 7.2 点であった。当初目標としていた，8点平均には届かなかったが，プロジェクト開始当初よりも自己評価が高まっていることが感じられた。

表7　IP-2 ルーブリック（Interviewee 用）

評価規準	採点基準　＊（　）内は点数	score	total
時間 ペア協力 ポイント	A(2)大きく途切れず，4分以上インタビューを続けることができる		
	B(1)時々途切れるが，4分以上インタビューを続けることができる		
	C(0) 4 分間ほとんどインタビューができていない	／2	
適切な内容を話す	A(4)：全ての質問に対して的を射た内容を答えている		
	B(2)：大半の質問に対して的を射た内容を答えている		
	C(0)：どの質問に対しても的外れなことを答えているか答えられない	／4	
感情を込めて話す	A(2)：終始，感情に応じて声の調子や顔の表情を変えて話している		
	B(1)：時々，感情に応じて声の調子や顔の表情を変えて話している		
	C(0)：終始，感情がこもらず棒読み，または不適切な感情表現である	／2	
適切な態度で話す	A(1)：相手の目を見ている時間の方が長い		
	C(0)：メモを見ている時間の方が長い	／1	
	A(1)：相手にはっきりと聞こえる声で話している		
	C(0)：相手に声が聞こえにくい	／1	／10

表8 IP-2 ルーブリック（Interviewer 用抜粋）

評価規準	採点基準 *（ ）内は点数	score	total
意見・感想・関連質問を挟む	A(4)：相手の発言に対するコメント等を適宜挟むことができる		
	B(2)：相手の発言に対する相づち等を適宜挟むことができる		
	C(0)：相手の発言に対して全くコメントや相づちを挟めない		／4

注：表7の「適切な内容」にかえて上記の評価項目と採点基準を使用，他は Interviewee 用と共通。

4 生徒の変容

　最初は1分半程度話を継続することさえ困難な生徒が大半であったが，IP-2 ではほとんどの生徒が4分以上インタビューを継続できた。時間制限を設けなければ，まだまだ話せそうな生徒も多くみられた。

　IP-2 終了後に実施したアンケート（表9）によると，多くの生徒がスピーキング力及び英語の総合力の伸長を実感しており，英語で話すことに対して自信が持てるようになったと答えた生徒も6割ほどいた。コミュニケーションの相手に対する配慮や，自律学習への意識の高まりも見られる。自由記述でも，「難しいがやればできる」，「自分の英語力が伸びたのが実感できた」，「『何て言えばいいんだ？』と思う機会が増えたので，『もっとやらなきゃ！』と思うことも増えた」など，前向きな感想が多くみられた。

表9　Interview Project を終えてのアンケート結果

	5	4	3	2	1
英語で話す力が伸びたと思いますか。	30%	62%	8%	0%	0%
英語で話すことに対する自信が増しましたか。	15%	44%	32%	9%	0%
相手のことを考えて話すようになりましたか。	25%	51%	23%	1%	0%
英語の総合力が伸びたと思いますか。	24%	55%	20%	1%	0%
授業外での英語学習の取り組みが向上しましたか。	14%	40%	35%	11%	0%

n＝80，5＝とてもそう思う，4＝そう思う，3＝どちらとも言えない，2＝あまりそう思わない，1＝全くそう思わない

5　今後の課題

　英語による「やりとり」の評価は難しい。話題やペアを組む相手の英語力によって，出来栄えが左右される。即興性があるため，「これさえやればよい」という評価項目の設定も困難である。そのためルーブリックの記述文にまだ問題が多い。正確さや適切さをどう伸ばしていくかも今後の課題である。よいインタビューにはどんな力が必要なのか，「インタビューの要素分解」を詳細に行うとともに，「インタビュー能力の発達段階」も研究する必要がある。

　また，今回の実践は教科書をもとに行ったものであり，完全な即興会話ではない。最終目標は，様々な話題で即興の会話を楽しめるようになることである。その目標に向けて，さらに計画を練っていきたい。

6　おわりに

　日本人学習者は概して自己評価が低く，自信もないと言われる。しかし，「がんばれば達成できる目標」があることで，生徒は意欲的に活動に取り組み，英語力を伸ばすのみならず，自信を高めていくこともできるのである。「できた！」と実感する時，生徒の顔は明るく輝く。そんな笑顔を増やす手助けをすることが，我々英語教師の務めではないだろうか。まだまだ未熟な筆者だが，笑顔のあふれる教室を目指し，今後とも精進を続けていきたいと思っている。

スピーキングの指導と評価──科目「英語会話」での指導実践と課題

折原　史康

1　はじめに

　私が高等学校の英語教師になって，あっという間に27年の月日が流れた。そもそも私が英語教師になろうと思ったきっかけは，中学校で英語教師をしていた母親の影響と，英語が話せる高等学校理科教師であった父親の影響ではないかと思っている。特に，私が中学2年生のときに外国人が我が家に来たことは，私にとても強烈な印象を与えた。そのとき私は片言の英語で挨拶を交わしたが，たかが挨拶程度でも，私は英語という魔法が使えたという喜びでいっぱいになった。この時以来私は，英語を話すことに興味・関心を持ち，同じような感動を生徒たちに伝えたいと思い英語教師になった。27年という月日が過ぎたが，私のスピーキングへの思いは，若かりし頃と全く変わっていない。

　私が現在教えている高校1年生の生徒に，「英語会話」の最初の授業で「英語学習に何を望むか，英語学習を通してどんな力を身につけたいか」についてアンケートをとってみた。すると，約2人に1人が英語の話す力を伸ばしたいと思っていることがわかった。それに続いて，英語を聞き取る力や英語を書く力を伸ばすことを望んでいる生徒が合計で約30%を占めた。一方では大学受験に必要な知識・技能を身につけることも約20%の生徒たちが望んでいることがわかった。大学全入時代になり，生徒の大学への進学希望は当然なのかもしれない（次頁図1）。

　生徒の英語学習の夢はさまざまではあるが，少なくとも2人に1人は英語を話せるようになりたいという夢を持っていることがわかり，英語教師である私はその使命と責任を感じている。本稿では，平成25年度から新しく導入された科目「英語会話」における現場での指導方法・評価方法を報告しまとめる。これにより，スピーキングの力を伸ばすための指導方法・評価方法

について，多くの関係者に関心を持っていただければ幸いである。

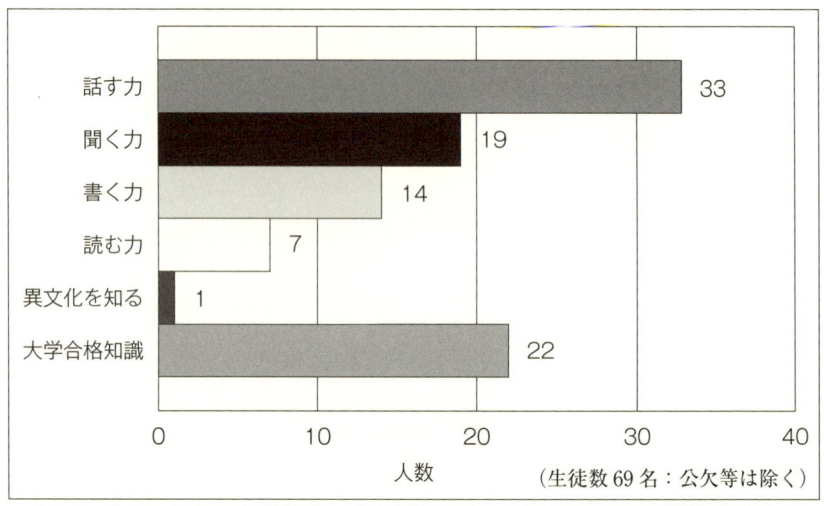

項目	人数
話す力	33
聞く力	19
書く力	14
読む力	7
異文化を知る	1
大学合格知識	22

（生徒数69名：公欠等は除く）

図1．生徒アンケート結果①：英語学習で身につけたいこと（複数回答可）

2 科目「英語会話」をどう指導するか

2.1 英語会話の授業の達成目標

平成25年度から高等学校学習指導要領の導入により，高校の英語の授業では教師はできるだけ英語を使って授業をすることになった。筆者の勤務校でも，主に1年生に対して週2時間の「英語会話」が開講され，授業のほとんどを英語で教えることになった。さまざまな不安はあったが，この1年間で「生徒に何をできるようにさせるか」を考えた。

使用する教科書 *SELECT English Conversation*（東京書籍）を見てみると，題材はすべて自分の身のまわりに起こりそうなものを取り上げているので，この科目の達成目標は，「自分の身のまわりに起こりそうな題材について，英語で簡単なやりとりができるようになること」とした。

2.2 目標達成のために必要なこと

科目「英語会話」の目標達成のためには，生徒がしなければいけないことは何だろうか。私は，次の2つの活動を必ず実施することにした。

1つ目は，自分の身のまわりに起こりそうな題材に関する基本的英語表現

を，生徒は何度も何度も口に出して練習し，すべて暗唱することである（①レッスンごとの Key Expressions の暗唱）。暗唱と会話は決して同じものではないが，すべての学習の出発点は「真似る」にあるとすること（石川，2008）や，アジアの学習者を中心に暗記暗唱が盛んに行われ，ある程度の成果を挙げてきたこと（横山・久保田・阿部，2011）を考えると，暗記暗唱という活動は，私の担当する多人数のクラスにとっては，ペア練習する上でも1人で練習する上でも比較的取り組みやすい活動であり，生徒にとっても明確な目標となると考えたからである。また，担当する生徒の英語レベルを考えた上でも，いきなり英会話をする際に，生徒独自の英語表現・英語会話を要求することはとても難しいので，やはり基本表現を正しく発音できるようにし，そして暗唱へと指導していくことが適切なステップであると考えたからである。

2つ目は，練習した表現がどれくらい身についているかを評価するためのテストを実施することである（②レッスンごとのスピーキングテスト）。スピーキングテストの難しさは知っていたが，科目が「英語会話」である以上，生徒のスピーキング力をテストしないわけにはいかない。

この2つを柱に私は1年間，前述の目標達成に向けて授業を進めた。

2.3 生徒の発話不安を減らす

授業を始めるにあたり，ひとつ気になっていることがあった。それは，日本の高校生に授業中英語を発話させることは，生徒にとってかなりの不安要素があり，多くの生徒が発話に対し消極的になってしまうということである（折原，2006）。この傾向は日本人高校生だけでなく，他の国の語学学習者にも見られる（Gardner et al., 1985; Young, 1990）。

私が現在受け持っている生徒にも，授業中における英語発話不安に関するアンケートを前述のアンケートと同時に実施したところ，70%以上の生徒があまり発話に積極的でないとの回答が得られた（次頁図2）。また，その理由についても，「英語がわからない」，「英語に自信がない」，「間違えるのがいや」等の回答が得られた（次頁図3）。

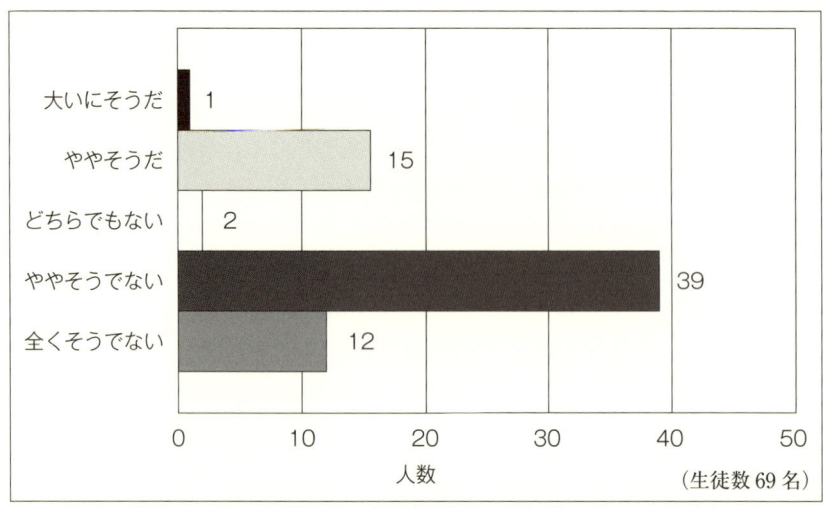

図2. 生徒アンケート結果②：英語授業中は積極的に英語で発話するか

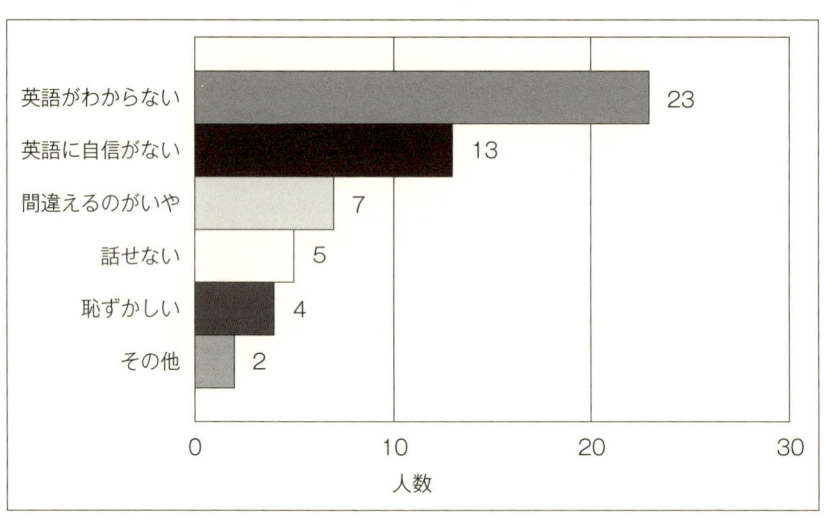

- 大いにそうだ：1
- ややそうだ：15
- どちらでもない：2
- ややそうでない：39
- 全くそうでない：12

（生徒数69名）

図3. 図2のアンケートの答で「ややそうでない」「全くそうでない」を選んだ理由
（自由回答・複数回答可）

- 英語がわからない：23
- 英語に自信がない：13
- 間違えるのがいや：7
- 話せない：5
- 恥ずかしい：4
- その他：2

　この結果をふまえて，こういった英語授業中の発話に対し，消極的になってしまう生徒の心理的不安を軽減させることも，英語指導の重要な要素である（小川，1997; Young, 1991; 折原，2006）と考え，以下の4つのことを念頭に

おいて授業を実施した。
　①学習者の発話不安に共感した指導法をとること
　　（グループ・協同学習の導入，間違えても発表点は与えるなど）
　②発話前に学習者にヒントを与えるなど工夫をすること
　　（黒板に絵を書いたり，ジェスチャーを示す，例を多く示すなど）
　③楽しい授業の雰囲気をつくること
　　（英語のゲーム・歌の導入，英語を使って体を動かすなど）
　④教室内の良い人間関係を築くこと
　　（生徒の名前を完全に覚える，どんなことでも互いに褒めあうなど）
　以上のことを常に意識し，授業始めのWarm-Upや授業中の活動に取り入れた。特に，「英語会話」は間違えても失敗しても，互いに認め合い仲間同士で協力し合いながら学習していくことが大切であると言い続けた。

2.4　英語を話す機会をどう増やすか

　私の受け持った「英語会話」の授業2クラスは，生徒数は各クラスとも40人ずつである。このような多人数のクラスの中で一番問題となるのは，どうやって英語を話す機会・練習量を増やすかである。私は生徒の発話不安の問題を抱えながらも前述した4つを念頭に置き，一般的な一斉練習の他に，ペア練習，グループ練習などを取り入れた。このように少人数のグループにすることによって，恥ずかしさや不安を軽減しながら（北條，1996），各生徒の発話量を増やそうとした。

　また，動機づけの面でもできるだけ工夫した。教科書に関する確認プリントや，また英語のWarm-Upとして実施したゲーム用プリント（例：絵の内容を英語で書かせるなど）においては，良いところと悪いところを明確にし，一人ひとりにコメントを付け加えた。そして，何よりも，授業で行っている内容を必ず定期テストやスピーキングテストに反映させることにした。こうすることで，消極的だった多くの生徒が，自主的に課題に取り組み，また発話練習をするようになった。これは波及効果（washback effect）と呼ばれており，評価内容やテスト内容が学習者の学習への取り組み方に大きな影響を与えると考えられている（Hughes, 2003; 望月, 2007）。

3 科目「英語会話」をどう評価するか

「英語会話」の授業において，生徒の何をどう評価すべきかについては大きな課題である。大きな達成目標は立てたが，その達成度を評価するためにはさらに細かな評価観点や判定基準が必要である。ここでは私自身が実際の授業で行った評価方法を報告する。

3.1 評価観点

評価観点については，①関心・意欲・態度，②思考・判断・表現，③技能，④知識・理解の4つとし，これらの観点について下記の内容を評価するための材料とし，そして点数化した。
①関心・意欲・態度（授業での英語学習への取り組み状況を評価）
　　発表5点と提出物5点の合計＝計10点満点
②思考・判断・表現（自分の考え等が反映される課題を複数回評価）
　　5点満点の平均×2＝10点満点
③技能（レッスン毎の目標対話表現を使って生徒同士が会話するスピーキングテストにより評価）
　　5段階評価の平均×5＝25点満点
④知識・理解（定期テスト）
　　全定期テストの平均×0.5＝50点満点
　その他
　　出席時数に応じて0〜5点　　　合計100点満点

3.2 各観点における判定基準

次に，①〜④のそれぞれ観点における詳しい判定基準について述べる。
①関心・意欲・態度について（10点満点）
　・発表点（5点満点）＝発表数÷（授業時数÷5）〈最大5点〉
　　発表数カウント法：ここでは挙手などによる，自主的な発表回数を座席表に〈正〉の字で記録（例　正正＝10回）
　・提出物点（5点満点）＝提出した回数÷提出すべき回数×5
②思考・判断・表現について（10点満点）
　独自の表現課題（主にWriting）＝5点満点の平均×2
　5…自分の表現を使っており，内容も十分伝わる

4…自分の表現を使っており，内容も概ね伝わるが理解しづらいところあり
3…自分の表現ではあるが半分程度しか内容が伝わらない
2…自分の表現ではあるが内容が伝わらないところが多い
1…内容が全く伝わらない，または他人の内容を写したもの
0…課題をやらない
③技能について（25点満点）
　スピーキングテスト＝5段階評価の平均（レッスンごとの平均）×5
　（5段階評価については，内容，発音をそれぞれA〜Cの3段階で評価し，その組み合わせによって決める）
　5…内容・発音ともに問題なし（内容A，発音A）
　4…内容・発音の一方に若干問題あり（例：内容A，発音B）
　3…内容・発音ともに若干問題あり（内容B，発音B）
　　　または，内容・発音の一方は問題なしだが，一方がかなり問題あり（例：内容A，発音C）
　2…内容・発音の一方に若干問題あり，さらに一方にかなりの問題あり（例：内容B，発音C）
　1…内容・発音ともにかなり問題あり（内容C，発音C）
　0…スピーキングテストを受けなかった
④知識・理解について（50点満点）
　全定期テストの平均×0.5
※総合点数100点＝①＋②＋③＋④＋出席点により算出。これが評定点となり，その点数に基づき5段階評価をする。

4 結果と考察
4.1 結果
　1年間の英語会話の授業についての指導・評価について考察する。まずは，2クラス分の5段階評定の取得割合については次のような結果になった（表1：2学期末の成績）。

表1　英語会話5段階評定の割合

評定	5	4	3	2	1
割合（％）	31.6	36.8	27.6	4.0	0.0

次に評定点（評定を定める点数）と各評価項目，および評価項目間の相関（correlation）を調べてみた。その結果が次のとおりである（表2）。

表2　評定点と評価項目間の相関関係

	定期テスト	発表点	提出物	スピ・テスト	課題点	評定点
定期テスト		0.54	0.68	0.68	0.56	0.89
発表点	0.54		0.60	0.48	0.69	0.71
提出物	0.68	0.60		0.58	0.65	0.79
スピ・テスト	0.68	0.48	0.58		0.58	0.85
課題点	0.56	0.69	0.65	0.58		0.80
評定点	0.89	0.71	0.79	0.85	0.80	

※評定点とは評定を出すための総合点数。
※スピ・テスト＝スピーキングテスト
※ 0.7以上はある程度の正の相関がある。

4.2　考察

　表1のとおり，2学期末の時点では，合計70％近くの生徒が評定「4」と「5」の成績を収めるという好成績ではあったが，評定点の50％が筆記テストを主とする定期テストであることを考えると，試験で高得点を取れば，たとえスピーキングテストの点数がよくなくても，高評定になる可能性がある。それは表2の，定期テストと評定点の相関が一番高いこと（0.89）からもわかる。しかし評定点とスピーキングテストとの相関も高く（0.85）課題点との相関も高い（0.80）ことから，スピーキングとライティングも含めた評定点になっていたと考えられる。

　また，興味深いこととして，発表点とスピーキングテストの間には，あまり相関がないこともわかった（0.48）。つまり，発表はよくするが，だからと言ってスピーキング力が必ずしもあるとは限らないし，また，発表はあまりしなくてもスピーキング力がある場合もある，ということである。この結果は，授業中何とかして発表数を増やし，それによってスピーキング力をつけようとした私にとっては，意外な結果となった。

5　課題

　課題としては，指導面と評価面の2つから述べたい。
　まず指導面では，40人学級という多人数の中では，生徒の発話練習への

指導が十分にできなかったことや，スピーキングテストに多くの時間をかけざるを得なかったこと，そしてそのためにその間スピーキングテストを実施していない生徒への指導が行き届かなかったことなどである。したがって本校では，来年度からは「英語会話」においては，1クラスを半分ずつに分けた少人数クラス（1クラス約20人）とし，生徒一人ひとりが十分に発話練習できるようにしていく予定である。

　評価面での課題は，達成目標を評価する評価方法が妥当かどうか，ということである。さらなる改善を進めるために，来年度は次のような評価方法で取り組みたいと考えている。

　まず，スピーキングテストの評価割合を全体の70％にし，ただの暗唱的なテストにするのではなく，テストの中に「関心・意欲・態度」「思考・判断・表現」「知識・理解」の観点項目を入れ，より生徒のオリジナルな発話を引き出し，オーセンティックで妥当性のあるスピーキングテスト実施を試みる。そして残りの30％は，スピーキングへの「関心・意欲・態度」を補うものとして授業時の発表・提出物を10％程度，「思考・判断・表現」を補うものとしての授業中の生徒のオリジナルな表現活動を10％，そして「知識・理解」を補うものとしてレッスンごとの小テストを10％とする（思い切って定期テストは実施しない）。さらに，これらの評価項目をきちんと記録しておくために，いくつもの評価シートを作成しておく。また，授業中の生徒発話に対する評価を随時記録するために，今年度同様，生徒の座席表を使用し，そのスペースに〈正〉の字で記録していく（正正＝10回発表）。

6　おわりに

　スピーキング力とは何か。その育成のためにはどんなことを授業で実践することが必要なのか。そして発話されたものを，何をどのように測定すればよいのか。私がずっと持ち続けてきたスピーキングへの憧れの集大成として，今現場でこの課題に取り組んでいる。そして多くの生徒のスピーキング力が向上することを目指しながら，これからの英語教員生活をさらに充実させていくつもりである。

参考文献
石川丹．（2008）．「真似は学びの源」『楡の会発達研究センター報告』その16．
小川邦彦（編著）．（1997）．『オーラル・コミュニケーションテストと評価』一橋出版．

折原史康. (2006).「日本人高校生の Speaking Anxiety の原因と A Low-Anxiety Classroom Environment が自発的発話量に与える影響—授業中の英語発話活動を積極的にさせるために」『第29回研究論文集　平成17年度』90-95. 茨城県教育委員会, 財団法人茨城県弘済会.

北條礼子. (1996).「外国語（英語）学習に対する学生の不安に関する研究 (6)」『上越教育大学研究紀要』第12巻2号, 495-506.

望月明彦（編著）. (2007).『新しい英語教育のために—理論と実践の接点を求めて』成美堂.

横山紀子, 久保田美子, 阿部洋子. (2011).「暗記暗唱に働く認知プロセス—第2言語習得研究の観点からの考察」『日本言語文化研究会論集』第7号.

Gardner, R. C., Lalonde, R.N., & Moorcroft, R. (1985). The role of attitudes and motivation in second language learning: Correlational and experimental considerations, *Language Learning, 35*(2), 207-227.

Hughes, A. (2003). *Testing for language teachers*. Cambridge: Cambridge University Press.

Young, D. J. (1990). An investigation of student's perspectives on anxiety and speaking. *Foreign Language Annals, 23*(6), 539-553.

Young, D. J. (1991). Creating a low-anxiety classroom environment: What does language anxiety research suggest? *Modern Language Journal, 75*(iv), 426-437.

実践編⑥　リーディング［高校］

高等学校における多読を中心とした4技能の統合的活動と評価

山下　朋明

1. はじめに

　平成21（2009）年版高等学校学習指導要領では，4技能の総合的な育成を図るコミュニケーション科目として「コミュニケーション英語基礎」「コミュニケーション英語Ⅰ」「コミュニケーション英語Ⅱ」「コミュニケーション英語Ⅲ」，そして「話すこと」および「書くこと」に関する技能を中心に論理的に表現する能力の育成を図る表現科目として「英語表現Ⅰ」「英語表現Ⅱ」，さらには，会話する能力の向上を図る「英語会話」が創設された。これらすべての科目の内容の取扱いに共通する留意点は，「聞くこと」「話すこと」「読むこと」「書くこと」の4技能を統合的に指導することである。つまり，それぞれの技能をひとつひとつ別々に扱うのではなく，複数の技能を組み合わせて具体的な場面や状況設定においてコミュニケーション活動を行うことが重視されているのだ。したがってリーディング指導においては，教科書の文章を読んだ後に読解問題を解いて終わるのではなく，メモを取りながら読むこと，読んだ内容を要約すること，読んだ内容について自分の意見を述べること，他の生徒と意見を交わすことなど，「読むこと」以外の技能と関連づけて4技能を総合的に育成していかなければならない。

2. 授業の心得

　高等学校でリーディング指導を行う場合，大学受験や英語の検定試験対策として英語の文章を読んで設問に正しく答える力を身につけたいと思っている生徒は多く，そのための指導は教師が避けて通ることのできない道であることは事実だ。それと同時に，生徒にとって大学受験や英語の検定試験は別の大きな目標を達成するための手段であり，英語学習の長い道のりにおいては単なる通過点に過ぎないということも多くの教師が心得ているはずである。

大学入試は英語力だけではなく思考力・情報処理能力を測るという性質を帯びているため日常生活レベルの実用性とは異なる視点も必要となるが，英語は言語であるがゆえに，英語学習は本質的には実用的であるべきだ。「実用英語」と「受験英語」という言葉は対立的に用いられることが多いけれど，どちらも「英語」であることには変わりない。あえて言えば，実用にも受験にも耐え得る「実用受験英語」を身につけさせたい。英語を受験勉強の対象として学ぶことがあってもよいが，それだけでなく，学問の対象として研究することや道具として使い社会貢献をすることなどを目標にし，各自の英語力の発達段階において可能なことを実践させたいものだ。

　授業で学んだことをテーマにした研究発表，スピーチ・エッセイ・翻訳コンテスト，ボランティア通訳，ディベートなどの実践的な場で英語を使うことを通じて，豊かな知性や人間性を育みながら自己を鍛えグローバル社会を力強く生き抜く人材を育てていきたい。英語の授業ひとつひとつがその素地をつくる貴重な機会である。高校卒業までにあるいは大人になったときに生徒にどのような英語力を持つ自律した学習者になっていてほしいかという将来像を思い描きながら，短期的・長期的ビジョンと具体的計画を持って4技能を統合的に指導するよう心掛けている。

3. 多読指導
3.1 多読の効果
　十数年前からSSS英語多読研究会（旧「SSS英語学習法研究会」）が多読の普及活動を始め，2004年には日本多読学会が設立された。日本の中学校・高等学校でも多読活動が盛んに行われるようになってきており，多読がさまざまな点で英語学習に効果があることが報告されている（主な研究・実践報告は参考文献を参照）。多読の効果としては，読書や英語が好きになること，日本語を介さずに英文を読めるようになること，読解速度や未知語推測力が向上すること，未知語に繰り返し接してその意味や用法を学習することが期待できる。

3.2 多読指導を始める準備
3.2.1 きっかけ作り
　私が多読指導を始めたきっかけは，2004年に神奈川県私立中学高等学校

協会の研究論文集に応募したことだった。当時の私の勤務校である浅野中学・高等学校で同じ学年を教えていた持丸美雄先生と，生徒の英語力向上に役立つ実践研究をしたいという思いが一致し，多読の実践研究を共同で行った。本稿では，その後も継続的に行っている多読指導の実践方法と評価方法をひとつの例として紹介したい。

3.2.2 協力者を募る

まず多読を成功させるうえで大切なことは，賛同してくれる同僚を見つけることだ。教員はいろいろな仕事に追われながら多忙な毎日を送っているので，日常の教育活動に加えて何かを始めるには，相当な気力と体力と時間が必要になる。そのため，1人だけで特別なことを始めようとしても，意気込んで始めたものの長続きせず挫折してしまうことはよくあるのではないだろうか。英語科の教員全員が喜んで協力してくれる理想的な環境を作ることは難しくても，1人でもいいから協力者を募って始めるとよいだろう。仲間と協力して行うことの利点は，負担が軽減できること，自分にないアイディアが得られること，そして教科全体の取り組みに発展する可能性があることだ。教員になってまだ4年目だった私が多読の実践を始めることができた最大の要因は，持丸先生というよき理解者に巡り合えたことだった。

3.2.3 図書の確保

次に，多読を始めたい先生や実際に多読を行っている先生の悩みの種のひとつは図書の確保であろう。多読指導を始めようと思っても，生徒に読ませる本がなければ何も始まらない。私の場合は神奈川県私立中学高等学校協会の研究助成金を得ることができたので，約200冊の本を購入することができた。また，多読に理解を示してくれた司書教諭が図書室の予算で一度に約400冊もの本を購入してくれたり，多読を行っていることを知った保護者が本を数十冊寄付してくれたりしたこともあった。しかし，このような幸運に恵まれることは珍しいので，基本的には図書室や英語科の予算で数冊ずつでも毎年購入し続けて蔵書数を増やしていくというのが現実的な方法だろう。その他の方法としては，生徒の教材費で生徒と同じ人数分の異なる本を購入し，共有図書として利用する方法もあるかもしれない。ただしこの場合は，生徒が卒業するときに学校に寄付してもらえるかどうかを保護者に書面で確認し，了承が得られない場合には卒業時にその生徒に1冊持ち帰らせることが必要になってくる。それでも一度にたくさんの図書が用意でき，全学年で

多読指導を行うことが可能になるという利点は非常に大きい。

3.2.4 図書の管理と貸出方法

　図書を準備した後は，管理する場所と貸出方法が問題になる。図書室ですべてを管理してもらうという方法もあるが，教室で行う授業や講習で多読用図書を利用するときに図書室から大量に持ち出すことは手続き上困難であろう。そのため，図書室の予算で購入したものは図書室で管理し，教科予算で購入したものは教科室で管理するほうが，好きな場所で多読指導が行える。また，生徒の教材費で購入する場合は，生徒が費用負担しているため各クラスに生徒の人数分の図書を保管するとよいだろう。

　貸出方法については，図書室ならば生徒は通常の手続きで借りることができるので教員には余分な手間がかからない。図書室以外で貸し出しを行う場合は，紙媒体で貸し出し記録を取る以外にバーコードリーダーを用いる方法もある。バーコードリーダーは数千円で購入できるし，図書管理ソフトは無料のものがたくさんある。実際に貸し出しを行う教員にとって負担が少なく，生徒にとって借りやすい方法をとればよい。教科室で本を保管して貸し出す場合は，決められた日時に貸し出すか，教員がいるときはいつでも貸し出しができるようにしておく。保管場所と貸し出す場所が異なる場合は，本を移動する手間がかかるという問題点はあるが，貸し出し日時と場所を事前に生徒に知らせたうえで貸し出しを行う。生徒の教材費で図書を購入した場合は，各教室に置いた本を生徒がいつでも自由に読めるようにしておくのがよいだろう。1・2カ月ごとにクラスの本を入れ替えれば，生徒は1年間でいろいろな本をまんべんなく読む機会を得ることができる。

3.2.5 授業内多読と授業外多読

　多読指導のやり方には，授業内に読ませる方法と授業外に読ませる方法がある。授業内多読は，授業時間を割かなければならないが，生徒全員に読ませることができる。一方，授業外多読は，授業時間を割かずに好きなだけ読ませることができるが，希望者だけにすると全く読まない生徒が出てくる。両方のやり方で多読指導を行う場合もあるだろうが，それぞれの方法の利点と欠点を十分に理解したうえで，欠点を補う工夫を凝らす必要がある。多読は継続的に行うことで効果が得られるので，授業内で行う場合には継続的な指導ができるように授業予定に組み込み，授業外で行う場合には全員に読んでもらうために，全員が読まなければいけない最低限の冊数を定めたり，全

員が必ず読む図書を指定したりするとよいだろう。

3.2.6　指導方針

　授業内か授業外かという枠組みの他にもうひとつ重要なことは指導方針である。私の場合は「『好きなときに』『易しいレベルから』『楽しんで』読み進める」という3つを指導方針として生徒に提示している。これに加えて，辞書の使用に関しては「読んでいる最中はできる限り使わないようにすること」としている。ただし，後で調べたい語彙に付箋をつけておき，たとえば章の切れ目または1冊読み終わった後であれば，語彙の理解を深めるために辞書を使ってもよいと考えている。読んでいる最中の辞書の使用頻度を極力抑えれば読みの流れを中断せずに済むため，読解速度を向上させることや未知語の推測力を養うことへの効果が期待できるからだ。

4.　多読の記録と評価

4.1　多読の記録

　生徒の多読の記録を3年または6年の長期間に渡って取り続けることは，教員にとっても生徒にとっても大変貴重な財産になる。教員にとっては，多読と英語力の関係を調べて指導に活かす格好の資料になる。また，生徒にとっては，自分が努力した成果が目に見える形で残るポートフォリオとなるため，英語を学習するときの大きな自信につながるだろう。

　記録を取るときには，読書感想用紙（資料1）や読書記録用紙（資料2）を用いて数量的評価を行えるようにしておくと教員にとっても生徒にとっても大いに役立つ。具体的に数量とは，読書量（読んだ語数またはページ数，読んだ冊数），内容の面白さ，辞書の使用頻度，英語の難易度である。

　以前は総語数を調べるために，自分で概数を計算したり，手作業で1語1語数えたりしなければならなかった。厳密な数字が必要であれば，本をスキャナーで読み込んでからテキストデータに変換し，Microsoft Word などで正確な語数を確認することが必要だった。しかし，現在は総語数が書籍や出版社のホームページに掲載されている場合が多い。また，OXFORD University Press の Bookworms, Dominos, Read and Discover シリーズ，Longman の Penguin Readers シリーズ，Cambridge University Press の English Readers シリーズ，Scholastic の ELT Readers シリーズ，IBC Publishing のラダーシリーズなどは裏表紙に総語数が記載されている。

4.2 生徒の努力の評価

　読書感想用紙（資料1）に記入してもらうデータに基づいて，学期ごとに個人・クラス・学年の読書量を掲示したり，読んだ語数を記入した表彰状を学年末に上位の生徒へ渡したりするとよい。生徒の競争心を駆り立て，努力を称えることは生徒にとって大きな励みになる。語数について心配な点は，生徒の中には読んだ語数を偽って報告する者がいるかもしれないということだ。そもそも読語数を偽っても英語力は向上しないことを生徒に理解させる指導が必要なことは言うまでもないが，読書感想を見れば生徒が本をちゃんと読んだかどうかはおよそわかるし，怪しいと感じたら生徒に本の内容を質問することによってそういう行為を発見または抑止することができる。語数を成績評価に組み込むときには，たとえば500語または1,000語ごとに1点を与え，5万語以上または10万語以上読むと100点となるように基準を定めておき，読書量に基づいた点数を学期ごとに平常点の一部として評価に加えるのもひとつの方法だ。何語ごとに何点を付与するかは，生徒のレベルを考慮して意欲を削がない程度に定めるとよい。

　また，多読は「読む」だけでなく「書く」「話す」といったアウトプットにつなげて評価することもできる。読書感想を書くときは英語でも日本語でもよいと指示しているが，英語で書かせればライティング活動につながる。感想は日本語で書く生徒のほうが多いかもしれないが，英語で書いた生徒には簡単なフィードバックをしてあげると英語で書く生徒が増える。ただし，フィードバックを感想の内容に対して行うか，英語に対して行うか，それとも両方に行うかは，英語で提出される感想の枚数を考慮して現実的に対応可能な範囲で行うようにしたい。

　さらに，感想を書くだけで終わらせないために，本のあらすじと感想を授業中に発表させればスピーキング活動にもつながる。その際，聞く側の生徒に質問をさせたり，本の内容からディスカッションのテーマを考えてペアかグループまたは全員で意見交換させたりすることで，リスニングとスピーキングを交えたコミュニケーション活動に発展させることができる。また，数分で読める短い本であれば生徒が音読して他の生徒たちに読み聞かせるのもよい。黙読するだけではなく，相手に内容が伝わるように音読するにはかなりの練習が必要になるからだ。たとえ多読が授業外だけの活動であってもこのように授業内で他の技能と関連づければ，授業と切り離された個別の活動

ではなく有機的に結びついた一体的な活動にすることができ，さまざまな観点から英語力の評価が行える。

4.3 多読指導の評価

多読指導が成功しているかどうかを判断するにはどのような指標を用いたらよいのだろうか。多読指導の効果を詳しく検証したい場合には，読書量とテスト（定期考査，模擬試験，英語の検定試験，The Global Test of English Communication［GTEC］for STUDENTSなどの読解問題）との関係を調べたり，半年に1回あるいは1年に1回の頻度でアンケートを実施して読解ストラテジーや情意面の変化を調べたりすることが必要になる。しかし，日々の多忙な業務の中では，できるだけ簡便な方法で評価が行えるほうが長期的に持続可能な教育活動になる。

多読がもたらす効果のうち最も注目したいのは学習者の情意面への影響である。そのため，最も基本的かつ重要な指標は，生徒が楽しみながら読んでいるかどうかであると考える。これは簡単なアンケートで調査することが可能だ。生徒が多読を楽しいと思って継続してくれれば，多読指導はひとまず成功と言ってよいだろう。英語力の低い生徒が英語で本を読むことに楽しみを見出すと，読書量とともに英語の勉強量が増える傾向がある。したがって多読の初期段階では，「わかる」→「楽しい」→「もっと読む」というプラスのサイクル（図1）を作ることを目標にする。そして，このサイクルを継続・促進するための仕掛けを作りつつ，そこから生まれる産物として読解力をはじめとする英語力の向上を期待したい。

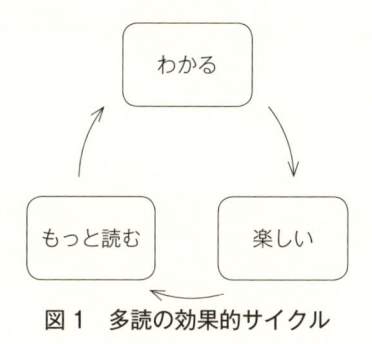

図1　多読の効果的サイクル

もうひとつの指標は，読書量がどれくらい増えているかである。読書感想用紙（資料1）に語数や冊数を記入してもらうので，このデータをコンピュータに入力すれば読書量の確認だけでなく，のちのデータ分析にも利用できる。もしも入力する作業が大変で時間がないという場合は，読書感想用紙を生徒が提出してくるたびに生徒名簿に総語数や冊数を記入していけば，一覧表で簡単に把握できる。授業外で多読を行った場合，最初は興味を持って多読を始めたものの，ほんの数冊読んだ後に全く読まなくなってしまう生徒が出てくる。たとえば，学年全体で多読を始めても数ヵ月後に多読をしている生徒がたった10人しか残っていなかったらどうだろう。その10人の英語力が飛躍的に伸びたとしても，多読プログラムは全体として成功とは言えないのではないだろうか。多読を始めた生徒が途中で脱落せずに継続的に多読を行っているかどうかを把握することは，多読指導の成否に大きく関係する。そのため，読書量の把握は重要である。

　さらにもうひとつ多読指導の成否を左右する重要な指標は，生徒が適切な方法で適切なレベルの本を読んでいるかどうかである。読書感想用紙に記入してもらう項目には，「辞書の使用頻度」と「英語の難易度」がある。このデータは，生徒一人ひとりの辞書の使用や本の選択が適切であるかどうかを判断する有効な基準となる。生徒が読書感想用紙を提出したときに，その場でこの2項目を確認してアドバイスすればよいので，指導の手間はほとんどない。図2は，辞書の使用頻度と英語の難易度の適切さを示している。易しい本を選び辞書を極力使わずに読み進めているかどうかを点検しながら多読指導を行うことで，多読の継続を促すと同時に多読の効果を最大限に引き出したい。I型の場合，難しい文章に挑戦しようという意欲は認めるが，難しい文章なのに辞書をほとんど使わなければ内容理解が不十分である可能性が高いので，易しい英語の文章に切り替えるよう指導する。II型の場合，チャレンジ精神が旺盛で真面目な努力家の生徒かもしれないが，多読は精読とは異なることを含めて多読のやり方を再確認しなければならない。III型の場合，英語の難度はそのまま維持しながら辞書の使用頻度を減らして，読解速度や未知語の推測力を高めることを意識させたい。IV型の場合，英語の難度も辞書の使用頻度も適切なので，その調子で同じレベルの別の本を読み進めるよう指導するとよい。このようなアドバイスを適宜与えることによって軌道修正を行うことは，多読指導を成功へと導くために不可欠である。

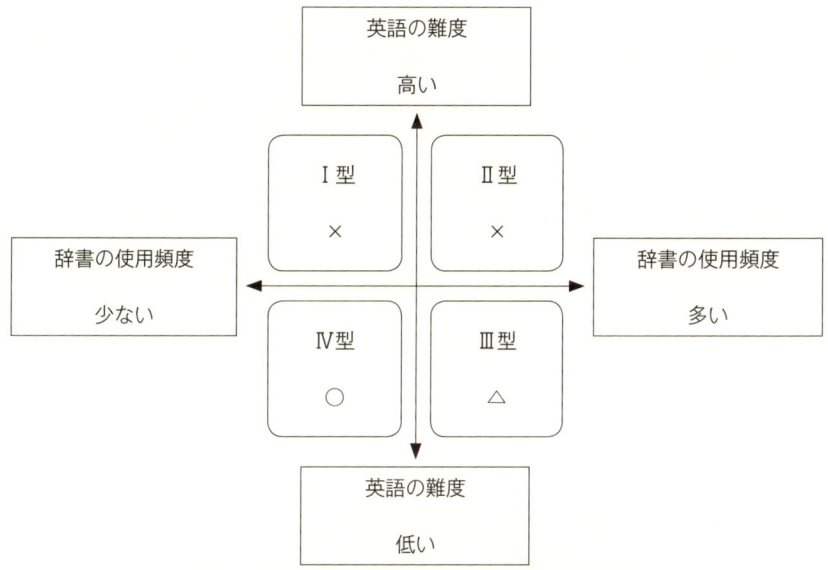

```
                英語の難度
                  高い

        ┌─────────┬─────────┐
        │  Ⅰ型    │  Ⅱ型    │
        │   ×    │   ×    │
辞書の使用頻度 ├─────────┼─────────┤ 辞書の使用頻度
   少ない    │  Ⅳ型    │  Ⅲ型    │    多い
        │   ○    │   △    │
        └─────────┴─────────┘

                英語の難度
                  低い
```

図2　辞書の使用頻度と英語の難易度の適切さ

5. おわりに

　学習指導要領で重視されている4技能の総合的な育成と統合的な活用について，多読指導という視点から述べた。多読指導が全国的に広がっている中で，学習指導要領を踏まえた多読の活用方法が今後さらに進化していくことが期待される。多読は易しい文章をたくさん読む活動であるが，「読むこと」だけに留まらずに「聞くこと」「話すこと」「書くこと」と関連づけてコミュニケーション活動に発展させることにより，学校教育において新たな地位を確立することができるだろう。読むという活動が情報を得るためだけの自己完結型リーディングではなく，得た情報を活用して自分の意見を他者へ伝えることを目的にした発信型リーディングにつながるように指導を工夫することが必要だ。

　多読指導の醍醐味のひとつは，日本語の本を読むのと同じように英語の本を読む自然な環境づくりが気軽にでき，英語に対する生徒の前向きな姿勢が目に見える形で日々実感できることだ。朝の読書の時間や休み時間に英語の本を読む生徒が増えていったり，生徒が読む英語の本が最初は文字の少ない薄いものだったのに，だんだんと文字もページも多い分厚いものに変わって

いったりするのを見ることは嬉しい限りである。これからも多読指導を通じて生徒の英語力の伸びを実感しつつ，多読指導の効果的方法を探求していきたい。

参考文献
金谷憲，長田雅子，木村哲夫，薬袋洋子. (1991).「高校における多読プログラム—その成果と可能性」『関東甲信越英語教育学会研究紀要』No. 5, 19-26.
金谷憲，長田雅子，木村哲夫，薬袋洋子. (1992).「高校における多読プログラム—その読解力，学習方法への影響」『関東甲信越英語教育学会研究紀要』No. 6, 1-10.
金谷憲，長田雅子，木村哲夫，薬袋洋子. (1994).「中学英語多読プログラム—その動機づけと読解力への影響」『関東甲信越英語教育学会研究紀要』No. 8, 39-47.
金谷憲，長田雅子，木村哲夫，薬袋洋子. (1995).「英語多読の長期的効果—中学生と高校生プログラムの比較—」『関東甲信越英語教育学会研究紀要』No. 9, 21-27.
亀谷圭. (2001).「自由読書を取り入れた中学生の多読指導」『STEP BULLETIN』Vol. 13, 122-130.
小泉利恵. (2009).「英文読解と語彙知識」卯城祐司（編）.『英語リーディングの科学』(pp.17-32). 研究社.
鈴木寿一. (1996).「読書の楽しさを経験させるためのリーディング指導」渡辺時夫（編）.『新しい読みの指導－目的を持ったリーディング』(pp.116-123). 三省堂.
高田哲朗. (2006).「多読と語彙指導」門田修平・池村大一郎（編著）.『英語語彙指導ハンドブック』(pp.119-127). 大修館書店.
野呂忠司. (2001).「多読指導」門田修平・野呂忠司（編著）.『英語リーディングの認知メカニズム』(pp.339-351). くろしお出版.
橋本雅代，高田哲朗，磯部達彦，境倫代，池村大一郎，横川博一. (1997).「高等学校における多読指導の効果に関する実証的研究」『STEP BULLETIN』Vol. 9, 118-126.
藤田賢. (2010).「高校での10分間読み」門田修平，野呂忠司，氏木道人（編著）.『英語リーディング指導ハンドブック』(pp.206-209). 大修館書店.
松井孝彦. (2010).「中学校での10分間読み」門田修平，野呂忠司，氏木道人（編著）.『英語リーディング指導ハンドブック』(pp.199-206). 東京：大修館書店.

資料1

英語多読プログラム　読書感想（提出用）

出版社：＿＿＿＿＿＿＿＿＿＿＿＿＿＿＿＿＿＿＿＿＿＿＿＿

レベル：＿＿＿＿＿＿＿＿＿＿＿＿＿＿

題　名：＿＿＿＿＿＿＿＿＿＿＿＿＿＿＿＿＿＿＿＿＿＿＿＿

語数：＿＿＿＿＿＿＿　　累積語数：＿＿＿＿＿＿＿　　累積冊数：＿＿＿＿＿＿

読み始めた日：＿＿月＿＿日　　読み終わった日：＿＿月＿＿日

┌─ 感想（英語でも日本語でも構いません）──────────────┐
│　　　　　　　　　　　　　　　　　　　　　　　　　　　　　│
│　　　　　　　　　　　　　　　　　　　　　　　　　　　　　│
│　　　　　　　　　　　　　　　　　　　　　　　　　　　　　│
│　　　　　　　　　　　　　　　　　　　　　　　　　　　　　│
│　　　　　　　　　　　　　　　　　　　　　　　　　　　　　│
└─────────────────────────────────┘

今回あなたが読んだ本について、以下の質問の該当する数字を〇で囲んでください。

質問1： 内容の面白さ

　つまらない　　　ふつう　　　　面白い
　　1 ―――――― 2 ―――――― 3

質問2： 辞書の使用頻度

　全く使わなかった　ほとんど使わなかった　ときどき使った　たくさん使った
　　1 ―――――― 2 ―――――― 3 ―――――― 4

質問3： 英語の難易度

　易しい　　やや易しい　　ちょうどよい　　やや難しい　　難しい
　　1 ―――― 2 ―――― 3 ―――― 4 ―――― 5

　　　　中学・高校　＿＿＿年　＿＿＿組　＿＿＿番　氏名＿＿＿＿＿＿＿＿＿＿＿＿＿

資料2

英語多読プログラム 読書記録(個人保管用)　中学・高校 ＿＿年 ＿＿組 ＿＿番 氏名＿＿＿＿＿＿＿＿＿＿

冊数	読み終わった日	出版社	レベル	題名	語数	累積語数	内容の面白さ	辞書の使用頻度	英語の難易度
1	月　日								
2	月　日								
3	月　日								
4	月　日								
5	月　日								
6	月　日								
7	月　日								
8	月　日								
9	月　日								
10	月　日								
11	月　日								
12	月　日								
13	月　日								
14	月　日								
15	月　日								

実践編⑦ スピーキング＋ライティング［大学］

大学におけるプレゼンテーションの実践と評価

野口　富美恵

1　はじめに

　小学校から人前で話すことを学ぶ欧米人とは違い，日本人は一般的に人前で話すことが苦手であると言われている。しかし，グローバル化が叫ばれ，自分の考えを効果的に人に伝える能力が求められていることは，周知の事実である。母語である日本語においてさえ，自分の意見を人に伝える経験を十分にしていない日本人大学生は，いきなり授業で英語のスピーチを求められても，何をどうしてよいかわからない者が多いだろう。本章では，中学・高校で導入されている観点別評価方法を取り入れた，大学教育におけるスピーチ活動の実践と評価について紹介したいと思う。

　本論の前にまず，ここでは，プレゼンテーションをスピーチ活動として扱うこととし，人の心に届く素晴らしいスピーチの例を2つ挙げておきたい。1つめは，プレゼンテーションのテキストにもなっているスティーブ・ジョブズ氏のスタンフォード大学の卒業式でのスピーチ (Stanford University, 2008) である。簡潔なスピーチ構成，ユーモアを交えたパフォーマンスは，プレゼンテーションのお手本になるのもうなずける。特に，米国屈指の名門大学スタンフォードの卒業生たちに，人生の挫折や失望を経験した天才が贈った "Stay hungry. Stay foolish." は，珠玉のメッセージである。2つめは，2014年ノーベル平和賞受賞者，マララ・ユスフザイさんのスピーチ (Worldwide shu, n.d.) である。タリバンに銃撃されたものの，奇跡的に回復した彼女は，2013年に国連で行ったスピーチにおいて，16歳とは思えぬ落ち着いた口調で，物静かに，しかし毅然と "Education is the only solution. Education first" と述べた。彼女のスピーチに涙した聴衆も多く見られた。2人のスピーチに共通することは，卓越したパフォーマンスに加えて，伝えるべきメッセージの明確さである。このような効果的なスピーチを目指して，

大学の授業において，どのようにスピーキング活動を指導し，評価していくかという事例を紹介したいと思う。

2 説得力あるスピーチを行うために
2.1 授業の概要と目標
　スピーキングの授業では，即興性のある会話力を求める傾向が強いが，場面に応じた定型表現の練習だけでは，この目的を達成することはできない。即興性のある会話とは，瞬時に話すべき内容を構築し，それを場面に応じて表現していくものである。しかし，日常的に英語に触れる機会が少ない日本の教育現場でこの即興性を培っていくのは非常に困難である。この問題に対応するために，プレゼンテーションをスピーキング授業の一環として行うことを提案したい。プレゼンテーションは，原稿段階では時間をかけることができ，ライティングの授業と重なる部分も多い。時間をかけて，話す内容を吟味し，効果的にこれを伝えることができるプレゼンテーションの手法を習得し，スピーチ後のQ&Aで聴衆とやりとりすることで，即興的な会話への橋渡しが期待できる。

2.2 レッスンプラン
　学生がプレゼンテーションを行うまでに，4～5レッスンを費やし，原稿とパフォーマンスの準備をする。

レッスン1回目：
- Input 1
  プレゼンテーションのテーマ（例：死刑制度は廃止されるべきか？など）に関連した記事，発表原稿などを読み，テーマの概要と関連語彙を確認する。
- Input 2
  上記同様に，関連の英語ニュースやビデオなどを観賞し，dictationや内容理解問題などを行うことでテーマに関する理解を深める。

レッスン2回目：
- テーマに関する調査（例：インターネット検索など）
  テーマの概要を知り，自分はそれに対してどのような立場で話をするのかを決定する。

実践編⑦──スピーキング＋ライティング［大学］　187

・ブレインストーミング
　図1に示したようなWord Mapを用いて，スピーチを構築していく。

```
                      Word Map

   袴田事件                          犯罪抑止

      冤罪        テーマ：死刑
                 制度は廃止
                 されるべき？           再犯防止

   人権尊重        被害者感情
                 の救済
```

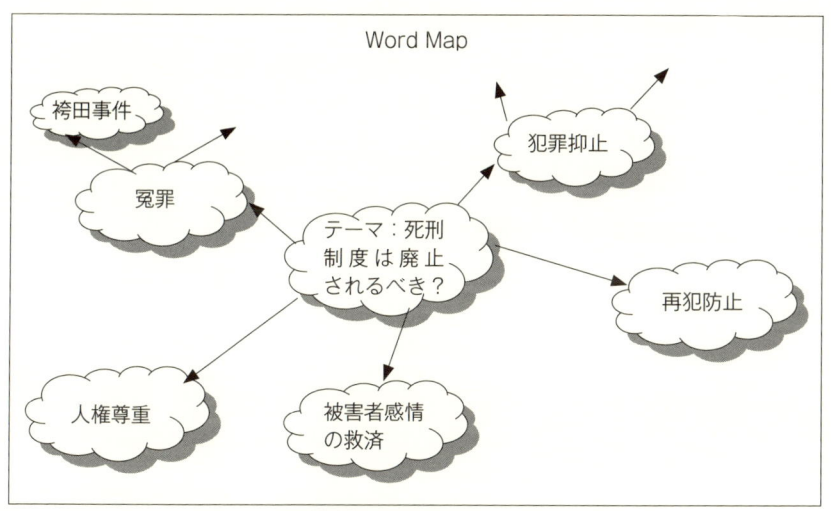

図1　死刑制度に関するWord Mapの例

レッスン3回目：
・原稿の下書き──原稿は，学生が徐々に長く書けるよう配慮し，Input 1 の例のような意見表明型のプレゼンテーションの場合では，段階を踏んで3〜7分程度のプレゼンテーションのための原稿を準備する。原稿を書く際，プレゼンテーションを誰に向けて行うかという聴衆設定も考慮する必要がある。最初は，自然な形でクラスメートに話しかけるような原稿を作成し，徐々に現実とは異なる場面，例えば，「企業面接の面接官に対してプレゼンテーションする」のような聴衆設定を行い，原稿を準備することも可能である。

〈Introduction〉
　テーマの概要，現状，歴史的背景，現在の議論，必要語句の定義など，聴衆のテーマに対する理解と支援のための事項を盛り込み，アウトラインとして，bodyで何を話すかを説明する。例えば，上記の死刑制度というテーマの場合，現在日本では，死刑執行はどのような方法で行われ，年間何件ぐらい執行されているのか，その件数は，増加傾向なのか・減

少傾向なのか，世界的な傾向はどのようなものなのか，死刑制度に関して現在どのような議論が行われているのかなど，このテーマに馴染みのない人にも理解しやすい情報を提供する。その上で，このテーマに関する意見表明を行う。その後 body でその理由について詳しく述べるが，アウトラインとして，簡単に body で話す内容を提示しておく。

〈Body〉

本論である。例えば意見表明型スピーチであれば，自分の意見の根拠となる理由を述べる。さらに，それらを支援する具体例について言及する。ここでいかに幅広く本論を展開できるかがスピーチの成否を決定する。図1 Word Map の「冤罪」,「人権尊重」,「被害者感情の救済」,「犯罪の抑止」「再犯防止」のうち，実際に発表する事項を2〜3個，発表時間に応じて決定する。

〈Conclusion〉

これまでの本論の要約，今後の展望，提案などを最後に述べる。

レッスン4回目：

・原稿の修正
・提示方法の検討—焦点をあてるべきパフォーマンスの説明と練習
（例：アイコンタクトが焦点であれば，グループでアイコンタクトが取れたパートナーと会話練習を行うなど）

レッスン5回目：

・リハーサル—数人のグループ，またはペアで時間を計りながらリハーサルを行い，互いにコメントしあう。視聴覚資料（パワーポイントなど）を使用する場合は，この間に操作の確認なども行う。この段階で，問題点の改善を指導する。

2.3　プレゼンテーションの実施

本番では，クラスメートの前で実際のプレゼンテーションを行う。プレゼンテーションを行う順序は，最初はくじで公平に決めるのがよいが，授業が進み，自信がある学生が申し出れば，学生の希望に応じてもよい。場合によっては，他クラスに依頼し，自分のクラスメート以外の前でプレゼンテーションを行うこともよい経験になる。

聴衆となる学生は，プレゼンテーションを評価するが，プレゼンテーショ

ン終了後に必ず質問をするよう指導する。質問の種類や方法は，モデルパターンを準備段階で練習をしておく。発表者は，それぞれの質問に応える。

3 プレゼンテーションの評価
3.1 ルーブリックを活用したプレゼンテーション原稿の評価
　評価は，原稿とパフォーマンスの両面で行う。
　プレゼンテーション原稿については，下の4点について，評価表（ルーブリック）にもとづいて，分析的に評価を行う。評価を分析的に行うことで，原稿の優れている点や改善すべき点を明確に学生にフィードバックすることができる。
(1) 言語評価：語彙・文法の正確さ
(2) 内容評価：課題の目的に沿って，然るべき構成部分で必要な要素・情報が盛り込まれているか
(3) 構成評価：Introduction, Body, Conclusion の要素が含まれ，論理的なスピーチ展開ができているか
(4) 形式評価：（原稿の書き方まで指導できる場合のみ）原稿の体裁は正しいか

　言語評価は，表1（pp. 190-191）の「文法の正確さ」，「使用語彙と使いこなし」項目について，内容評価は，「課題達成」項目について，構成評価は，「構成と一貫性」項目について，それぞれ6件法で評価する。表1は，ヨーロッパ言語共通参照枠（CEFR）に基づいて作成した評価表の例である（Council of Europe, 2001, pp. 74, 110-116, 125; Council of Europe, 2009, pp. 184-185, 187 を参照して作成）。

3.2 プレゼンテーションの教員評価と学生相互評価
　多くの学生にとって，クラスメートの前に1人で立って，準備した原稿をもとに発話するだけでも，勇気が必要である。それ故，パフォーマンスについては，達成感をタスクごとに味わいながら，徐々に自信をつけさせるような評価方法を取っている。具体的には，まず，1タスクについて焦点を当てるべきパフォーマンス課題を設定し，その課題の達成度に応じて評価する。例えば，最初に注意すべき課題を，「大きな声で話し，教室の最後列まで声がしっかり届く」とし，この課題が達成できたかどうかを5件法で採点する。

表1 原稿の評価表例

	課題達成	文法の正確さ
C1以上 (6)	十分な修飾語の使用や適切な文体で，論理的な理由付け，具体例から適切な結論を導き，明瞭かつ詳細な意見表明を行うことができ，説得力がある。	文法的な正確さをほぼ維持することができる。誤りはほとんど気づかれない程度である。
B2 (5)	ある程度複雑な文を用いて，十分に意見表明を行うことができる。意見表明に必要な要素（意見表明，理由付け，例，結論）は表現できるが，詳細に欠けたり，曖昧であったりすることもある。	比較的高い文法能力を示す。意味理解を阻害するような誤りはおかさない。
B1 (4)	不自然な部分も多いが，ある程度意見を表明することができる。論理的理由付けか具体例，またはその両方をしばしば欠くことがある。	予測可能な状況において，非常によく用いられる決まり文句や文型をかなり正確に使える。時として意味理解を阻害したり，曖昧にしたりするような間違いをおかしたりすることがあるが，全体の意味理解に影響を及ぼすことはない。
A2 (3)	何とか意見を述べられるが，しばしば困難や不明瞭さを伴う。原稿が極端に短い場合，評価はこのレベル以下とする（以下＊）。	まだ基本的な間違いが決まったところで出てくるが（時制の混在，数の一致など），いくつかの単純な構造を正しく使用することができる。＊
A1 (2)	詳細を説明することなく，テーマについて賛成か反対かだけを示すことはできる。	暗記している範囲の限られた文法構造しか使えず，間違いが多い。
A0 (1)	話は，ほとんど断片的で，理解不能である。	基本的な文法知識がないため，発話の多くが単語レベルである。

使用語彙と使いこなし	構成と一貫性
広い語彙レパートリーを使いこなせ，言い換えで語彙の不足を埋めることができる。言葉を探したり，回避方略がはっきりと分かったりすることはない。定型表現や口語表現の使い方も上手である。時には些細な言い間違いがあるが，大きな語彙上の誤りはない。	談話構成の構築手法（introduction, body, conclusion），接続表現，結束手段（but, because など前後の文の論理的なつながりを表す表現）が使いこなせ，論理的な意見表明を行うことができる。
意見表明を行うために，幅広い語彙を持っている。語彙の不足があるために，時々詰まったり，間接的な表現をしたりすることもあるが，頻繁な繰り返しが避けられるように，言い方を変えることができる。語彙的な正確さは一般的に高い。多少の混乱や間違った単語の選択もコミュニケーションを邪魔しない範囲である。	使うことができる結束手段は，限定されており，長く話すとなるときこちなさがあるが，談話構成は明瞭で一貫性のある意見表明を行うことができる。
間接的な表現を使うことはあるが，意見表明を行うのに十分な語彙を持っている。やや複雑な状況や詳細を説明する際に，大きな誤りをすることがあるが，初歩的な語彙は使いこなせる。	談話の基本構成は，なんとか維持できている。短く，バラバラで単純な要素を連結して直線的に並べ，簡潔な意見表明を行うことができる。
困難さはあるが，意見表明を行うための最低限の基本語彙はある。覚えたいくつかの言い回しや数少ない語句，あるいは定型表現を使うことができる。*	談話の構成要素に欠落が見られる。"and," "but," "because" などの簡単な接続表現を使って言葉のまとまりを結びつけることができる。
基本的な語や言い回しは使えるが，断片的で間違いが多い。	談話の構成要素（introduction, body, conclusion）を無視している（要素の欠落など）。"and" や "then" のような，非常に基本的な並列の接続表現を用いて語句をつなげることができる。
単語の羅列が多く，ほとんど理解不能である。	全く一貫性がなく，理解不能である。

次のタスクでは，アイコンタクト，そしてその次には，ジェスチャーという具合に焦点をあてるべき課題を段階的に増やしていき，最終課題では，声のボリューム，抑揚，アイコンタクト，ジェスチャー，適切な姿勢などの効果的なプレゼンテーションを行うための要素をすべて評価する。

　パフォーマンスの評価は，プレゼンテーションを聞きながら行わなければならないため，ルーブリックのような詳細な記述が含まれているものより，CAN-DOリストなどを使用するほうがより速く，正確に評価できる場合が多い。次頁の表2にパフォーマンスの評価表の例を示す。この表では，6つの観点すべてについて評価することになるが，実際の評価項目は，焦点を当てるべきパフォーマンス課題を1つずつ段階的に増やしていく。このため，最終的には，評価者も評価方法に慣れ，プレゼンテーション終了までに，6項目すべてについて自信を持って評価できるようになる。

　評価は，教員と学生全員で行う。成績をつける際には，教員の評価1に対して，学生の評価平均を1/2～1/3として扱うなど重み付けをする，または，教師の評価を5件法で行い，学生は3件法で行うなど調整を行う。学生同士の評価においては，遠慮や競争心が評価に影響する場合があるからである。また，評価欄には必ず，プレゼンテーションの良い点と改善点を自由記述形式で求める。

　評価をする側の学生に関しても，クラスメート全員のプレゼンテーションについて，真摯に評価し，コメントを記述しているかを数量的に評価することも可能である。例えば，15人分のクラスメートのプレゼンテーション評価を行った場合1人分3点として，45点と評価する。この際，全員に同じ評価をつけている，またはコメントの記述をしていない学生は減点とする。

　また，プレゼンテーション後の質問についても同様に，1回3点のように数量的に評価することも可能である。学生が質問に充分慣れるまでは，質問の質よりも質問しようとする意欲を評価するとよい。

3.3　学生へのフィードバック

　発表終了後，原稿は，添削し，評価したものを学生に返却する。また，学生同士の評価の自由記述で書かれたコメントを，教師がまとめてメモとして学生に渡す。自由記述はたいてい，非常に的を射た有益なものが多く，別の学生からのコメントには説得力があると感じるようである。

表2 パフォーマンスの評価表例

Scale 　　　(poor) 1　2　3　4　5 (good)　　　計

	評価
1. 教室の最後列まで聞こえる声の大きさで話している。	
2. 分かりやすい発音で，抑揚や強調をつけながら，聴衆の理解を確認しつつ話している。	
3. ある程度原稿から目を離し，聴衆を見ながら話している。	
4. 必要に応じて，強調したい部分や聴衆をひきつけたい部分で，ジェスチャーを交えて話している。	
5. 不自然に身体を動かしたり，顔や髪などをさわったりすることなく，自然に真直ぐ立って話している。	
6. 写真，グラフ，パワーポイントなどを効果的に利用している。	
7. コメント1　良かったところ：	
8. コメント2　改善した方がよいところ：	

(Harrington & LeBeau (2009), Hood (2007), Matsuoka, Tachino, & Miyake (2014), Nakaya & Pak (2008), Stafford (2012), Williams (2008) を参考に作成)

4　結果と課題

　学生の多くが，最初のプレゼンテーションでは，緊張し，原稿を持つ手が震えるのが，教室の最後列からでも感じられることが多いが，授業後のアンケートでは，プレゼンテーションを行う上での考え方に変化が見られる。過去のアンケート回答の結果，

・何かを人に伝えるためには，自分自身がテーマについて，熟知し，考察しなくてはならないことを学んだ。
・人前で話すことが苦手だったが，少し慣れて，落ち着いて話せるようになった。

など，肯定的な意見を得ることができた。ただ，原稿から目をなかなか離せない，時間内に話をまとめられない，抑揚をつけて話すことができない，聴衆の理解に合わせて話し方を調整できないなど，問題が残る学生も多く見られた。それぞれの学生が自分の弱点に気づき，改善に努められるよう，プレゼンテーション終了後の授業において，個々の問題点の練習をする機会を提供していく必要がある。

　コミュニケーションの授業では，このようなスピーチ活動を数回行い，その評価の合計を最終的な成績評価の30〜50％とし，リスニング力，文法，

即興的会話力を養うための活動とそれらの確認テスト，定期テストの結果などを総合して授業の最終評価としている。それぞれのスピーチに対する学生の取り組み方や意欲，テーマに対する理解と意見形成，そして効果的な伝達技能は，定期テストでは測れない学習状況の把握に最適である。また，学生にとっても，個々のスピーチに対する評価をもとに，自己診断しながら，次のスピーチを改善していくことができるため，自身の進歩状況を実感できる利点がある。

5 まとめ

　プレゼンテーションは，その上手下手だけが取りざたされることが多いが，肝心のメッセージが聴衆の心に届いているかを考えることが重要である。プレゼンテーションを行う学生自身も，指導する教員もその最終目的に沿って，練習を重ねていくことが重要である。

参考文献

Council of Europe. (2001). *Common European framework of reference for languages: Learning, teaching, assessment.* Cambridge: Cambridge University Press.

Council of Europe. (2009). *Relating language examinations to the common European framework of reference for languages: Learning, teaching, assessment (CEFR) — A Manual.* Retrieved from http://www.coe.int/t/dg4/linguistic/source/manualrevision-proofread-final_en.pdf

Harrington, D., & LeBeau, C. (2009). *Speaking of speech.* Tokyo: MacMillan Language House.

Hood, M. (2007). *Dynamic presentations.* Tokyo: Kirihara Shoten.

Matsuoka, N., Tachino, T., & Miyake, H. (2014). *Presentations to go: Building presentation skills for your future career.* Tokyo: Cengage Learning.

Nakaya, M., & Pak, J. (2008). 『Speaking in public —プレゼンテーションのための基礎英語』成美堂．

Stafford, M. D. (2012). *Successful presentations: An interactive guide.* Tokyo: Cengage Learning.

Stanford University. (2008, May 14). Steve Jobs' 2005 Stanford Commencement Address [Video file]. Retrieved from http://www.youtube.com/watch?v=Hd_ptbiPoXM

Williams, E. J. (2008). *Presentations in English.* Tokyo: MacMillan Language House.

Worldwide shu. (n.d.). Malala Yousafzai's Speech at the UN（日本語字幕付）[Video file]. Retrieved from http://www.youtube.com/watch?v=hcfKJbSsUdg

実践編⑧ リーディング+ライティング［中学］

リプロダクションを用いたリーディングとライティングの技能統合的活動の実践と評価

茂在 哲司

1 はじめに

　平成20（2008）年版の中学校学習指導要領の目標に，「外国語を通じて，言語や文化に対する理解を深め，積極的にコミュニケーションを図ろうとする態度の育成を図り，聞くこと，話すこと，読むこと，書くことなどのコミュニケーション能力の基礎を養う」とある。中学校での授業は「聞くこと」，「話すこと」を重視した授業が数多く展開されてきているが，4技能の1つである「書くこと」という言語活動については省みられていないのが現状である。中学校学習指導要領には，「英語で書くことに慣れ親しみ，初歩的な英語を用いて自分の考えなどを書くことができるようにする」とある。しかし，これまでの日本の英語教育におけるライティング指導は，和文英訳が中心であったうえに，まとまった文章を書くのではなく1文単位の英作文が多かったり，また英語で文章を書く活動を行っても，その目的が文法事項の定着であったりした。

　確かに，和文英訳や文法事項の定着のためのライティング指導は基礎的な活動として欠かすことのできないものであるが，これらはライティングのほんの一部でしかなく，本来のライティングの最終目標ではない。ライティングの最終目標は，自分の考えなどを書くことができるようになることである。つまり正しい語彙，文法を駆使して書いた英語の文章に伝えたいメッセージがあり，そのメッセージを正しく伝えるための文章の構成に一貫性をもたせる必要性があるということである。この文章の一貫性の重要性について望月・久保田（2004）は，ライティングの最終目標に留意して，まとまりのある英語の文章を自己の発想により書かせることが重要であると述べている（p. 60）。つまり，文法事項の定着を目指すライティング指導を超えた「内容の一貫性の重視」という視点は，これからの日本の英語教育が目指す「コ

ミュニケーション能力」のひとつとして欠かすことのできない重要なものであることが理解できる。コミュニケーション能力を育成するためのライティング指導を「内容の一貫性」という文章の構成面から指導することは，今後の英語教育に大きく役立つものと考える。

内容に一貫性をもたせて書いて表現するためには，まず「一貫性のある文章構成」とはどのようなものかを理解することが大切である。そこで，「読むこと」と「書くこと」を関連づけたリプロダクションを取り入れる。生徒が題材を読み取り，その読み取った内容を自分の言葉で再構成する活動である。「読むこと」から得た情報や知識を活用し，一貫性のある文章構成を意識させながら「書くこと」で再構成させていく。このような活動を行うことで，自分の考えや気持ちなどを一貫性のある文章で書くことができるようにしていく。

2　リーディングとライティングの技能統合的活動を取り入れた指導
2.1　授業の概要と目標

リプロダクション（reproduction）とは，まとまった英文を読み取り，その内容を自分なりの言葉（英語）で再現する（reproduce）活動である。この活動は，英文の形式よりも伝えなければならないメッセージを重視しなければならないため，内容を大切にしながら英文を書く習慣が身につくと考える。本来は，理解した内容をスピーキング活動として発表させることが多いが，今回は理解したものを「書く」という活動で再現させる。「書く」という活動は，時間をかけて読み取った内容をどのように再生することができるかをじっくり考えることができる。そして，その再生した英文をもとの英文と比較することで，表現したくてもできなかった部分や，語彙・文法に関して自信のなかった部分に自分で目を向けたりすることもできる。つまり，リプロダクションを通して，内容の一貫性という視点を十分に意識しながら「習得」と「活用」が図られる点がとても効果的である。

矢吹（1978）は，このリプロダクション指導の注意点を10項目挙げている。

- ・中心的概念を把握せよ
- ・他のすべての細部を削除せよ
- ・必要ならば論の展開の順を変えよ
- ・それを支える要点を引き出せ
- ・引用を避け自分の言葉で書け
- ・三人称で書け

・自分の意見を持ち込むな　　・原文の3文の1以下で書け
・要約に一貫性と統一を与えよ　・間接話法で書け

　また，リプロダクションを行う上で大切なことは，生徒が興味をもつ題材を提示することである。生徒にとって身近であり，内容に主題，支持文，結論が読み取れる題材を準備することで，自分の考えや気持ちを一貫性のある文章で書くことができるようになると考える。さらに，読ませる英文の種類を段階的に変えていく。最初の段階は物語文（narrative），次の段階は説明文（expository），最後は対話文（dialogue）というように段階を踏んで取り組ませることにした。段階を踏むことで一貫性のある文章の構成を身につけさせることができると考える。リプロダクションの例を下に挙げる。

（例）　My name is Tom. I want pen pals from all over the world. I live with my brother, my mother and father. I like playing baseball and swimming. I cannot receive e-mail at home, but I can at my school. I speak English, French and Spanish.

⬇

His name is Tom. He has a brother. He likes playing baseball and swimming. He wants pen pals. He can't receive e-mail at home. He speaks three languages.

2.2　マッピングの指導

　「一貫性のある文章」を書かせるには，伝えたいメッセージを生徒にどのようにもたせるかをまず考えなければならない。つまりトピックに対する背景知識を活性化することが重要だということである。例えば，教科書の内容に入る前に，その内容に関する発問をしておいたり，本文中の写真や挿絵を見せたりしておくだけでもかなり違ってくる。トピックに対する背景知識を呼び起こし，活性化させることで「伝えたいメッセージ」をより明確にもつことができ，文章の内容にも一貫性をもたせることができるのである。そこで，授業の導入時にブレイン・ストーミングを行い，マッピングで自分の考えや気持ちを想起，分類，整理することでテーマに関するイメージを広げていくことにする。ブレイン・ストーミングで出された語句や文を関連のある

もの同士まとめて分類しながらマッピングを行う。この段階においてブレイン・ストーミングで出されたアイディアを教師が黒板に英語で書いておくことが大切になる。マッピングをする際に役立つからである。各自マッピングが出来上がったら，ペアもしくはグループを作り，自分のマッピングについて説明をする。その説明を聞いている生徒は，友達の発表から気づいたことや，新たな発見を自分のマッピングに新たな情報として付け足していくよう指示をしておく。

2.3 パラグラフ・ライティングの指導

　日本の英語教育での「書くこと」の指導は，大部分，言語材料（文法事項，文構造など）を定着させることを目標として行われている。その指導は，基礎的活動としては大切であるが，コミュニケーションとしての「書くこと」の指導としては十分ではない。単文での意思伝達は不可能ではないが，不十分であることは明らかである。やはり「ある程度まとまった量の文章」を書くことが意思伝達を可能なものにするのである。そして思考表出の基本単位と考えられているのがパラグラフである。パラグラフの構成について理解を深めるとともに，文章の一貫性に貢献する「つなぎ語」の指導をする。

　パラグラフの構成法については，モデルとなるパラグラフを分析させることから始める。その際，トピック・センテンス（主題文）が冒頭にくることや，主題文で述べたことを読み手に納得してもらうために，その実例や証拠，理由を詳述するサポート・センテンス（支持文）があり，最後にコンクルージョン（結論）がくることを生徒につかませることが大切である。これらを具体的に指導するために以下のようなタスクを使用する。

① モデルとなるパラグラフをトピック・センテンス，サポート・センテンス，コンクルージョンにあたる文をそれぞれ選択させる。

② 与えたいくつかの文を並べ替えて，まとまりのあるパラグラフにまとめさせる。

③ トピック・センテンスが抜けている文章を読んで，その文章に合うトピック・センテンスを考えさせる。

④ 文と文をつなぐ「つなぎ語」の指導をする。

3　リーディングとライティングの技能統合的活動の評価

上記の活動を数時間実施した後，次のような英作文テストを行った。

タイトル：Where do you want to go on a trip?
場面　　：あなたは，インタラクティブフォーラムに出場することになりました。フォーラムに向けて自分の考えを英語でまとめることになりました。
読み手　：学校の英語の先生
書く時間：15分間

3.1　評価方法

内容の一貫性についての評価方法は，総合的評価法と分析的評価法で行う。

3.1.1　総合的評価法について

ア　文章のつながりがよいか，文章のつながりが悪いかを観点において評価する。

イ　文法の誤り，語の綴り，語彙の豊かさ，単語数は評価の観点には入れない。

ウ　作文の評価を3人で行い，評価者間信頼性を出す。

レベル	判定基準
5	・文章の構成が導入，展開，結論から構成されている。 ・トピック・センテンスが文章の先頭にある。 ・トピック・センテンスの後に理由，説明の文が十分ある。 ・文章の各文が首尾一貫している。 ・論理的に各文がつながっており，文章が分かりやすい。
4	・文章が概ね，導入，展開，結論から構成されている。 ・トピック・センテンスの後ろにほぼ理由，説明がなされている。
3	・文章の構成の点で導入，展開，結論の流れに少し難がある。 ・トピック・センテンスがある。 ・文章の各文が論理的にあまりつながっていない。 ・トピックについて筆者の言いたいことが何とか分かる。
2	・文章の構成が不十分である。 ・トピック・センテンスはあるにはあるが不明瞭であり，またその理由，説明が不十分である。 ・トピックについて筆者の言いたいことがほとんど分からない。 ・最低2文は書いてある。

1	・文章の構成が導入，展開，結論から構成されていない。 ・トピック・センテンスがない。 ・文章の各文が支離滅裂である。 ・文章の各文が論理的につながっていない。 ・トピックについて筆者の言いたいことが分からない。または1文しか書いてない。
0	・無解答または単語の羅列はあるが英語の文として成立しない。

(望月，2005)

上記レベル5～0の評価分析を進める上で次の2点に留意する。

①日本語だけで書かれた文は評価の対象としない。

②中学生が書く英文なので，日本語混じりの英文が非常に多い。そこで，望月（2005）を参考に，「文」について説明する。

(ア) be動詞は復元が容易なので抜けていても文として認める。

S1. 旅行費　Cheep.（is が抜けていることは分かるので文として認める）

S2. He a teacher.（文として認める。SVCの1語だけ抜けている）

(イ) SVCのVだけ日本語の場合，文として認める。

(ウ) 英語の形をなさない構造は文として認めない。

S1. 彼　a teacher.（is が抜けているが構造上，文として認める。）

S2. 彼は　a teacher です．（構造上，文として認められない。）

3.1.2 分析的評価法について

評価の指標については，望月（2005, pp. 134-138）に基づき，「直前の文と意味的に結びついている文」（Local connections），「直前及びそれ以前の文だけでなく，トピックとも意味的につながっている文」（Multi connections）など，文の結びつきのタイプの割合を算出する。算出方法は，各タイプの文の数を，分析対象文の総数で割り，パーセントで算出する。評価者間信頼性については，3人の評価者で採点し相関係数を用いて信頼性を求める。

〈分析的評価の指標〉

① Local connections（local） 　直前の文と意味的につながっている文。
② Multi connections（mul） 　直前及びそれ以前の文だけでなく，トピックとも意味的につながっている文。 【注】 ・直前またはそれ以前の文を言及すること。 ・トピックに直結する名詞・代名詞・代用となる語句を含んでいること。 ・トピックの特性を明示する行動を描写していること。 ・まとめの文としての役割を果たすこと。 ・First, Second, Third, Lastly, Finally など談話マーカーがあること。 ・談話マーカーがなくても，他の文との違いが認識でき，トピックとの関連が存在することが分かること。
③ Local-remote connections（l-r） 　直前の文ともトピックとも意味的につながっていないが，直前よりもっと前の文または前の複数の文と意味的につながっている文。
④ Remote connections（rem） 　トピックだけに意味的につながっている文。
⑤ Unsuccessful connections（uns） 　他のどの文とも，またトピックとも意味的な関係がなく，脈絡なしの状態を起こす文。
⑥ Topic change（t-c） 　直前の文（複数の文），またトピックとも関係がなく，トピックを変更するが，後でもとのトピックにもどるような文。

　文の数はTユニットで表す。この研究におけるTユニットの数え方は，望月（1994）のパラグラフ・ライティングの時と同様に以下のように行う。
　◇間投詞と応答文の1語文は1Tとする。（例）Dear!（1T）
　◇直接話法での He said,"文."は1Tと数え，He said,"文.文."は2Tと数える。
　（例）He said,"Goodbye."（1T）
　　　　He said,"It's a fine day. I feel like going out."（2T）
　◇S + V and（or but）S + V. は2Tとし，S + V and V. は1Tとする。
　（例）He is rich but he is not happy.（2T）
　　　　She is poor but happy.（1T）
　文はTユニットで数えるが，「分析対象文」については以下の例を参照しながら説明する。例は全部で4Tである。（Tユニットの切れ目に斜線／を入れる）しかし，最初の文は先行する文が存在しないため，分析対象外とす

る。つまり例の分析対象文は3文となる。
　（例）I want to go on a trip the Izu./（分析対象外）
　　　　I want to in to Onsen./（loc）
　　　　I want to play swim on the Onsen./(loc)
　　　　I was went to on the Izu./(remote)
さらに次のように「自己紹介」や「評価者への挨拶質問」などは分析対象外とする。
　　　S1　I'm Keiko./（自己紹介）
　　　S2　Nice to meet you./（挨拶）
　　　S3　How about you?/（挨拶質問）

3.1.3　使用語彙数について

　使用語彙数の測定については，出現した語をすべて1語ずつ数える。次の例のように，S1の「砂浜」という日本語は数えない。S2の"studys"はつづりが間違っているが日本語ではないので数える。S3の短縮形は2語に数え，S4の固有名詞は1語として数える。
　（例）　S1.　I want to play in the 砂浜　（6語）
　　　　S2.　He studys English.　　　　　（3語）
　　　　S3.　He doesn't play baseball.　　（5語）
　　　　S4.　He went to Mt. Fuji.　　　　（4語）

4　おわりに

　ライティングの最終目標は，自分の考えなどを書くことができるようにすることである。語彙や文法事項の定着を目指すライティング指導を越えた「内容の一貫性を重視する」という視点は，これからの日本の英語教育が目指すものである。今後も，指導と評価の一体化を図りながら，自分の考えや意見などを相手に正しく伝えることができるようなコミュニケーション能力を身につけさせたいものである。

参考文献
大友賢二．(1996)．『項目応答理論入門』大修館書店．
沖原勝昭，他．(1985)．『英語教育モノグラフ・シリーズ　英語のライティング』大修館書店．
金谷憲．(2003)．『英語教育評価論』河源社．
佐野正之．(1997)．「ライティング指導を見直す―和文英訳からパラグラフ・ライティングまで」『英語教育』第46巻10号（12月号），8-10．大修館書店．

橋内武．(1995)．『パラグラフ・ライティング入門』研究社出版．
望月昭彦．(2000)．「コミュニケーション能力の測定 1-3」『英語教育』第 49 巻 1-3 号（4-6 月号）．大修館書店．
望月昭彦．(2005)．平成 15 年度～16 年度，文部科学省科学研究費補助金基盤研究（C）(2)．研究成果報告書『中学校と高校における意味中心のライティング指導が英作文の質及び量に及ぼす影響』課題番号 15520348，研究代表者　望月昭彦．
望月昭彦（編著）．(2010)．『改訂版　新学習指導要領にもとづく英語科教育法』大修館書店．
望月昭彦，久保田章．(2004)．「意味中心のライティング指導が英作文の質及び量に及ぼす影響—中学生の場合」『第 30 回全国英語教育学会長野研究大会発表要項』60-63．
望月昭彦，山田登（編）．(1996)．『私の英語授業』大修館書店．
矢吹勝二．(1978)．『高等自由英作文』研究社．

実践編⑨ リスニング＋ライティング［高校］

リスニングとライティングの技能統合的活動の実践と評価

多尾　奈央子

1　はじめに

　勤務校では中高6カ年一貫教育の指導課程として，生徒の発達段階に応じ，6年間を「基礎期の中1・中2」，「実践期の中3・高1」，「発展期の高2・高3」と3つの段階に分けて目標を設定し指導にあたっている。どの期においても，得た知識を場と文脈に応じて実践力として運用できる力をつけることを目指している。この目標のために，いかなる形態でのインプット・アウトプットであろうと，場面設定を現実味のあるものにして生徒が発信する場面を多く設定し，学習状況を自身でも確認・評価できるよう授業計画を練っている。

　指導の最終目標は，「コミュニケーションの手段としての英語を身につけさせること」，「知識に留まらない英語運用力を養うこと」であり，「国際社会で発信する能力の育成」を目指して授業と生徒の自主的な学習の相互作用をいかに深めていくかを課題としている。これは2012年度からのSSH（Super Science High School）研究開発課題において，本校英語科として設定した目標課題「国際社会において受容・発信する能力の育成」に則するものでもある。

　どの期においても，学習する種々の文法事項については演習問題が解けるまでの単なる知識として終わらせず，「知っていることを必要な時と場合に運用することができる」力をつけるための学習を授業内外で能動的に行うことがいかに大切かを理解させ，それを実践することを指導の最重要目標としている。これは「読むこと」「書くこと」「聞くこと」「話すこと」，いずれの能力伸長の指導においても同様である。

　本稿では，上述の目標に照らして高校2年生の英語II（執筆時の高2は旧教育課程であり，現行教育課程ではコミュニケーション英語IIにあたる）で実施した授業およびその評価について述べる。評価については，『各中・高

等学校の外国語教育における「CAN-DO リスト」の形での学習到達目標設定のための手引き』（文科省，2013）や今回の授業に係る具体的評価の指標として参考にした TOEFL iBT の Writing セクション採点ガイド（CIEE, 2005）を授業での活動および評価に照らし述べていく。

2　リスニングとライティングの技能統合的活動を取り入れた指導
2.1　授業の概要と目標

　リスニングという形態での言語情報のインプットにおいては，これから紹介する LL 教室での授業に限らず，外国人研究者を講師として招き入れてそれぞれの研究内容や母国についての講義を聞く，聞いた内容について質疑応答をするなどの機会がある。また，中 1 から高 2 までは週 1 回の ALT とのティームティーチング授業で，コミュニケーションを取る場面でのインプット・アウトプットの機会がある。さらに平成 25 年度に新たに立ち上げた English Room プロジェクトでは，学年を限定せずに，放課後複数の外国人講師を囲んで参加生徒が持ち寄った題材でコミュニケーションを図りつつ，題材に応じた語彙や表現等を学ぶという場を設けている。授業以外にさまざまな形態で外国語学習場面を設定して，その都度の生徒の外国語使用の活動を観察していると，生徒は「～ができるようになっている」と実感できることも多いようだ。本稿では，正課の授業，つまり継続した指導における実践とその評価方法，具体的には高校 2 年生の英語Ⅱ 3 単位のうち，LL 教室で行っている 1 単位分の LL 授業を例として述べていく。

　前述の通り，当該学年は旧課程の学年であり，科目は「英語Ⅱ」（4 単位）である。この 4 単位を 2 人体制で担当し，筆者が担当する 3 単位と別の担当者による 1 単位で指導にあたっている。筆者が担当する 3 単位のうち，1 単位を LL 教室で主にインプットによるリスニング学習に中心を置いて，アウトプットではライティング活動を行いその作品を評価することとした。本稿では，2 学期に行った授業について述べる。具体的には，映画を視聴し，観た場面を他者に英語で表現（説明）する，口頭ではなく書いて表現（説明）する，というものである。この授業の評価については，『各中・高等学校の外国語教育における「CAN-DO リスト」の形での学習到達目標設定のための手引き』（文科省，2013）に挙げられている能力記述文の言語の働きについての例から，学習到達目標として設定した。

a．コミュニケーションを円滑にする：
　　　・言い換える（高）・話題を発展させる（高）
　　c．情報を伝える：
　　　・発表する（中）・説明する（中高）・報告する（中高）
　　　・描写する（中高）・理由を述べる（高）・要約する（高）
　　d．考えや意図を伝える：
　　　・意見を言う（中）・賛成する（中高）・反対する（中高）
　　　・主張する（高）・推論する（高）・仮定する（高）

　これらがすべて生徒のライティング活動，各生徒の1つの作品中に出現することを求めるのは困難であり現実的ではないので，各回の言語使用場面（映画を利用した授業であるので，ここでの言語使用場面とは視聴場面を指す）に最も適した「～が表現できるようになる」「～が書ける」という能力が，客観的にも生徒の自己評価でも伸長したことが実感できるものを選択して設定することとした。

　LL設備を利用したリスニングの授業について述べておくと，上述の能力伸長を目標として，主にどの学年でも以下のスキルの習得が特に留意されている。時間的制約からすべてを網羅できるわけではないが，扱う内容や題材から生徒にとって最も学びの多いであろうと判断できるものについて焦点化に努めている。つまり，「英語を聞く」ことを学ぶことに終始せず「英語を聞いてその内容で何ができるようになったか」を生徒自身がその後実感できるように選択することに努めている。
　①まとまった量のリスニングでも概要を捉えられる。
　②語レベルから文レベルで起こる語個々の音の変化に気づくことができる。
　③（音が変化しても）正確に書き取る（再現する）ことができる。
　④受信した内容について自分の言葉で他者に伝えることができる。
　⑤受信した内容に対する自己の考えを英語で発信することができる。
　特に②③については，なかなか聞き取れない語があっても，音声情報以外に文全体を捉えて，あるいは場面や文脈の流れから既知の文法知識を駆使すれば対応できるものも多い。自分の文法力を客観的に評価できる場面としても役立つ。客観的に自己評価ができるように，学習の結果何を習得できるのか，何ができるようになるか（learning outcome）の提示をあらかじめ生徒

に伝えておく必要性がある。

　生徒自身による能力伸長の自己評価については，望まれる学習成果を事前に明示して，生徒が互いの作品を共有することで自己評価につながるように活動での留意点の理解を徹底する。学習到達度には個々の差異はあるものの，つまずく点に共通点も多いため，友人の作品を読むことで校正まではいかずとも自己の作品を振り返る材料となる。この振り返りは，教師が生徒のライティング作品をどれだけ細かく添削したものよりもはるかに印象深いようで，「自分も〜くんのような文章を書けるようになりたい」と次回への学習意欲を強く刺激するものとなっている。

2.2　レッスンプラン

　対象：高校 2 年生（旧教育課程・英語Ⅱ／現行教育課程・コミュニケーション英語Ⅱ）
　教材：映画『トルーマン・ショウ』（the TRUMAN Show）（1998・米）
　教材の内容および題材観：主人公の Truman は，保険外交員として働くごく平凡な男性で妻と 2 人暮らし。番組制作会社が番組のために，史上初めて企業による養子縁組を行い，番組撮影の対象となった人物である。彼の生活は生まれる前から 5,000 台を超えるカメラに追われ，24 時間 365 日休みなく全世界に放映されている。彼の住む島は番組用に作られたドームに覆われた，誰もが理想とする人工的な街のセット。そこでの生活にどこか満足できず島を出たいという気持ちが募っていくものの，幼少期に船の事故で父親を失った経緯から水恐怖症を抱えて脱出計画は困難をきたす。生活の様々な場面で自身が四六時中見張られているのではないかという疑心を高めて一大決心をして島から出る計画を起こすが，行く先々で行く手を阻む様々な事件が起きる。ある時，初対面のはずなのに名前（Truman）を呼ばれて疑心は確信に変わる。様々な出来事の末，最後には水恐怖症を克服してヨットで海に出て，島の果て（セットの端で壁）までたどり着く。彼が島からいなくなれば全世界で高視聴率の番組は終了するにもかかわらず，視聴者は途中から彼の脱出計画を応援して，彼がようやく出口から島を出ると喝采を送り，番組は終了する。

　20 年ほど過去の映画であり，生徒にとっては生まれる前に描かれた設定ではあるが，今ではごくありふれたリアリティーショーの 1 つで時代の古さ

を感じにくい映画である。また，今や現代の科学技術の進歩からあらゆるものにリアリティーの付加が可能になっており，「造られた」リアリティーに生きることと「自ら切り拓く」リアリティーに生きる人生観の考察ができる。他に，日々の生活における様々な場面が全編を通して描かれているので，日常生活における表現を学ぶこともできる。さらに，倫理観や80年代のアメリカでの生活文化等も考察できるため，外国語の学習のみならず異文化コミュニケーションなど，学習の切り口の可能性は多岐に渡る作品である。映画の中には外国語学習にも当てはまる印象的な台詞があるので紹介する。

"We accept the reality of the world with which we are presented."
- Christof, the producer of the show

単元の目的：
①日常使用の英語について，音の変化を理解する
②日常の useful expressions を理解し，場に応じて使用することができる
③映画の一場面を他者に説明することができる（口頭・記述）
④ "reality" についての考察を英語で表現できる
⑤登場人物の発言での示唆についての考察を英語で表現できる

レッスンプランの提示と説明：オーラル・イントロダクションで，この単元を数回に分けて（1回は15分〜20分）視聴すること，映画の視聴ポイント等を伝える。到達目標を提示し，それぞれの具体目標は回により内容や音声，表現と異なることもあり，時には組み合わせることもあることを明言しておく。

2.3　リスニングとライティングの技能統合的活動

毎回の視聴前には前回の視聴内容を英問英答で確認するが，その流れは以下の通り。それぞれの活動時間は短くても4技能を統合的に使用できるような活動とする。

1.　本時に視聴する場面の概要を oral introduction で説明
2.　視聴（15分〜20分程度）
3.　視聴場面について次に配るハンドアウト（英問）への解答の手掛かりとなるように配布前に口頭で英問英答
4.　ハンドアウトを配り，5分間で問題を解く。回によっては問題演習を

省き，与えられたトピックについて英文を書く（6へ直接移る）。
　［例］今回視聴した場面を見ていない友人に英語で説明しなさい（100語程度）。
　5．解答を口頭で発表させるが，第1段階では解答のキーワードだけでもよいとし，発表後，教室のスクリーンにはそのキーワードを一旦提示する。第2段階として完全な文章を発表させ，解答英文を画面に表示。
　6．視聴したシーンのスクリプトを配布し，本時の視聴場面を他者に説明する文章を100語程度でまとめさせる。その際，あらかじめポイントを挙げたり，複数のトピックを提示して各自書きやすいものを選択できるようにするとよい。次時に数名の作品を全体で共有することを述べておく。時間内に既定の分量を書きあげられなくても，各英文を文法や語彙面で正確に，論理の展開に留意して書くよう指示する。

3　リスニングとライティングの技能統合的活動の評価
3.1　評価およびその方法
　LL設備を利用してインプットされた既習項目について，それぞれが運用できるまでに至っているかを評価する方法としては学期ごとのペーパーテストがまずあるが，手引書（文科省，2013）にもあるように日常的な評価はその後の学習意欲向上にも大きく繋がるため学習後なるべく早い時期に，つまり次時の授業時に客観的にも，自己評価も行えるような活動を組み込むことに努めている。また，考査以外の時間を用意してタスクを与え，発表をすることもある（例：特定の表現を使用して独自のスキットをペアあるいはグループで作成）。こうしたパフォーマンスの学習活動では，クラスメイトと発表原稿で使用する言葉や表現などを相談して英語で書き，発表しあうことでライティングやスピーキングについて学習することとなり，発表では他の生徒からさまざまな表現を聴くこと（リスニング）を通して学ぶことが多い。今回の活動では，会話でのみ進む内容をいかに1つのパラグラフとしてまとめるか，誰の視点で論を進めていくかをよく考えた上で書かなくてはならないので，和文英訳とは異なり自己の思考を基に表現する「書く」活動となり，本来の発信力涵養につながると考える。トピックを絞って書かせた各作品は，教師が文法や語彙選択において添削をして返却をするが，クラスで作品を共有する際は原文のままで提示をする。共有時に文法や語彙，論理等ポイント

を絞って皆で修正できる点を協議することで相互評価の機会も得られる。添削においては，特に学習してほしい文法項目以外に，総合的な評価としてTOEFL iBT Writing セクション採点ガイド（CIEE, 2005）を参考にした。以下に一部例を挙げる。

・論点が飛躍せず，1つの的に絞られている。
・文法や語彙の間違いが多少あっても英文を読む妨げとなっていない。
・意見の表明は具体事例を添えて理由が述べられており，曖昧でない。

3.3 生徒へのフィードバック

　書かせた生徒の作品は指導者が個別に採点・評価するが，ここでどのような点について評価をするかは事前に生徒に明示しておくが大事である。まずは書く文章の「読者」を誰に設定するかである。これは書き始める前にしっかりと徹底して理解させておくと，同様の学習到達度であると見込まれる級友たちが読者であることから，使用する語彙や表現も自ずとこれまで学習した言語材料に絞られるとともに，少し苦手意識や負担感を和らげることが可能になる。次に，「書く」という，「話す」場合に可能な言いなおし，補足などが，読まれるときには不可能なものであることから少しチャレンジングなタスクに対し，①制限時間内に指定語数で完成させられるか，②文法や語彙選択が正確か，③導入から結びまで流れが一貫しているかなどがあるが，これらをすべて網羅して書くことを求めるのは難しい。書く生徒にとってもどの能力に的を絞って，視聴場面を振り返りつつ文脈を組み立て，語彙を選択し，語数と時間を心配しながら書かなければならず，1つの学習活動としては留意点が多すぎる。そこで，習得してほしい特別な文法項目や語彙，構文が出現する場面であれば，②を達成できることを第一に求め，その他の評価項目は留意せずともよいと明言してあげると，生徒も1点に集中して書くことができる。

　また，生徒にとっては結局作品の評価は指導者の主観によるものであるとの印象は否めないので，TOEFL iBT のライティングセクション採点ガイドで示されている客観的指標を参考に評価することをあらかじめ示しておくと，指導者1人による評価でも多少客観性のある評価に近いのでは，と受け止められる。こうした客観的指標は，何か文章を英語で書く際に「どんな点でどの程度伝わるものを書くことができたら，自分のレベルや段階はここにある

のだな」と生徒自身による判断をも可能にしてくれる。これらのことにより，学習活動を「タスクの完成」つまり，条件を満たし書き上げることに終始させるのではなく，書いたものを読み返して書き換えなどしてより良い作品を完成させようと能動的に活動させることに繋がる。

　さらに，題材およびタスクの留意点を生徒が同一に共有していることから，作品は似たり寄ったりのものになることは生徒にも容易に想像できるのだが，この想像から「より良い作品を書きたい」「個性的な作品に仕上げたい」とより慎重に作品を書こうという意欲向上につながる。学習の姿勢が向上するので，結果的に短時間での活動であっても集中度は高い。

　事前に明示したポイントに絞って学年全体の作品の中から特に評価の高い作品と同時に，論理展開が不整合である，文法的な誤りが多く見られるなどの学習者にとって『学びの多い作品』を次時の授業でプリント等でクラス全体で共有する。共有することを明示するときに名前はイニシャルに留める旨を周知しておくと，気恥ずかしさもなくなるようだ。共有することで，教師のフィードバックだけでなく級友からのフィードバックも得られる。疑義がある場合には互いに確認もできる。さらに，授業プリントに掲載される英文を実際に読むと，次回は自分が選ばれたいと思い，生徒は自然と奮起するようだ。もちろんどうしても自信を持てない生徒もいるので，秀逸な作品とともに，簡潔であるが条件は満たしている作品も同時に掲載する。

　教師にとっては，生徒が書いたものにコメントを付すのは，1つ1つの語彙や使用している構文について確認しながら修正を入れたりと時間的にも大変な労力であるが，回を重ねると如実に生徒の成長ぶりがうかがえるので意義は高い。一言でも多くのコメントや訂正が入っていることで次回から生徒は丁寧に書こうと努める。教師によるコメントが少ないと不安に思い，また，自己の作品を友人たちが目にすることを意識して，単なる言葉の羅列ではなくどこかしら自分の個性を出そうとすることは興味深い。

4　結果と課題

　教師が与える知識は微々たるもので，むしろ生徒が体験しあったこと，生徒自身がクリエイティブに作った英文をお互いシェアするような体系で進めることで1つ1つの言語材料の印象がより強くなり，これが豊かな学びの空間になっているのでないか，というのがこの授業の実感である。

リスニングを通して…としたが，この活動は使用教材が映画であるので映像の助けがあり，視聴時には英語字幕を表示していたため，音声のみの純然たるリスニングではない。しかし，学習したことを現実の場面で運用できる能力を着けるためには，言語の実際の使用場面を疑似体験することが欠かせない。字幕を「読む」ことがリスニングよりも場面・言語材料の理解の助けになっていることも多いのだが，字幕を読めても音声では聞き取れないこともある。視覚情報である映像と音声情報・文字情報，さらには出演者の表情が一体となってはじめて場面内容が総合的に理解できるものであり，これこそコミュニケーションであると考える。単なる言葉の提示では得られない総合的な情報が映画からは得られ，出演者の心情に学習者の心も同時に動きが伴うことから「伝えたい内容」を外国語で表現するときに，より正確に伝えられるような語彙・表現を選択しようと意識は働く。演習問題を解き，正解を得るよりはるかに能動的な学習活動であると考える。

今後はより，インプットにおいていかにリスニングに特化した活動ができるか考えたい。

参考文献
秋元佐恵他. (2013).「国際社会において受容・発信する能力の育成―その２―」『筑波大学附属駒場論集』第 53 集, 106-108.
神谷久美子, Kanel, K. (2006). 映画総合教材『トゥルーマン・ショー』松柏社.
望月昭彦（編著）. (2010).『改訂版 新学習指導要領にもとづく英語科教育法』大修館書店.
文部科学省. (2013).『各中・高等学校の外国語教育における「CAN-DO リスト」の形での学習到達目標設定のための手引き』
CIEE. (2005). TOEFL iBT writing section scoring guide. Retrieved February 28, 2014, from https://www.ets.org/Media/Tests/ TOEFL/pdf/Writing_Rubrics.pdf

実践編⑩　リーディング＋スピーキング［高専］

インタープリティブ・リーディングを応用した授業活動の実践と評価

鈴木　基伸

1　はじめに

　「インタープリティブ・リーディング（Interpretive Reading：以降 IR と略記）」は，「オーラル・インタープリテーション（Oral Interpretation）」や「批判的味読（Critical and Appreciative Reading）」とも呼ばれる解釈方法である。文法訳読方式や直読直解方式のリーディングが，リーディング素材を「読む対象」としか捉えないため，表現教育へと発展していきにくいのに対して，IR は，それを「生きた語り（parole）」と捉え，その素材に内在する"performanceness"を読み解くことを通して，学習者のリーディング力ばかりでなく，スピーキング力をも向上させることができる点に特長がある。

　IR では，文章とは根本的に「語り」であり，文字は音の陰に過ぎない，と考え，自らの音声身体感覚を通して文章を理解していく。まず黙読によって「解釈分析（観念的理解）」を行う。次に「音声身体表現（音読）」を行いながら「観念的理解」を心と身体で理解する段階までに深めていく（「情緒的理解」），そして再び頭で考える，という「往復作業の中で，理解は確認，修正され，読みは弁証法的に深化されていく」（近江，1996, p.59）。IR は，端的に言えば，「頭と心と体を使うリーディング」であると言える（図1参照）。

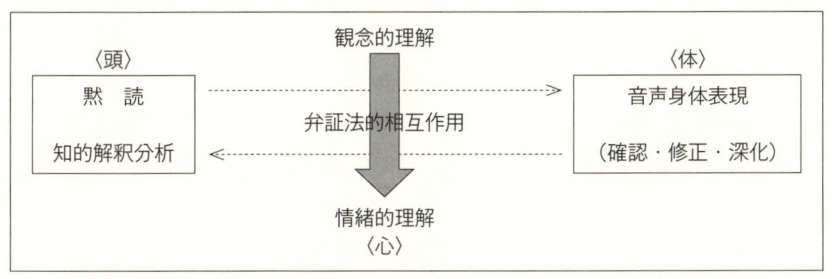

図1　IR における解釈と理解の過程（近江，1996, p.61 をもとに作成）

筆者が，このリーディング指導を授業に取り入れるようになったのは，次の理由である。
　(1)まとまった内容を，ある程度の長さで，しかもナチュラルな英語で表現する力を養いたい。
　(2)public speaker として必要な，メッセージを伝えようとする意識とそのためのスキルの向上をはかりたい。
　日本人の話す英語は，"choppy" であるとしばしば言われる。多くの日本人は，英語を1文1文，あるいは1語1語，たどたどしく話す。しかも，話を長く続けることは苦手である。また文法的には正しい表現を使っているのだが，全体としてネイティブが使うようなナチュラルな英語とは隔たりがあり，英語学習がなかなか習熟度の向上に直結しない。さらに公の場でのスピーチをすることに苦手意識がある場合が多い。
　日本人が共有するこのような問題の解決のための第一歩として，筆者は，IR を応用した授業を通して，次の2つの目標の達成をめざした。

> 【目標1】
> 　ある程度まとまった内容の英文（例えば 250 語程度）を，「解釈」と「音声身体表現」を通して，「内質化（internalization）」する（表現を自由に使用できるまで練習して取り込む）力を養う。
> 【目標2】
> 　英語を発表する際には，「自分はどのような人間で，どこから，どのような目的で，どのような視点から話しているか」という「立ち位置」を意識し，「どのように話せば，相手に自分の考え・思いが伝わるか」を常に考えるようにする。

　以下に，IR の概要，実践例，評価方法を述べる。

2　IR を応用した指導
2.1　授業の概要
　授業は，図2に示す通り，3つの活動で構成される。

(1)解釈分析	(2)実技練習・発表	(3)モード転換
IR	IRの強化・深化	IRの応用・発展活動
黙読・精読・音読1 レトリカル・チャート	音読2・音読3・音読4	モノローグ的再生 部分模倣練習・模倣スピーチ

図2　授業の構成

2.1.1　IRによる「解釈分析」

　まず，黙読によって，文章をじっくり読み，全体の感じをつかませる。その際，すぐに辞書に頼らずに，前後関係から意味内容を把握するように指導する。次に，精読（「解釈のための7つのポイント」（図3）による分析作業）に入る。この作業によって，音声表現の輪郭が決まってくる。そこで，「音読1」を通して，解釈した内容に沿って，解釈の確認をする。音読を繰り返しながら，解釈と音声表現の融合を図り，必要に応じてもとの解釈に修正を加える。このような作業を繰り返すことによって，解釈が深まっていく。解釈した内容は，そのつど「記号づけ」する。話の組み立てや筆者・登場人物の気持ちの変化など，音読のためのポイントが一目でわかるようにテキストに書き込みを入れる。これを，「レトリカル・チャート」（後述）と呼ぶ。これは，解釈分析の作業と並行して徐々に完成させていく。

① WHO?（語り手）　② TO WHOM?（聞き手）　③ WHEN?（時）
④ WHERE?（場所）　⑤ WHY?（目的，魂胆）　⑥ WHAT?（内容）
⑦ HOW?（形式）

注：⑤＝情報伝達，説得，余興歓待，弁明，確認，喚起，懐柔，脅迫，詰問，反駁等
　　⑦＝どのような展開・構成を配列し，どのような非言語を連動させ，どのような機能や意味を付加させているか？

図3　解釈のための7つのポイント

2.1.2　IRの強化・深化としての「実技練習・発表」

　次にレトリカル・チャートをもとに，発音や強勢，抑揚などの音声表現そのものの磨きをかけるための「音読2」を行う。さらに，家庭学習として，「音読3」を課す。これは，「解釈した作品の意味を思い，話すように語りながら覚える」（近江，2009, p. 136）活動である。次回の授業では，「音読4」を行う。これは，「音読3」の練習の成果を解釈の表現という立場で行うもの

2.1.3 IRの応用・発展活動としての「モード転換」

「モード転換」は「モノローグ的再生」と「部分模倣練習」と「模倣スピーチ」から成る。「モノローグ的再生」は,「テキストの原文を学習者自身の立場で再生する練習」(近江, 1996, p. 141) である。原文の表現を借りて,自分自身の考えを話すようにする。「部分模倣練習」では,学習したリーディング素材のある箇所を別の設定にしたものを,教師があらかじめ用意しておき,学習者に2回ほど語り聞かせる。学習者にはメモを取らせるが,すでに習熟しているはずの原文がもとになっているので,全部書き取ろうとしなくてもよいことを伝える。語り終わったあとで,今聞いたことを学習者の立場からの再生が答えとなるような質問をし,学習者は,その質問に答える。「模倣スピーチ」は,学習したリーディング素材に用いられている表現や構成に着目して,別の内容の文章を作って発表する活動である(「モード転換」の詳細については,近江, 1996, 2003, 2005a, 2005b, 2009 を参照)。

2.2 レッスンプラン

下図が,ひとつのリーディング素材を3時限数で学習した場合のレッスンプランである。高等専門学校の授業は1時限90分であり,3時限数は270分である。ただし,常にすべての活動を盛り込む必要はなく,教材の内容や授業時間を考慮しながら,臨機応変に活動を組めばよい。

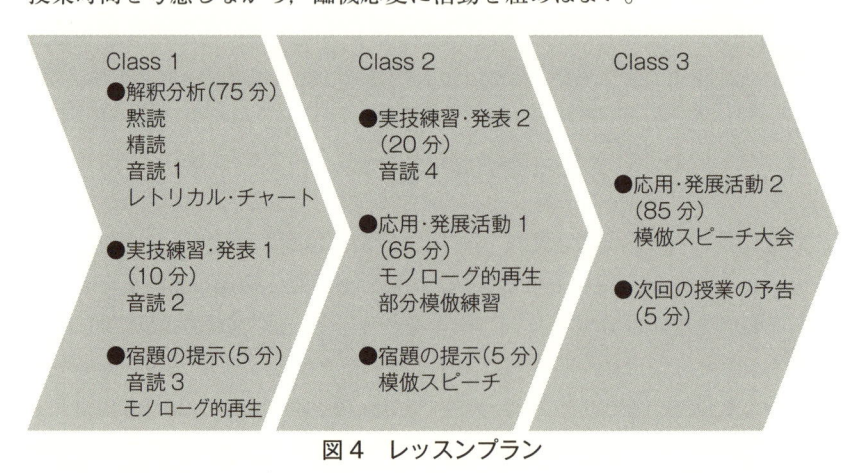

Class 1
● 解釈分析(75分)
 黙読
 精読
 音読1
 レトリカル・チャート
● 実技練習・発表1
 (10分)
 音読2
● 宿題の提示(5分)
 音読3
 モノローグ的再生

Class 2
● 実技練習・発表2
 (20分)
 音読4
● 応用・発展活動1
 (65分)
 モノローグ的再生
 部分模倣練習
● 宿題の提示(5分)
 模倣スピーチ

Class 3
● 応用・発展活動2
 (85分)
 模倣スピーチ大会
● 次回の授業の予告
 (5分)

図4 レッスンプラン

2.3　具体的な授業活動

　図4のClass 1の授業活動を中心に解説する（Class 2, 3は次節参照）。

　例として，高村光太郎の詩「レモン哀歌」の英訳（筆者訳）を扱う。まずは，詩を黙読させ，全体の感じをつかませる。続いて「解釈のポイント」をふまえ，「音読1」による精読（解釈分析作業）を行う。以下は，その授業のやりとりの一部を再現したものである（T＝教師，L＝学習者）。

T：では，冒頭から解釈を加えながら読んでください。
L：So intensely you had longed for a lemon（「そんなにもあなたはレモンを待つてゐた」）
T：待って。誰が（WHO），いつ（WHEN），どこから（WHERE）話していますか？
L：高村光太郎が，智恵子の死後，彼女の仏壇の前で，妻を偲んでいます。
T：誰に向けて（TO WHOM），何の目的のために（WHY），書かれた詩でしょうか？
L：智恵子の命は永遠にこの世に残り，彼女は自分とともに今なお生きているということを，一般読者に向けて，「伝える（inform）」ために書かれた詩だと思います。
T：なるほど。でも情報を「伝達」するだけではなく，「命の最後の輝きを放って去った智恵子の魂は永遠であり，死しても彼女との愛の交流は続く」という光太郎の思い（WHAT）が伝わってくる詩だね。そのことを踏まえて読んでみなさい。
L：So intensely（略）A scent the color of topaz arose.（「トパアズいろの香気が立つ」）
T：ストップ。ここは，レモンの香りを色にたとえているね。そのレモンの「トパーズ色の香り」をイメージしながら，読んでみよう。（略）では，You gripped my hand から。
L：You gripped my hand so tight / how vigorous you were.
T：ここは，死につつある者の力とは思えないという驚きをこの言葉の中に込めてみよう。（略）では，as once から。
L：as once you did on a mountain top / you drew a deep breath, / and then, your entire organ stopped（「それからひと時／昔山巓で

したやうな深呼吸を一つして／あなたの機関はそれなり止まつた」)
T：この詩の構成は，どのように（HOW）なっていますか？
L：冒頭から you became the Chieko of long before（「智恵子はもとの智恵子となり」）までは，「長調（明）」で綴られ，All of life's love... から「短調（暗）」に転調し，"stopped" のところでクライマックスとなります。そして，その後，By a vase of cherry blossoms（「桜の花かげに」）からは，妻の死を乗り越えた光太郎の思いが綴られ，再び「長調（明）」に転調します。
T：その通り。では，そのように構造を捉えて，語り手（光太郎）の思いを，ただ「読む」のではなく「語る」ように表現してみよう。and then, と your entire organ stopped の間にポーズを入れ，your entire organ stopped は，遠くを見つめるような表情でつぶやくように，しかし後ろの聴衆まで聞こえるような声で言うとよい（以下略）。

　上述のように，教師と学習者とのやりとりの中で，「音読1」と精読によって解釈の分析を行った後，学習者は「レトリカル・チャート」を作成する（図5参照）。
　次に，学習者は「レトリカル・チャート」を意味単位ごとに目を通しながら，「音読2」を行う。その際，Read and Look Up 方式で聴衆（TO WHOM）の方を向いて音読するように指導する。この方式は，リーディング素材の文字の呪縛から学習者を解放し，「読む（READ）」行為を「語る（SPEAK）」行為へと転換させるのに有効である。
　最後に宿題として，「音読3」と「モノローグ的再生」（今回の場合は，語り手を「光太郎」から「学習者自身」に転換して語る活動）の練習をしてくるように伝える。

Rhetorical Chart

Lemon Elegy

WHO: *Kotaro*
TO WHOM: *general people*
WHY: *to inform them of the eternity of Chieko's life*

So intensely you had longed for a lemon
on a ⟨sad white bright⟩ deathbed.
Your clean teeth bit sharply
the lemon taken from my hands.
⟨A scent the color of topaz arose⟩.
Those few drops of heavenly juice
suddenly brought back your mind.
Your blue limpid eyes smiled slightly.
⟨You gripped my hand so tight,⟩
⟨how vigorous you were!⟩
A storm raged in your throat
but in the end
you became the Chieko of long before.

All of life's love
leaned into one moment.
⟨Then for an instant⟩
as once you did on a mountain top
you drew a deep breath,
and then, ⟨your entire organ stopped.⟩

By a vase of cherry blossoms
in front of your photograph,
today, again, I will place a cool bright lemon.

香りを「色」にたとえた光太郎の感性を味わいながら

「長調」(明)

死の床の情景を思い浮かべながら、この3つの形容詞をゆっくり丁寧に

死につつある者の力とは思えないという驚きをこの言葉の中に込める

「それから」(Then)と「ひととき」(for an instant)の間に少し「間」をとる

「短調」(暗)

「長調」(明)

「止まった」(stopped)は、遠くを見つめるような表情でつぶやくように、しかし後ろのほうの聴衆にも聞こえるような声でいう

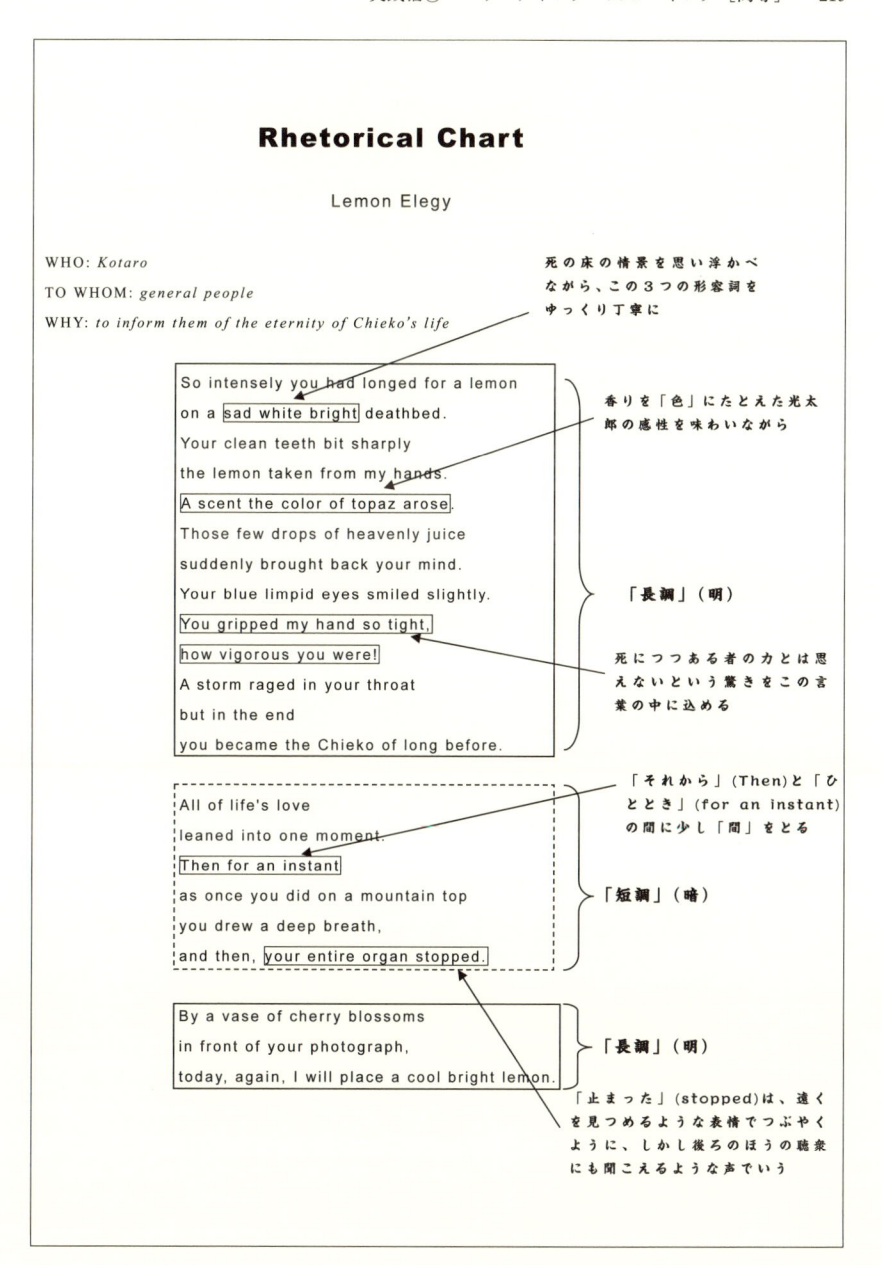

図5 レトリカル・チャート

3 IRを取り入れた授業活動の評価
3.1 評価方法

形成的評価(formative evaluation)と総括的評価(summative evaluation)の2種類の評価を用いる。

形成的評価は，学習指導の途中において実施し，それまでの指導内容を学習者がどの程度理解したかを評価するものである。評価の結果を学習者にフィードバックすることによって，学習者の学習を助け，また学習者を励ますことが主目的である。具体的には，以下の授業内活動において，学習者を評価する。

(1) 精読における解釈分析と「音読1」
(2) 朗読発表（「音読2」,「音読4」）
(3) 「レトリカル・チャート」
(4) 「モノローグ的再生」
(5) 「部分模倣練習」
(6) 「模倣スピーチ発表」

一方，総括的評価は，学習指導の終了後に行い，学習者が最終的にどの程度の学力を身につけたかを評価するものであり，学習者の成績決定に使用される。具体的には，学期末の「筆記試験」で評価する。

3.2 形成的評価

精読における解釈分析と「音読1」では，2.3における教師と学習者のやりとりから分かるように，教師が授業内にリアルタイムで，学習者の解釈や音読を評価し，助言を与えている。「音読2」および「音読4」の朗読発表の評価も，同様である。「音読2」の場合は，主として，学習者の発音や強勢，抑揚などの音声表現に注目する。一方,「音読4」の場合は,「レトリカル・チャート」に記載された解釈分析が，音声によって表現できるかどうかを評価する。発表をビデオで録音し,「評価カード」（次頁図6）の観点で点数化する（詳細は，近江，1996, pp. 110-113, 166-168 を参照）。

```
評価カード（教師用）
                       No. (     ) Name (          )

作品のメッセージ伝達への貢献度：
1  発声，共鳴，プロジェクション          5－4－3－2－1
2  発音                              5－4－3－2－1
3  リズム（強弱模様）                  5－4－3－2－1
4  強勢（対照強勢等）                  5－4－3－2－1
5  抑揚（高低模様）                    5－4－3－2－1
6  全体的な音調，音程，音量，速度       5－4－3－2－1
7  めりはり                           5－4－3－2－1
8  視線，姿勢                         5－4－3－2－1
9  身体所作                           5－4－3－2－1

総評：
```

図6　評価カード

　また，クラスメート同士の相互評価として，(1)コメント用紙の交換，(2)合評会，を実施するのもよい。

　前節では，「レトリカル・チャート」を精読の学習と並行して作成する活動を紹介したが，この活動に学習者が習熟してくれば，「レトリカル・チャート」の作成を課題として提出させ，評価することも可能である。

　「モノローグ的再生」は，リーディング素材におけるWHO（語り手）を学習者本人に移行させて全体を語ってみる練習である。この発表の評価は，発表者が「解釈のポイント」(2.1.1参照) ⑦の「HOW」のうちの語句，論理構造などの変化を必要最小限にとどめつつ，どの程度，話を自分のこととして再現できるか（自分のことば「で」ではなく，自分のことば「として」語っているか）に焦点を当てる。ある程度学力のある学習者は，すでに自分の知っている他の言葉で表現してしまうので，練習をしてこなくても話の筋だけで話を再現してしまう。しかし，それを許してしまうと，IRの本来の目的を蔑ろにすることになるので，自由作文に流れないように指導することが必要である。

「部分模倣練習」(2.1.3 参照) では，例えば，下記のように *Lemon Elegy* の一部を変形したものを学習者に 2 回ほど，語り聞かせる（下線部が原文——"Your blue limpid eyes smiled slightly./ You gripped my hand so tight,/ how vigorous you were!"（「あなたの青く澄んだ眼がかすかに笑ふ／わたしの手を握るあなたの力の健康さよ」）——を使用した箇所）。

You once visited your aunt who has a one-year-old son. When you met him, his black limpid eyes smiled. He gripped your hand and you were surprised to find how vigorous he was.

そして，語り終わった後で，聞いた内容を学習者が，自分の立場で再生して答えられるような発問（例 "Tell me what happened when you met your nephew."）をし，何名か指名をして答えさせる。この練習を通して，教師は，IR および音読練習によって，原文の表現が，学習者にどの程度「内質化」されているかを把握できる。「内質化」の不十分な学習者には，IR およびその強化・深化（2.1 図 2 の(1)・(2)の学習）をもう一度しっかりと復習するように指導する。

「模倣スピーチ発表」は，IR およびその応用・発展活動によって取り込まれた英語を，表現同士の連続性はかなり保持しつつ，原文の内容を離れ，学習者の好きな内容で模倣作文し（自由作文でないのは，モノローグ的再生の場合と同様），口頭発表するものである。この発表における評価の留意点は，この活動は，学習者に発表させることそのものに意味があるので，模倣作文の原稿に文法・語法上のミスがあった場合，それをいちいち指摘して批判しない，ということである。形成的評価の根底には，学習者への「励まし (encouragement)」があるべきである。あまり厳正な評価をすると，学習者のやる気を削いでしまうことになりかねない。

以上の授業活動は，学習者が言語素材を取り込む手助けをするための「練習」と，学習者が素材をどの程度取り込んだかを確認するための「評価」の両方の側面を持つ。

3.3 総括的評価

総括的評価は，授業を行うにあたって設定した目標が，どの程度達成できたかを評価するものである。前述の通り，筆者は 2 つの目標を設定した（「1

はじめに」参照)。

　本節では,【目標1】を筆記試験で評価する具体例を説明する。【目標2】は,「発話」を伴うものであるので,時間が許せば,3.2で述べた「音声身体表現」(朗読発表)をコンテスト形式にして,1人1人の学習者の発表を評価することも可能である。

　筆記試験は,「レトリカル・チャート」の作成と「ディクテーション」から成り立っている。

　「レトリカル・チャート」は,学習者が,言語素材をどの程度,「頭」(2.1.1に示した「解釈のポイント」に基づいた分析力)と「心」(筆者や登場人物の真意の理解)と「体」(「頭」と「心」による理解を踏まえた音声表現)を総動員して,理解しているかを,いわば,「レントゲン写真」のように写し出す。したがって,「レトリカル・チャート」は,学習者が言語素材全体を,どの程度多角的に,かつ,深く理解しているかを評価するために,有効な方法である。

　「ディクテーション」は,次のように行う。

(1) 既習の英文の任意の箇所を別の設定に生かした文章を教師が作成し,ナチュラルスピードで3回読んだものを録音しておく(注:文章の長さは,学習者の習熟度によって決める。初級者のレベルであれば,3.2で紹介した「部分模倣練習」の例文(35語)程度)。
(2) 1回目は,しっかりと聞かせる。
(3) 2回目は,ディクテーションをさせる(といっても,ポーズを入れないで,全文を聞かせた後,筆記の時間を十分に与える。授業でしっかりと取り込んだ英文の応用文であるので,内質化がしっかりできていれば,英文は頭の中に保持され,書き取ることができる)。
(4) 3回目は確認として聞かせる。

　ディクテーションは,学習者の様々な力を一度に評価することができる点で見直されるべき評価方法である。ディクテーションによって,学習者のリスニング力,理解力,文法力,あるいはスペリングの正確さを知ることができる。また上記の方法で行えば,どの程度,学んだ英文が学習者の中に取り込まれているかを評価することもできる。なお,個々の学習者の音声を録音する機器が用意できる場合は,筆記ではなく,「オーラル・ディクテーション」(リピーティング)で評価することも可能である。

4　結果と課題

IRを踏まえた授業実践を始めて、担当する学習者に、次のような変化が表れてきた。

(1) ひとつのリーディング素材に対して「丁寧に向き合う」態度が生まれてきた。
(2) 短文の単位でなく、15文程度から成る「意味のまとまり」単位で英文を取り込み、「内質化」することに抵抗がなくなった。

なお、本章では、リーディング素材として、詩を扱ったが、IRは、説明文や論説文等にも適用は可能である（近江, 1996, pp. 137-140 等を参照）。

参考文献
近江誠. (1988).『オーラル・インタープリテーション入門』大修館書店.
近江誠. (1996).『英語コミュニケーションの理論と実際』研究社.
近江誠. (2003).『感動する英語』文藝春秋.
近江誠. (2005a).『間違いだらけの英語学習』小学館.
近江誠. (2005b).『挑戦する英語』文藝春秋.
近江誠. (2009).「オーラル・インタープリテーションとは何か？　何のためにするのか？」『南山短期大学紀要』Vol.37, 171-198.

スピーキングとライティングを活用した中学1年生のリーディングテスト

細谷　恭子

1　はじめに

中学校に入学したばかりの1年生にとって，文字認識（アルファベット）の壁は思ったよりも低くない。そのことを念頭に置いて，スピーキング，ライティングを活用しながら自然にリーディング指導に入ることができるよう配慮したテストを行っている。

2　技能統合型テスト（1学期中間　簡単な自己紹介）

2.1　目標と単元のとらえ方

1. アルファベットの文字の読み方を知る。
2. アルファベットを使って単語を書く。
3. 自分の名前などを正しく英語で書き，読む。
4. 相手の質問に簡単な英語で答えることができる。

本単元は，①アルファベット（文字）の学習→②アルファベットから単語へ→③単語から文へ，といった内容となっている。小学校の外国語活動で学んだ「音声」を「文字化」していく活動である。

教材：Warm-up, *NEW HORIZON English Course 1*（東京書籍）pp. 2-13

2.2　本テストのねらい

最初の単元であるWarm-upでは，アルファベットや数字，曜日などを学習する。この単元のまとめとして，自己紹介カード（次頁図1）を作成する。その内容を英語で説明できるようになることが本テストのねらいである（週については，Warm-upには入っているが，自己紹介カードの項目に入れていないので，テストからは除外した。授業開始のあいさつで1年間を通じて繰り返し指導している）。

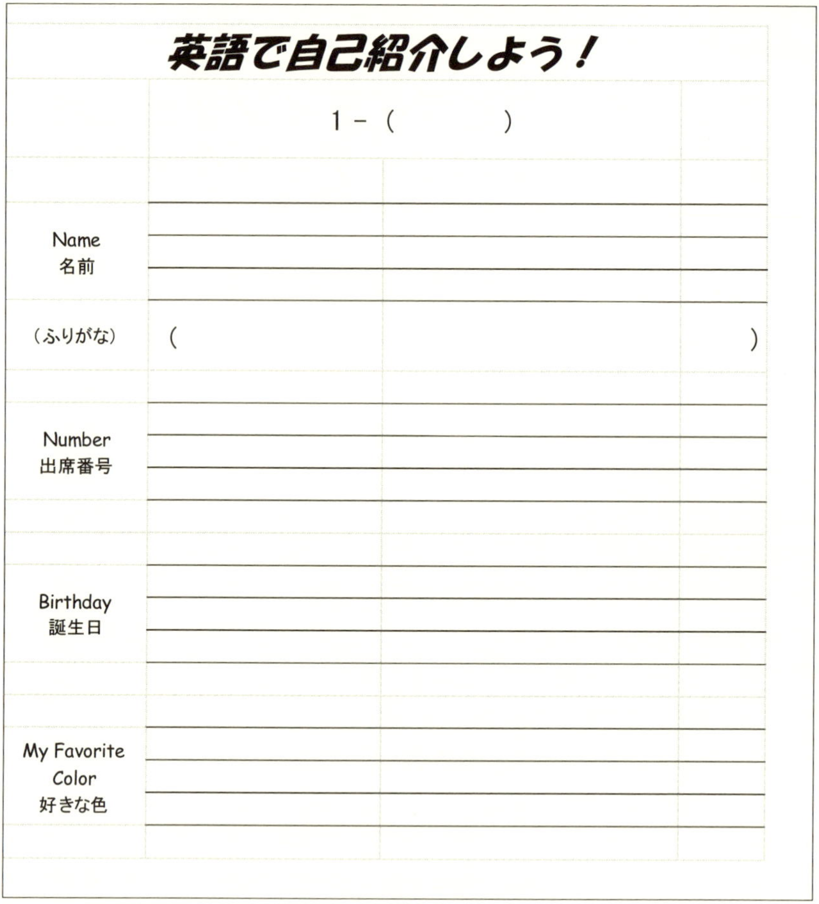

英語で自己紹介しよう！

1 － （　　　　）

Name
名前

（ふりがな）　（　　　　　　　　　　　　）

Number
出席番号

Birthday
誕生日

My Favorite Color
好きな色

図１　自己紹介カード

2.3　事前指導

自己紹介カードの書き方を説明する。書く内容は，以下の通りである。

1．名前（自分の名前を正しくローマ字で書く）

2．出席番号（自分の出席番号を，数字でなく英語で正しく書く）

3．誕生日（自分の誕生日を，数字でなく英語で正しく書く。年号は書かない。数字と序数の違いを知り，区別して使えるようにする）

4．好きな色（自分の好きな色を，英語で正しく書く）

指導手順は，以下の通りである。

1. カードを配布し，必要事項を記入させる。
2. カードを提出し，教師のチェックを受ける。
3. 発音等は，机間巡視しながらALTとともに細かく指導する。

自己紹介カードは，必ず授業時間内に全員提出できるように指導する。

テストは会話形式で，最初のあいさつは何も見ずに行う。そのあとは，自信がなければ自分の書いたカードを見ながら言ってもよい。ほとんどの生徒は会話形式でテストに臨むが，直前まで自分の作ったカードを見ながら「読んで」覚えているので，リーディングの要素を持つテストである。

2.4 テストの流れ

テストは教師との面接方式で行う。Team Teachingを組むALTやJETと協力して2グループに分けて実施すると時間が短縮できる。

表1 Questions and Answers

○ Teacher	○ Student
Hello. How are you?	I'm fine, thank you. And you?
Fine, thank you.	
What's your name?	A: Honda Mayu.
	B: I'm ～. / My name is ～.
What's your number?	A: Twenty-five.
	B: It's ～. / My number is ～.
When's your birthday?	A: March seventh.
	B: It's March seventh. / My birthday is ～.
What's your favorite color?	A: Blue.
	B: I like blue. / My favorite color is ～.
Excellent. / Very good. / Good job.	Thank you.

小学校の外国語活動で，すでに英語に苦手意識を持つ生徒がいる。彼らにも自信を持ってテストに臨むことができるように，AとBの2つのパターンを用意する。事前指導でBの評価が高いことを伝えれば，ほとんどの生徒がBパターンに挑戦する。コミュニケーションは単語だけでも可能だが，より正確に伝えるためには文で表現することが大切であると授業でも繰り返し指導する。

2.5 判定基準と評価

評価は次の2種類の評価表（表2, 3）を用いて行う。

表2 評価表1

判定基準	評価	配点
カードを見ずに，全ての質問に対しBパターンで答えることができる	A+	10
カードを見ずに，全ての質問に対しAパターンで答えることができる	A	9
カードを見ながら，全ての質問に正しく答えることができる	A−	8
質問に対し，発話できるが正しく答えられない	B	5
質問の意味が理解できず，答えられない	C	3

表3 評価表2

判定基準	評価	配点	評価	配点
相手の目を見て話すことができる（コミュニケーション）	A	9	B	5
はっきりと大きな声で話す（読む）ことができる（コミュニケーション）	A	9	B	5
相手の質問に対して，的確に答えることができる（言語知識）	A	9	B	5
正しい発音で会話をすることができる（表現）	A (A+)	9 (10)	B	5

（発音の評価）
- A+　Excellent.　発音がとてもよく，音の強弱も意識して読める。
- A　　Good.　　正しい読み方をほぼしている。
- B　　Pass.　　カタカナ読みで，日本語を読むように英語を発音する。

　テスト実施後，評価を点数化する（表2および表3の配点を参照）。結果を「表現の能力」の評価材料とする。自己紹介カードは，イラストも描かせて提出させる。特に優れたものは学年掲示板等に貼って紹介すると，学習意欲の向上にもつながる。「関心・意欲・態度」の評価材料にもなる。評価の成績への配分は，定期テスト4：単元テスト3：それ以外の評価材料3で行っており，本章で扱うテストは「それ以外の評価材料」全体の1/3程度に配分することが多い。

3 リーディングテスト2（2学期 本文の音読）
3.1 目標
1. 正しい発音を意識しながら繰り返し練習する。
2. 教科書の本文を正しい発音で流暢に音読できるようになる。

教材：Unit 5 お祭り大好き Part 1 注文をしよう，*NEW HORIZON English Course 1*（東京書籍）pp. 44-45

3.2 本テストのねらい
このパートは，店員と客による注文のための日常口語表現で構成されている。日常口語表現は繰り返し読んで覚える必要がある。リーディングテストを実施することによってそれらの表現を覚えることがねらいである。

3.3 事前指導
音読指導やCD等を使ったリスニングを繰り返す。one-sentence reading（本文を1人1文ずつ順番に読んでいく）などで細かな発音指導を1人1人行う。テスト前に評価規準を明確に生徒に伝える。音読が苦手な生徒のために，ペアまたはグループで学びあいの場を設ける。読みへの不安をできる限り解消する。

3.4 テストの実施方法
生徒1人で全文を暗記し，教師との面接方式で行う。順番は，出席番号順に行うが，最初から行うか最後から行うかはジャンケンで決める。他の生徒がテストを実施している間は，各自課題に取り組むよう指示する。

3.5 判定基準と評価
評価は教師2人（ALTまたはJET）で分担して行う。判定基準を明確に設定し（次頁表4参照），事前に判定基準について評価者間で打ち合わせを十分に行い，判断がずれないようにする。

表4 Reading Test (Grade)

判定基準	評価	配点
発音のミスなく，流暢に「会話」ができた。	S	5
発音のミスなく，「会話」ができた。	A+	4
大きなミスなく，最後まで暗記して読むことができた。	A	3
ミスはあったが，最後まで暗記して読むことができた。	A−	2
暗記できなかったが，本を見ながら読むことができた。	B	1
暗記できず，本を見ながら読むこともできなかった。	C	0

　テスト実施後，評価を点数化する。結果を「表現の能力」の評価材料とする。「関心・意欲・態度」に入れてもよい。成績配分は2.5参照。

3.6　生徒へのフィードバック

　特によかった生徒を発表する。どこがよかったのか，できるだけ具体的にクラス全員の前で賞賛する。以下は，賞賛する際の具体例である。

　○さんの暗唱は完璧でした。／△さんは，ただ読むだけでなく，声の調子を変え，登場人物を演じていました。／□さんは，抑揚がはっきりしていました。／☆さんは，発音が上手で，CDを聞いているようでした。

4　スピーキング，ライティング，リーディングの統合型テスト（2学期　発表）

4.1　目標

1. 自分の言いたいことを英語でどう表現するか，たずねたり調べたりすることができる。
2. よいパフォーマンスをするために，協力してアイディアを出し合い，練習をし，発表することができる。

　教材：Speaking Plus 1　電話での応答　電話をかける，招待する，*NEW HORIZON English Course 1*（東京書籍）pp. 58-59

　*NEW HORIZON 1*には，スピーキングを中心とした単元が4つあり，これはそのうちの1つである。したがって，1年間に最大4回実施することができる。

4.2　本テストのねらい

　このテストはパフォーマンスの出来が評価を上げる要素の1つなので，生徒も意欲的に取り組む。いい発表をする為には暗記が必要であり，正確さも要求される。実践的な英語を自ら求め，表現することがねらいである。

　実施方法としては，ペアで黒板の前に出てきて，クラス全員の前で英語によるパフォーマンス（寸劇）をする。発表後，自己評価と相互評価を行う。

4.3　事前指導と評価のための準備

　「身近な内容で楽しいスクリプトを作ること」が高評価につながることを最初に説明する。そして，ペアの協力の重要性も強調する。さらに，自主的学習態度の育成のため，図書室から和英辞典を借りて，各自で単語を調べさせる。スクリプトが完成したら，どんな演出をすれば効果的かを考えさせ，十分な練習時間をとる。ALTにも積極的に質問させる。

1. 基本的事項（新出単語，本文）の説明，本文のリーディング練習
2. オリジナルスクリプト作成上の注意，評価規準の説明
3. スクリプトシートの配布
4. ペア作成
5. オリジナルスクリプト作成
6. ペアでリーディング練習およびパフォーマンス練習

また，教師は評価のために下記のような準備をする。

1. ペアを確認する。
2. 評価のための名簿を作成する。ペアのうちのどちらか出席番号の早い順番にする。発表の順番もそれで行う。

Speaking Plus 1　電話での応答

Class　　No.　　Name　　　　　　　　　（ペアの相手：　　　　　　　　）

★教科書の本文の会話をもとに、オリジナルの会話文を作ろう。

Name(Daichi)	Name(Kazuki)
Hello?	
	Hello, Sota? This is Kazuki.
No, I'm Daichi.	
	Oh! I'm sorry.
Let's play baseball at Fureai Park.	
	OK, let's.
What time?	
	How about ten?
At six is better for me.	
	OK!
Excuse me, I have to go to the bathroom.	
	OK. Goodbye.
I'm sorry…	
	That's all right.
At six at Fureai Park tomorrow.	
	OK.
Goodbye.	
	Bye!

図2　スクリプトシート（生徒の実例）

4.4　判定基準と評価

　評価は教師2人（ALTまたはJET）で同時に行う。スクリプトの裏面に生徒用の評価欄を設け、生徒による自己評価と相互評価も行う。

表5　相互評価のための判定基準（生徒、教師共通）

スピーキング(リーディング)	評価	配点	パフォーマンス	評価	配点
暗記でき、発音もよい	A	5	独創性◎、躍動感がある	A	5
暗記でき、発音は普通	B	3	独創性○、普通の会話	B	3
スクリプトを見ながら	C	1	状況がなんとかわかる	C	1

　評価はスピーキングとパフォーマンスの2つの観点で行う。どちらもA、B、Cの3段階とする。作成するスクリプトは、名前や場所、イベントなどの単語を置き換えられれば合格である。文を増やしてもよい。演出として、古い型の携帯電話などを教師が準備して使用させるとよい。英語劇の発表のようにできると理想的である。

4.5 評価

　評価を点数化し，合計する。スクリプトも提出させ，ライティングの評価も行う。生徒の相互評価では，特に優れていると思う友人を3名選ばせる。一番多くのプラス評価を獲得した生徒にはベストパフォーマンス賞を与える。賞状を用意し，表彰式を実施する。テストの領域を超えて一大イベントにもなりうるので，学期末や年度末に実施すると非常に盛り上がる。このテストを実施する頃から，本格的なリーディング指導に入ることができるようになる。語彙数の増加や，話すために「読んで練習する」ことの積み重ねが，リーディング活動に入る前の準備になるのである。

参考文献

大塚謙二，胡子美由紀．(2012)．『成功する小中連携！生徒を英語好きにする入門期の活動 55』明治図書．
北尾倫彦，長瀬荘一（編）．(2004)．『新しい観点別評価問題集　中学英語』図書文化社．
北尾倫彦（監修）．(2011)．『観点別学習状況の評価基準と判定基準』図書文化社．
平田和人（編）．(2002)．『中学校英語科の絶対評価規準づくり』明治図書．
本多敏幸．(2003)．『中学校英語　到達目標に向けての指導と評価』教育出版．
望月昭彦，山田登（編著）．(1996)．『私の英語授業―コミュニケーション能力育成のための授業』大修館書店．
望月昭彦（編著）．(2010)．『改訂版 新学習指導要領にもとづく英語科教育法』大修館書店．

実践編⑫ リスニング＋スピーキング＋ライティング［中学・高校］

インプットからアウトプットをつなぐリスニング指導の実践と評価

大嶋　秀樹

1　はじめに

　「ことばの能力」は，「ことばそのものについての知識，能力」の部分と，「ことばを使用する能力」の部分の，大きく2つの部分に分かれる。場面にあわせて適切にコミュニケーションを行うためには，これら2つの部分をバランスよく伸ばしていくことが大切になる。授業を通して，学習者が英語を使ってコミュニケーションができる能力を身につけるには，2つの部分の「ことばの能力」について，中学校，高等学校，さらに，今後は小学校で，具体的に英語でどんなコミュニケーションができるようになったか，どんな英語のコミュニケーション能力が身についたかという成果（learning outcome）の保障，いわゆるCAN-DO（英語を使ってできること）の成果保障が，英語の授業に具体的な形で求められることになる。

　本章では，「聞くこと」を中心に，中学校，高等学校段階での英語の授業の成果保障をはかる事例として，インプット（input）を強化してインテイクへ（intake）と導くことを重視したリスニング主体の言語活動と，インプット，インテイクからアウトプット（output）の誘出を導くことを重視したリスニング重視の技能統合型の言語活動を取り上げる。そのうえで，リスニングを主体とした「言語活動」を通して，英語の言語使用能力の育成のための成果保障をはかる指導の実践とその評価について論じていく。

2　PIE taskを活用したリスニングの指導
2.1　授業の概要と目標

　音声インプットへの知覚力を高めるタスク（perceptive input enhancement task, 以下PIE task）とは，言語習得の入り口部分で，インプットに対する音声知覚力の向上をはかり，生徒が実際にことばの情報として取り入れるこ

とができるインプットの量の確保をはかるタスクのことを指す。授業では，PIE task を取り入れることにより，生徒が接したことばの情報の中から，インプットとしてキャッチできることばの情報量を確実に増やしていくことをねらっていく。

　言語の習得には，ことばの情報源であるインプットを，意味のあることばの形式として記憶の中に取り入れることは必要である。そのうえで，取り込んだインプットは，記憶の中で，内在化されてインテイクへと移行する。インプットがインテイクになるためには，まず，生徒が接するインプットの知覚（音韻表象の形成，知覚した音をことばの音声として認識すること）が必要になる。本授業は，未知の英語の語句や表現への音声知覚能力を高めることで，知覚できるインプットの絶対数を増やし，インプットがインテイクになる可能性を高め，インテイクへと移行していくインプットの候補を確実に増やしていくことを目指す。授業の目標は，確実に知覚できるインプットの絶対数を，生徒1人1人が増やすことである。

　リスニングの処理には，音声知覚（ことばの個々の音声をキャッチする）から，単語認知（キャッチしたことばの音声から，個々の単語を照合する），語彙情報（統語，意味）の解読（単語の照合から，単語の持つ意味・文法の情報を読み出す），統語解析（語と語の文法関係を整理する），文理解（文が表す意味を理解する），文章理解（まとまったいくつかの文（文章）が表す意味を理解する）へと進む，「小さな単位」から始まる処理（ボトムアップ処理，bottom-up processing）と，聞き手が持つ既有の知識や考えから未知であったり不足する話題や言語（語彙，音声，統語，意味など）の情報を推測し補うことで，文理解，文章理解へと進む，「大きな単位」から始まる処理（トップダウン処理，top-down processing）のそれぞれ2つの処理がある。言語の理解は，これら2つの処理を相互に組み合わせ，相互を適切な状態にトレードオフ（trade-off，交互に処理のバランスを取ること）しあうことで得られる（Garrod & Pickering, 1999）。

　例えば，母国語のように自由に使いこなせる言語の場合には，ボトムアップ処理の部分が手続き化（proceduralize，一連の処理の手順ができあがってルーティン化すること）され，自動化（流れ作業化すること）されており，音声を聞き取る場合，注意は，音声で伝えられていることの中身に向かう。したがって，通常は，母国語では，ボトムアップ処理の部分は意識されるこ

とが少なく，曖昧な表現やつじつまの合わない表現，考え込んでしまうほどの未知の語句や表現に出くわしたときにだけ表出する。仮にそうした表現に遭遇した時でも，既に聞き手がもつ知識や考えから推測して（トップダウン処理を利用して），理解を補い，理解への処理コスト（処理の負担）は軽減される。

これが外国語のように，耳にする音声に未知の語句や表現があふれていると，逐一のボトムアップ処理に処理資源（処理に割くことができるワーキングメモリの容量の余裕）を割かれてしまい，効率的に既知の情報を利用して未知の部分を推測するトップダウン処理がうまく働かなくなる。その結果，個々の未知の語句や表現の聞き取りに注意が向き過ぎて，聞き取れるはずの部分を聞き逃したり，聞き取れない語句の多さに，途中で聞き取りの処理を投げ出してしまったり（breakdown）して，インプットを受け取るチャンスを自ら放棄してしまう。

逆に，外国語の場合でも，音声の知覚（音韻表象の形成；ここでは，聞いた英語の音声を，日本語の音声でなく，英語の音声でなぞること）が適切に行われていれば，インプットの入り口部分のボトムアップ処理の処理負荷が軽減され，処理資源をトップダウン処理に割り当てる余裕が生まれる。これによりボトムアップ処理とトップダウン処理の相乗効果が生まれ，未知の語句や表現を推測しながら，課題の概要や要点をとらえて内容を理解することができる (Jensen & Vinther, 2003；門田，2012)。

そこで，本授業では，ボトムアップ処理のうち，音声知覚から，単語認知，語彙情報の解読（統語，意味）へと進む，インプットの入力部分の処理（音声知覚）の強化をはかり，生徒が確実に知覚できるインプットの絶対数を増やし，インプットがインテイクとなる可能性を高める。

2.2　レッスンプラン

本授業のレッスンプランは以下のとおりである。本授業は，中学校（英語），高等学校（コミュニケーション英語Ⅰ・Ⅱ）を想定している。特に，中学校では，推測により未知の語句や表現を理解するだけの既知の語句や表現が十分にインテイクとしてそろっているわけではないので，最初は与えることばの量は少なくても，確実にキャッチできるインプットの量を増やすことで，既知語の絶対量の確保をはかる授業への工夫としてのレッスンプランの活用

が期待できる。また，高等学校では，ボトムアップ処理を自動化し，インプットの意味内容に意識を向けたトップダウン処理の効率化をはかるうえで，確実にキャッチできるインプットの量を増やし，授業の最初では高かったリスニングの負担感を授業の終わりには感じなくなる（ボトムアップ処理の自動化を体感できる）授業のデザインをレッスンプランから考えることが期待できる。授業例では，未知の情報を含む教材の利用例として，インターネット上で利用できるニュースメディアや動画・ストリーム映像メディアを使用しているが，教科書教材に付帯した動画・ストリーム映像も，教科書教材の導入場面や発展，復習場面で活用することができるので，以下のレッスンプランのVTR（動画・ストリーム映像）の部分は，学習者の実態にあわせて選んで，実際の授業をデザインしてほしい。

表1　PIE taskを活用したレッスンプラン（1時間の授業）の例

	学習内容と活動	指導上の配慮事項
導入	・あいさつ ・今月の歌（リスニングとシャドーイング） ・本時の学習目標（CAN-DO目標）の確認 ・前時の復習（リスニングとシャドーイング）	・英語の学習にスムーズに入れる雰囲気をつくる
展開	・VTR（動画・ストリーム映像）を見て，本時の学習部分の課題を聞く（VTRが使えない場合は，課題のオーラル・イントロダクションののち，課題の音声を聞く） ・概要と未知の語句，表現，情報について答える（未知の部分に注意を向ける）（リスニング課題のCAN-DOとCAN'T-DO（聞けること，聞けないこと）の確認と仕分けをする） ・VTR画面の課題部分のテキストを見て，音声とテキストをオーバーラッピングしながら未知の部分（聞き取りや理解が十分でなかった個所）に注意して，課題を聞く（リスニング課題のCAN'T-DO（聞けないこと）の部分を確かめる）	・映像と音声により課題の概要を理解させながら，未知の語句，表現，情報に注意して聞かせる ・概要はわかる内容を，未知の部分（語句，音声，情報）で，聞き取れたものは音声で，聞き取れなかったものは，その場所を答える ・未知の部分をテキスト（文字）情報を手掛かりに確かめさせる

展開	・未知の部分の音声，語彙，文構造のCAN'T-DO の解決をする ・ＶＴＲの音声とテキストを手掛かりに，音声に続いて，リピーティングする ・ＶＴＲの音声だけを手掛かりに，音声に続いて，リピーティングする ・ＶＴＲの音声だけを手掛かりに，音声に重ねて，オーバーラッピングする ・ＶＴＲの音声だけを手掛かりに，音声に重ねて，シャドーイングする	・未知の部分の CAN'T-DO が，CAN-DO にかわる解決の支援をする ・音声の知覚を，リピーティングによる音声化で強化する ・音声の知覚をオーバーラッピングによる音声化で強化する ・音声の知覚をにシャドーイングよる音声化で自動化する
まとめ	・ＶＴＲの音声を，声に出さないでシャドーイングし，インプットがすべて，理解できているか確かめる	・余裕があれば内容にも注意を向けてシャドーイングする

2.3 PIE task を取り入れたリスニングの授業

　授業で教科書教材を使用する場合は，ここでの活動は予習をさせないで，教科書は指示をするまで開かせないで授業を進める。教科書教材以外の課題を使用する場合は，著作権に留意したうえで（新聞・ニュース・書籍等の音声・文字メディア，歌詞・楽曲を含む音楽メディアはすべて著作権保護の対象である。学校での著作物の利用については，http://www.kidscric.com/index.html が参考になる）事後に資料等で配布する。課題は，会話文，記述文，歌等，音声を伴う言語材料であれば，何でも活動に取り入れて使うことができる。

　レッスンプランでは，中学校，高等学校の 50 分の授業で使用する，まとまりのある教科書教材に準じた文章を言語材料として想定しているが，ここで取り上げている PIE task を活用したリスニングの指導は，短い語や表現，1 つ 1 つの文を課題にして取り上げることもできる。例えば，新出語句の導入時に，「音声知覚（ことばの個々の音声をキャッチする）→単語認知（キャッチしたことばの音声から，個々の単語を照合する）→語彙情報（意味・統語情報）の解読（単語の照合から，単語の持つ意味・文法の情報を読み出す）」までの，音声によるボトムアップ処理の手続き化の促進にも活用することができる。

　レッスンプランでは，音声インプットへの知覚力を高めるタスクを音声に

よるボトムアップ処理の強化だけでなく,「言語活動(英語を理解し,使用する,コミュニケーション志向の授業活動)」と組み合わせ,課題の内容理解にも配慮した活動(概要や要点の理解をはかる言語活動)として,リスニング指導を行っているが,上述の新出語句の導入時のように,音声によるボトムアップ処理の強化に焦点化した活動として取り上げることもできる。ただし,ボトムアップ処理の強化に活動を特化する場合は,授業全体の中で,言語使用に配慮した授業デザインを組む余地と必要を,当然,学習指導要領の教科目標に照らして考慮しないといけない。

3 PIE task を活用したリスニングの評価
3.1 評価の観点,評価規準と評価方法
　本授業では,言語使用のための能力強化(音声知覚,英語の音声を確実にキャッチすること)を目標として掲げており,評価には,授業の成果物を能力の獲得(英語を使ってできること=CAN-DO)により測り,確かめるという評価方法を採用する。本授業の評価では,学習指導要領に沿って示された4つの評価の観点のうちの(2)と(3)の「言語使用に関わる評価の観点」から,(3)の「聞くこと」,「読むこと」の言語使用に関わる観点(本活動は「聞くこと」)に沿った評価を実施する。本授業の評価も,CAN-DO リストによる評価を取り入れて実施する。

　本授業では,授業目標に対応した CAN-DO リストによる評価の事例として,授業内での言語活動の成果を反映した評価を行う。活動の成果は,授業目標「確実に知覚できるインプットの絶対数を,生徒1人1人が増やせるようにすること」に対応した CAN-DO 記述文(CAN-DO statements, CAN-DO descriptors と呼ばれる記述文)による評価リスト「授業を通じて,確実に知覚できるインプットの絶対数を増やすことができる」の規準に沿って,評価リストの「CAN-DO に到達したか」,「CAN'T-DO にとどまったままか」によって評価する。評価は,(1)音声のあとのポーズに続けて,逐次に繰り返すリピーティングと(2)音声とほぼ同時に復唱するシャドーイングの2つの活動を評価方法として採用し,それぞれの活動の出来具合(CAN-DO の達成度)に則して,到達度の評価を行う。

3.2　リピーティングとシャドーイングによる音声知覚のCAN-DO評価

　活動を通してボトムアップ処理による確実な音声知覚がどれだけ達成されたか（確実に音声知覚をしながらリスニングができることのCAN-DO）を測定するため，既習か，未習（未知語数2，3語程度）のまとまった内容課題による，リピーティングとシャドーイングによる評価を実施する。

　実際のリスニングの時には，声を出しての音声化を求められることはないが，より確実な音声知覚が実際に行われているかどうかを評価するため，活動の評価にあたっては，声に出さないで聞く通常のリスニングの活動よりも処理負荷が高い，リスニングの活動をしながら声に出す，音声化を伴ったリピーティングやシャドーイングを取り入れて，活動の成果を評価する。

　成果の評価は，CAN-DOか，CAN'T-DOか，また，CAN'T-DO（リピーティング，シャドーイングによる音声化ができなかった箇所）はどの部分か，また，出来なかった部分の数はどれぐらいかを測定して行う。評価は，授業のまとめの部分と次回の授業の導入部分で計2回実施し，2回のCAN-DOとCAN'T-DOの増減を成果として生徒にフィードバックする。

　評価を実施するにあたっては，以下の3つの観点，課題（タスク）あたりのリピーティング，シャドーイングを行った時の，(1)個々の語の音声化力，(2)個々の語の音声化の正確さ，(3)個々の語の音声化の流暢さを評価観点として採用する。それぞれの評価観点に対応した評価規準は，(1)個々の語を，リピーティングやシャドーイングして音声化することができる，(2)個々の語を，リピーティングやシャドーイングしながら正確に音声化できる，(3)個々の語を，リピーティングやシャドーイングしながら流暢に音声化できることとする。そして，これらの3つの評価規準にそって実際の評価を行う時の判断基準（判定基準）は，(1)実際にリピーティングやシャドーイングのタスクを与えて，正確に音声化できた語の数（正確に音声化できた語数／タスクに含まれる語の総数）（個々の語の音声化の程度），(2)個々の語の音声化の正確さの程度（段階1：タスク全体の総語数の30％程度までの語を正確に音声化できる，段階2：タスク全体の30〜50％程度の語を正確に音声化できる，段階3：タスク全体の50〜70％程度の語を正確に音声化することができる，段階4：タスク全体の70〜80％程度の語を正確に音声化することができる，段階5：タスク全体の80〜100％近くの語を正確に音声化することができる）のルーブリック（目標に準拠した判定基準）（ルーブリック1），(3)個々の語の音声

化の流暢さの程度（段階1：タスク全体の総語数の30％程度までの語を，息がつかえることなく流暢に音声化できる，段階2：タスク全体の30〜50％程度の語を，息がつかえることなく流暢に音声化できる，段階3：タスク全体の50〜70％程度の語を，息がつかえることなく流暢に音声化することができる，段階4：タスク全体の70〜80％程度の語を，息がつかえることなく流暢に音声化することができる，段階5：タスク全体の80〜100％近くの語を，息がつかえることなく流暢に声化することができる）のルーブリック（ルーブリック2）の3つを採用する。評価は，(1)各タスクあたり，どれだけの語を正確に音声化できたか（実音声化語数）と，2つの評価ルーブリック，(2)ルーブリック1にもとづいた5段階評価，(3)ルーブリック2にもとづいた5段階評価により実施する。

　評価は，日本人英語教員（JTE）が実施し，ALTがいる場合は，(1)に加えて，(2)と(3)の基準の評価に加わる。(2)と(3)の部分の評価をJTEとALTで行う場合には，それぞれの評価（5段階評価）を併記したうえで，平均する。また，JTEとALTで評価の段階の判定が大きく異なる場合にそなえ，JTE，ALTは，評価の判断の理由をメモ程度で評価用紙に記入しておくと，互いの評価のずれに修正や調整を入れることができる。最終的な評価結果は，教員から生徒へ活動の成果のフィードバックとして，また，授業を通しての生徒の活動の支援を教員自身が振り返る資料として活用する。リピーティングとシャドーイングによる評価結果は最終成績の90％分に算入する。

3.3　生徒の振り返りによる自己評価

　生徒は，択一回答と自由記述を組合せたA4用紙半分の様式の，活動の成果の振り返り（reflection）による自己評価を毎回行う。自己評価（次頁表2の評価シートの例を参照）は，(1)活動全体を振り返っての成果の評価，(2)音声化の正確さ，(3)音声化の流暢さの3基準5段階で行う。さらに，自由記述による活動を通したCAN-DOとCAN'T-DOの振り返りを行う。自己評価は授業活動や生徒支援の改善のために教員も活用し，生徒の自律的学び育成のため10％を最終成績に加える。この10％分の成績は，CAN-DOになじみにくい部分，タスクへの「関心・意欲・態度」の評価に相当する部分であるが，生徒の自己評価をもとに，タスクへの「関心・意欲・態度」の評価として，5段階（段階1：関心・意欲・態度の高さがかなり低い，段階2：やや低い，

段階3：中程度，段階4：やや高い，段階5：かなり高い）で評価を行い，5段階評価の結果を，10%あたりの評価に換算し，最終成績の10%分として全体成績に算入する。

表2　評価シートの例

Reflection Sheet
Date:　　　/　　　　Class　　　　ID　　　　Name
Today's Activity:
1　　　　　2　　　　　　3　　　　　4　　　　　5 　No good　Rather not good　So-so　　Good　　Excellent
Today's Performance (Accuracy):
1　　　　　2　　　　　　3　　　　　4　　　　　5 　No good　Rather not good　So-so　　Good　　Excellent
Today's Performance (Fluency):
1　　　　　2　　　　　　3　　　　　4　　　　　5 　No good　Rather not good　So-so　　Good　　Excellent
Your Comments:
Your CAN-DOs & CAN'T-DOs:

4　FO task を取り入れた技能統合型リスニングの指導
4.1　授業の概要と目標

　アウトプットの誘出をスムーズにするタスク（facilitative output task；以下 FO task）とは，言語習得の入り口（インプット）部分と出口（アウトプット）部分をつなぎ，インプットからアウトプットへのスムーズな誘出，表出への橋渡しをする技能統合型タスクのことを指す。

　授業は，生徒が，まとまった内容について，英語で表現する力・発信する力，英語でスムーズに表出する力を伸ばすことをねらいとしている。授業では，まず，ビデオ映像見ながら，映像を手がかりに，内容に注意を向けて，

メモをとりながら音声を聞き取る（インプット活動の部分）。次に，聞き取った内容について，ペアでストーリーリテリング（story retelling（再話），聞いたり読んだりした内容（ここでは聞いた内容）を再生する活動）を行う（アウトプット活動の部分）。生徒は，インプットに登場する，聞き取った情報に関係した英語の語句や表現を，既習・既知の語句や表現ととりまぜて，生徒自身の英語で即興的に，インプットの内容をアウトプットとして再話する。

本授業は，まとまりのある内容課題を使って，概要（全体的なあらすじ）と要点（重要な情報を含む語句・文）を聞き取り，聞き取った内容が再生できることを目標とする。授業では，自動化した音声知覚処理（いちいち個々の語の音声の聞き取りに注意力を集中しなくても，個々の語の音声がスムーズにキャッチできること）により，内容理解へと注意が向くトップダウン処理を活用し，聞き取った語句や表現のメモをもとに，課題内容の再生アウトプットを誘出する FO task を取り入れた技能統合型リスニングを行う。

4.2 レッスンプラン

本授業のレッスンプランは以下のとおりである。

表3 FO task を活用したレッスンプラン（1時間の授業）の例

	学習内容と活動	指導上の配慮事項
導入	・あいさつ ・今月の歌（リスニングとシャドーイング） ・本時の学習目標（CAN-DO 目標）の確認 ・前時の復習（リスニングとストーリーリテリング）	・英語の学習にスムーズに入れる雰囲気をつくる
展開	・ＶＴＲ（動画・ストリーム映像）を見て，本時の学習部分の課題を聞く（ＶＴＲが使えない場合は，課題のオーラル・イントロダクションののち，課題の音声を聞く） ・既知の情報から未知の語句，表現，情報について推測して答える（CANT-DO（推測できた情報）と CAN'T-DO（依然，未知の情報）の確認と仕分けをする）	・映像と音声により課題の概要に注意を向けさせながら，未知の語句，表現，情報に注意して聞かせる ・未知の部分（語句，音声，情報）が推測できる情報の共有を支援する

展開	・ＶＴＲ画面も手掛かりにし，推測により既知の部分を増やしながら，未知の部分を補い，繰り返し課題の概要を聞き取る（推測により CAN'T-DO を減らす） ・ＶＴＲの音声を聞いて概要のメモを取る ・メモをもとにストーリーリテリング（story retelling）をペアで交互にする ・ＶＴＲの音声を再び聞いて，ストーリーリテリングでもれていた情報を補い，推敲する ・ストーリーリテリングの成果を発表する ・互いにコメントや質問をする	・繰り返すことで，知覚への負担を軽減させる ・メモに加え，既知の語句，表現を使わせアウトプットの誘出を支援する ・成果を共有させる
まとめ	・ストーリーリテリングの成果を振り返る（自由記述でコメントや振り返りを書く） ・発表したストーリーリテリングを文章にする。	・振り返りを支援する ・書く活動を支援する

4.3　FO task を取り入れた統合型リスニングの授業

　レッスンプランで取り上げる活動は，音声知覚処理の自動化に向け間口を広げたインプット，インテイクをさらに，トップダウン処理を利用した推測により，未知の部分を補い，聞き取ったメモをもとに，概要をストーリーリテリングとして再生することでアウトプットを誘う，リスニングから始まる統合型の活動である。アウトプットは，スピーキング，ライティングの両方の統合的活動，あるいは，いずれかによる個別の活動での再生・表出活動（言語活動）として行うことができる。

5　FO task を取り入れた統合型リスニングの評価
5.1　FO task 活動の評価の観点，評価規準と評価方法

　評価（観点，評価規準，評価方法）は，CAN-DO 形式で行う（3.1 を参照）。本授業の目標は「まとまりのある内容課題を使って，概要と要点を聞き取り，聞き取った内容が再生できること」であった。したがって，活動の成果の評価は「まとまりのある内容課題を使って，概要（全体的なあらすじ）と要点（重要な情報を含む語句・文）を聞き取り，聞き取った内容が再生できる」

という評価リストの規準に照らし「CAN-DO に到達したか」,「CAN'T-DO にとどまったままか」の評価となる。評価は,まとまった内容のリスニング課題を与えて,「話すこと」,「書くこと」のストーリーリテリングにより実施する。

5.2 FO task によるストーリーリテリングの CAN-DO 評価

　本授業の評価は,学習指導要領の評価観点の「話すこと」,「書くこと」の言語使用に関わる観点（3.1 を参照）に沿った評価を実施する。評価では,活動の成果を「話すこと」で発表し,それを「書くこと」でまとめるという,2つの技能で評価する。

　評価を実施するにあたっては,以下の2つの観点,ストーリーリテリングを行ったうえでの,(1)発表力（話すこと）,(2)文章化力（書くこと）を評価観点として採用する。それぞれの評価観点に対応した評価規準は,(1)まとまった内容を聞いて,英語で口頭で再話して,発表することができる,(2)英語で口頭で再話して,発表した内容をもとに,英語でまとまった文章を書くことができることとする。そして,これらの2つの評価規準にそって実際の評価を行う時の判断基準（判定基準）は,(1)口頭での再話による発表の全体的な出来ばえの達成度（段階1：聞いた英語の内容の30％程度まで内容を再話できる,段階2：聞いた英語の内容の30〜50％程度の内容を再話できる,段階3：聞いた英語の内容の50〜70％程度の内容を再話できる,段階4：聞いた英語の内容 70〜80％程度の内容を再話できる,段階5：聞いた英語の内容の80〜100％近くの内容を再話できる）のルーブリック（ルーブリック1),(2)再話をもとにした英語の文章の全体的な出来ばえの達成度（段階1：再話した英語の内容の30％程度まで内容を英語の文章で表現できる,段階2：再話した英語の内容の30〜50％程度の内容を英語の文章で表現できる,段階3：再話した英語の内容の50〜70％程度の内容を英語の文章で表現できる,段階4：再話した英語の内容の 70〜80％程度の内容を英語の文章で表現できる,段階5：再話した英語の内容の80〜100％近くの内容を英語の文章で表現できる）のルーブリック（ルーブリック2）の2つを採用する。評価は2つの評価ルーブリック,(1)ルーブリック1にもとづいた5段階評価,(2)ルーブリック2にもとづいた5段階評価により実施する。実際には,これに加えて,(1)内容,(2)構成,(3)聞き取った情報量などの分析的な評価観点を設け,

対応する評価規準を「～できる」(CAN-DO) の記述文で作成し，上の2つのルーブリックに準じた評価の判断基準（判定基準）を作ることで，5段階で評価を行うこともできる。評価結果は発表力（話すこと）と文章化力（書くこと）をあわせ，最終成績の90%分に算入する。

5.3 生徒の振り返りによる自己評価

　生徒は，活動の成果の振り返りによる自己評価を行う。自己評価（次頁表4を参照）は，(1)活動全体を振り返っての成果の評価，(2)内容の評価（量・質），(3)音声化の流暢さの3基準について5段階の評価を行う。これに，自由記述による CAN-DO と CAN'T-DO の振り返りを加え，授業改善や生徒支援に活用する。自己評価は，10%の範囲内で最終成績に加える。この10%分の成績は，CAN-DOになじみにくい部分，タスクへの「関心・意欲・態度」の評価に相当する部分であるが，生徒の自己評価をもとに，タスクへの「関心・意欲・態度」の評価として，5段階（段階1：関心・意欲・態度の高さがかなり低い，段階2：やや低い，段階3：中程度，段階4：やや高い，段階5：かなり高い）で評価を行い，5段階評価の結果を，10%あたりの評価に換算し，最終成績の10%分として全体成績に算入する。

6　おわりに

　本稿ではインプットの知覚から始めて，聞き取ったインプットの内容からアウトプットのスムーズな誘出，表出へとつなげるリスニング指導の実践と評価の実際を2つのタスク，音声への正確で確実なキャッチ力を伸ばすことで，音声インプットへの知覚力を高めるタスク (perceptive input enhancement task)，インプットからアウトプットへのスムーズな誘出，表出への橋渡しをする技能統合型タスク (facilitative output task) の事例をあげて論じた。それぞれの事例では，授業デザインの例と評価の実際の例を観点，評価規準，判定基準（ルーブリック）をあげて示した。また，生徒による振り返りをもとにした自己評価を最終成績に算入するという，授業実践の場での評価の実際と評価の運用を念頭に置いた評価の試案も取り上げてみた。事例では，CAN-DOによる英語の理解と表現を授業の成果とする2軸の評価に加え，CAN-DOによる評価となじみにくいが，これまでも成績評価の観点の1つとして取り上げられてきた「関心・意欲・態度」の部分を評

表4　評価シートの例

Reflection Sheet				
Date:　　/　　　Class　　　ID　　　Name				
Today's Activity:				
1 No good	2 Rather not good	3 So-so	4 Good	5 Excellent
Today's Outcome:				
1 No good	2 Rather not good	3 So-so	4 Good	5 Excellent
Today's Fluency:				
1 No good	2 Rather not good	3 So-so	4 Good	5 Excellent
Your Comments:				
Your CAN-DOs & CAN'T-DOs:				

価の内訳に算入した。従来の観点別評価とCAN-DOによる評価の両方を折衷的にとりいれた例で，従来型の観点別評価を棚上げにしないで，CAN-DOによる成果の評価を実践に活かす提案を示した。従来の観点別評価のそれぞれの観点は，CAN-DOによる成果の評価とうまく整合する観点とうまく整合しにくい観点があるが，ここで示した評価の事例は，従来型の観点別評価とCAN-DOによる評価が，背反するものでなく，相乗するものであることを願っての試案とした。

　本節でとりあげた事例は，もとより，学びの主体である生徒が着実に伸びてこそ，ひとりひとりの生徒が学びの成果を確実に手にすることができてこその授業，評価の事例であるというにほかならない。生徒が英語を学んで伸びていくこと，英語を使ってできることの両方の成果の保障をすること，保障ができることは，迎えるグローバル化の中での日本の英語教育の大きな，そして，期待感が持てる授業と評価の課題であることを願って本事例の結びとしたい。

参考文献

門田修平. (2012). 『シャドーイング・音読と英語習得の科学』コスモピア.

Garrod, S. C., & Pickering, M. J. (1999). *Language processing*. Hove, East Sussex, UK: Psychology Press.

Jensen, E. D., & Vinther, T. (2003). Exact repetition as input enhancement in second language acquisition. *Language Learning, 53,* 373-428.

Swain, M. (1998). Focus on form through conscious reflection. In C. Doughty & J. Williams (Eds.), *Focus on form in classroom second language acquisition* (pp. 64-81). New York, NY: Cambridge University Press.

実践編⑬ ライティング＋スピーキング＋リスニング［中学］

中学校におけるディベート活動の実践と評価

木野　逸美

1　はじめに

　平成15年，21年に実施された経済協力開発機構（OECD）のPISA調査や平成22年度全国学力・学習状況調査の結果から，日本の子どもたちの思考力・判断力・表現力等には依然問題があることがわかっており，課題発見・解決能力，論理的思考力，コミュニケーション能力や多様な観点から考察する能力（クリティカル・シンキング）などの育成・習得が求められている。中央教育審議会答申（平成20年1月17日）p.25には「5.学習指導要領改訂の基本的な考え方 (4)思考力・判断力・表現力等の育成 ⑥互いの考えを伝え合い，自らの考えや集団の考えを発展させる」ための活動例としてディベート形式の議論を挙げている。
　昨今では，高校で英語ディベート大会に参加するところも多く，中学生のうちにその経験をさせ，段階的に指導していく必要がある。

2　ディベート形式の議論を取り入れた指導
2.1　授業の概要と目標

　NEW HORIZON English Course 3（東京書籍）Unit 5 Electronic Dictionaries—For or Againstでは，電子辞書と紙辞書の有用性について，さらにListening Plus 5では，若者が優先席に座ることについて議論している。教科書の英文を読み取ったり，議論を聞き取ったりしながら，様々な意見を理解し，さらに，これらのことを踏まえて，あるテーマについてディベート形式で議論することにより，視野を広げ，思考力・判断力を伸ばす機会とする。
　ディベート形式の議論は，国語科や社会科においても行われているが，英語で議論することは生徒にとって容易ではないので，段階的に指導していくことが必要である。チームで意見のとりまとめを行いながら思考を深め，視

野を広げていくためには話し合いの時間を十分とったり，生徒の英語力に合わせてシナリオ・ディベートにしたりといった工夫も大切である。シナリオ・ディベートなら自分たちが作成した台本を読み合う形式なので，即興で問答できる程度の英語力がない場合にもディベートを体験することができる。

2.2　レッスンプラン

注：□内は学習目標

時	学習活動・内容	指導上の留意点
1	現在分詞の後置修飾を習得しよう。 1　現在分詞による後置修飾の意味・用法を理解する。 2　表現活動	・現在分詞が形容詞的な働きをし，進行形の意味合いをもつことを押さえる。 ・ふさわしい場面設定をしながら表現活動を行う。
2	過去分詞の後置修飾を習得しよう。 1　過去分詞による後置修飾の意味・用法を理解する。 2　表現活動	・受動態の形式と関連させながら，過去分詞が形容詞的な働きをすることを理解できるようにする。 ・ふさわしい場面設定をしながら表現活動を行う。
3	電子辞書の使用について肯定，否定それぞれの意見を理解しよう。	・電子辞書と紙辞書の使用について，それぞれの意見を分類し，要約しながら読み取るようにする。 ・肯定，否定どちらかの立場に立って意見を書くようにする。
4	若者の優先席利用について肯定，否定それぞれの意見を理解しよう。 1　Listening Plus 5 議論の内容を聞いて理解する。 2　自分の意見を書いて，発表する。	・優先席に若者が座ることについての議論の内容を聞き，肯定，否定のどちらの立場からの意見なのか，理解できるようにする。 ・肯定，否定どちらかの立場に立って意見を書くようにする。
5 6 7	ディベートの準備をしよう。 1　チームごとにテーマを選択し，肯定派，否定派のどちらの立場をとるか決定する。 2　ワークシートに意見を書き，役割分担をする。 3　質疑応答の準備をする。 4　まとめの準備をする。 5　練習をする。	・必ずしも自分の気持ちと一致しなくても肯定，否定どちらかの立場に立って主張することを確認する。 ・チームでの話し合いを充実させることにより，論点のズレを防ぎ，表現におかしなところが出てこないようにする。 ・相手チームの考えを予測することで，物事を多面的にとらえ，思考を深められるようにする。 ・反駁，作戦に対処できないと思われるチームには，あらかじめ質問事項を示唆し，応答を準備させておく。

8 9	テーマについて議論しよう。（ディベート） 1　4人で1チームになり，ディベート形式で話し合う。 2　自己評価を行う。 3　まとめをする。	・相手を説得するには，原稿を読むのではなく，感情を込めて伝えるように助言する。 ・今後の英語学習への意欲へとつながるように，できるようになったことを認め，賞賛する。

3　評価

3.1　生徒による相互評価

　生徒による相互評価は，2回行う。1回目は形成的評価で，「コミュニケーションに対する関心・意欲・態度」「表現の能力」「言語や文化についての知識・理解」の3観点について，第7時のチーム内の練習の時に行う。（表1）この評価は，互いの良さを認め改善点を指摘することによって，次時の議論のときの発表内容がさらによいものとなるようにすることが目的なので，おおよそ到達していれば○をつけるようにし，つかなかった点について，さらに改善，練習を行うようにする。

表1　生徒による相互評価の観点（第5～7時）

〈コミュニケーションに対する関心・意欲・態度〉
　○ワークシートを見ずに意見を言えている。
〈表現の能力〉
　○自分の考えを正しい英文で述べることができている。
〈言語や文化についての知識・理解〉
　○ディベート形式での議論の仕方が分かっている。

　2回目の相互評価は総括的評価で，第8，9時のディベートの時に教師による評価と同時に行う。生徒相互が認め合うことによって意欲が高まり，表現を学ぶことができる。発表を行っている2チーム以外の生徒たちが評価する。
　評価は，概ねできている(A)，半分ぐらいできている(B)，B以下(C)という基準でつける。以下が第8，9時の活動における到達目標である。

表2　生徒による相互評価の観点（第8，9時）

〈コミュニケーションに対する関心・意欲・態度〉
○相手のチームを見ながら話すことができている。
○相手のチームの意見をメモをとりながら聞くことができている。
〈表現の能力〉
○大きな声で，はっきりと話すことができている。
〈言語や文化についての知識・理解〉
○ディベート形式での議論の仕方が分かっている。

3.2　教師による評価

　教師による評価は，第5～7時のディベートに向けての準備の時と第8，9時のディベートの時に行う。まず，第5～7時の活動についての評価について示す（表3）。外国語（英語）科の4観点のうち，「コミュニケーションに対する関心・意欲・態度」「表現の能力」「言語や文化についての知識・理解」の3つについて，概ね達成しているか否かを見る。

表3　評価規準（第5～7時）

〈コミュニケーションに対する関心・意欲・態度〉
○チームでの話し合いに参加している。
○自分の意見を英文で書こうとしている。
○自分の発表の練習をしている。
〈表現の能力〉
○自分の意見を英文で書くことができている。
○自分の意見を言うことができている。
〈言語や文化についての知識・理解〉
○ディベート形式での議論の仕方が分かっている。

　第8，9時のディベートの時の評価は，3つの観点については生徒相互の評価と同じ内容だが，さらに「理解の能力」についての評価を加える。これは，生徒がワークシートに発表内容を日本語でメモしたものを見て，評価する。基準は表4のようになる。

表4　評価規準（第8, 9時）

〈コミュニケーションに対する関心・意欲・態度〉
○相手のチームを見ながら話すことができている。
○相手のチームの意見をメモをとりながら聞くことができている。
〈表現の能力〉
○大きな声で，はっきりと話すことができている。
〈理解の能力〉
○友だちの意見の内容を理解している。
〈言語や文化についての知識・理解〉
○ディベート形式での議論の仕方が分かっている。

3.3　生徒へのフィードバック

　第7時のチームごとの練習時に行う生徒相互の評価は，その後の練習に生かし発表の質を高めるようにした。個人ではなくチームとして取り組むため，生徒たちには協力しながら行おうという気持ちが最初からあり，意欲的に友だちの評価を活用していた。

　第5～7時の教師による評価は活動の中で生徒本人にアドバイスとして使用した。

　第8, 9時のディベートの時には生徒相互と教師による評価を行い，最終的には本人に評価票を渡した。第7時の生徒相互の評価結果をもとに発表内容や態度を改善して発表に望んでいるので，達成感を味わった生徒が多く，「コミュニケーションに対する関心・意欲・態度」「表現の能力」についてはほとんどCがつくことはなかった。

4　結果と課題

　第5～7時のチームでの活動を観察し，生徒の英語力から反駁，作戦をその場で行うのは困難であると考え，どのチームにも相手側からの質問をあらかじめ与え，応答を用意しておくようにした。質問の内容が分かっていると，相手の話を聞かないのではないかと思われたが，どのチームもしっかり質問の内容を聞き，チームで確認したあと応答ができていた。

　生徒の感想としては「英語で議論するのは難しかったけど，自分の考えを伝えるのが楽しかった」「自分の意見を言うときは，その根拠を説明しなければならないので，そこが難しかった」「メモをとりながら相手の意見を聞くのは難しかったけど，とても力がついたと思う」「英語で話すときには，

自分が思っているよりも大きな声ではっきり話さないと，相手に伝わらないということを感じた」など，充実した活動ができたことが伺える。「ディベートをまたやりたいか」という問いに対しては，28名中22名が「やりたい」と答えた。

表5 第5～7時の教師による評価結果（28名）
〈コミュニケーションに対する関心・意欲・態度〉

到達目標	B 以 上 の 人 数		
	第5時	第6時	第7時
○チームでの話し合いに参加している。	23	27	26
○自分の意見を英文で書こうとしている。	20	22	26
○自分の発表の練習をしている。			28

〈表現の能力〉

到達目標	B 以 上 の 人 数		
	第5時	第6時	第7時
○自分の意見を英文で書くことができている。	13	18	28
○自分の意見を言うことができている。			22

〈言語・文化についての知識・理解〉

到達目標	B 以 上 の 人 数		
	第5時	第6時	第7時
○ディベート形式での議論の仕方が分かる。	20	26	26

　表5にあるように，自分の意見を英文で書くことができたのは，第5時は13名，第6時は18名であったことから，自力で英文を書くことは容易ではなかったことがわかる。しかし，「チームでの話し合いに参加している」生徒は，第5時の段階で23名おり，第7時ではほぼ全員がチームで協力できた。「自分の意見を英文で書こうとしている」という到達目標を達成している生徒が20名から22名，26名と増えていったのも，チームで協力したおかげで下位生徒でも自分の考えを書くことができたからである。しかし，内容を見てみると，意見のみで理由や根拠までは述べられない生徒も多く，主張としては十分とはまだ言えない。さらに，書くことに精一杯の生徒もおり，発表の練習は行ってはいたが，十分ではなかった。チームで話し合ううちにやるべきことが見いだせる生徒と逆に諦めてかけてしまう生徒の両方が見られ

るようになった。

　生徒は苦労しながらも自己表現をし，それが相手に伝わることに大きな喜びを感じる。そのため，生徒相互の評価も前向きにとらえ，さらによい表現をしようという意欲が高まる。実際に，第7時では，友だちによる評価結果を積極的に取り入れ，改善していく姿が多く見られた。チーム内で協力しながら取り組んだ結果，自分ひとりでは容易ではなかったと思われることができたことに，達成感を味わうことができた。今後もこのような活動を行いたいという声も多く，生徒の表現力を伸ばすのに有効な活動であると考えられる。

　次に，表6が第8，9時のディベートを行ったときの教師による評価結果である。

表6　教師による評価結果（28名）
〈コミュニケーションに対する関心・意欲・態度〉

到　達　目　標	B以上の人数
○相手のチームを見ながら話すことができている。	17
○相手のチームの意見をメモをとりながら聞くことができている。	21

〈表現の能力〉

到　達　目　標	B以上の人数
○大きな声で，はっきりと話すことができている。	24

〈理解の能力〉

到　達　目　標	B以上の人数
友だちの意見の内容が聞き取れた。	20

〈言語や文化についての知識・理解〉

到　達　目　標	B以上の人数
○ディベート形式での議論の仕方が分かっている。	26

　自分の書いた英文を読み上げるだけで，相手の目を見て話すことが不十分な生徒が11名いた。ここから，相手を納得させる気持ちが薄い様子が伺える。自分の考えを相手にしっかり伝えるにはどのような工夫が必要かを考えさせながら取り組ませると，相手の目を見たり，強弱をつけたりしながら話すようになるのではないかと思われる。そしてそのためには，表現の項目に「強

弱をつけながら話すことができている」という評価規準も必要になってくるので，この点について変更が必要かもしれない。

　さらに，内容をよく理解しておらず，とりあえず教師や友だちの助けを借りて上手に発表を行い，よい結果となった生徒がいることも否めない。その場しのぎでは本当に力がついたとは言えないので，どのくらい自力でできるようになったか，できるようになったことは何なのかが明らかに分かるような評価の工夫が必要である。

参考文献
文部科学省「言語活動の充実に関する指導事例集～思考力，判断力，表現力等の育成に向けて～【中学校版】」（平成 24 年 6 月）

実践編⑭ リーディング＋ライティング＋スピーキング［高校］

英語Ⅱの授業における技能統合的活動の実践と評価

廣瀬　美希

1 はじめに
1.1 本実践までの経緯
　山梨県では平成24（2012）年度から平成26（2014）年度までの3年間，生徒の英語によるコミュニケーション能力の育成を目標として，英語力の指導改善事業（通称，「山梨英語教育改善プラン」）を実施している。筆者の勤務校は平成24年度にその拠点校に指定され，学年の枠を越えて英語科全体で言語活動の指導と評価の改善に取り組んでいる。特に力を入れているのは，年間シラバスと3年間を見通したCAN-DOリストの作成である。年間シラバスは各単元における言語材料と学習到達目標，評価方法について4月当初に作成し，生徒に1年間の見通しを持って学習に取り組ませることを目的としている。CAN-DOリストは本校独自の3年間の指導・評価を明記し，生徒が3年間を通して何を身につけるかを把握させることを目的としている。CAN-DOリストは初年度試行したものを毎年改善しながら用いているが，概要は「英語でコミュニケーションを図れるようになること」を3年次の最終目標とし，1年次は「英語を正しく声に出して読めるようにすること」，2年次は「英語で自分の考えを発信できるようにすること」を目指している。日々の授業の合言葉は『教科書は富士山5合目』。つまり，「教科書で学んだことだけでは不十分で，それをどれだけ自分のものとして使えるようになるかが重要」という点を意識しながら英語学習を進めるような指導に努めている。

1.2 本実践の目的
　学習指導要領では，聞くこと，読むこと，話すこと，書くことの4領域の言語活動を有機的に関連づけつつ統合的に育成することが求められている。

そこで，教科書で学んだ知識・技能を活用し，自ら考え，適切な形で表現するという統合的な指導および評価の必要性を感じ，本実践を行った。

2 リーディングとライティング，スピーキングの技能統合的活動を取り入れた指導

2.1 実践の概要

本実践の目標は，教科書で学んだ知識や文法事項を活用し，それをもとに自分の考えを英語で発信できるようになることである。そこで，リーディング，ライティング，スピーキング，リスニングの4つの活動から成る技能統合的な活動をこの1年実施している。どの単元においても，本文読解後，学習内容に関連したトピックについて本やインターネットでより深く調べたり，生徒自身がアイディアを出したりして書き，口頭で発表するなど，英語でその成果を発表する実技テスト（以下，パフォーマンステスト＝PT）を行うという手順で進めた。

年間シラバスで当初予定していたPTは毎単元後であったが，授業進度の遅れや学校行事等の理由でだいぶ少なくなってしまった。しかし，学期に最低1回を目標に取り組み，平成25年度に実施したPTは表1の通り計4回である。本稿では，最後のPTについて報告したい。県立高校普通科の2年生を対象とした英語IIの授業での取り組みである。使用教科書は *WORLD TREK ENGLISH COURSE II* （桐原書店）である。

表1 実施したPT概要

学期	単元	PT内容	PT方法
1	Lesson 1 "Run, Yumeroman"	各都道府県の場所や名物について調べて紹介する。	グループごとに事前に書いた原稿をもとに，クイズ形式でクラス全体に発表。
	Lesson 2 "Your Style, Your Future"	世の中の職業について仕事内容ややりがい，必要な資質等を調べて発表する。	グループごとに事前に書いた原稿をもとに，クイズ形式でクラス全体に発表。
2	Lesson 4 "Virtual Water"	食事の献立を考え，それらに使用されるVirtual Water量を調べVirtual Waterを減らす工夫を発表する。	グループごとに事前に書いた原稿とイラストをもとに，クラス全体に発表。

| 3 | Lesson 5 "Rescue Robot" | 私たちが抱える問題を解決してくれるロボットを考え，企業に売り込む。 | グループごとに事前に書いた原稿とイラストをもとに，クラス全体に発表。 |

2.2 レッスンプラン

　英語Ⅱの授業はクラス単位で実施している。筆者は英語力が中〜低位層の3クラス（文系2クラス各41名，理系1クラス35名）を担当している。全体的に穏やかな性格で，英語は苦手だが授業には真面目に取り組む生徒が多い。文系週4時間，理系週3時間のうち，各1時間は投げ込みでリスニング指導を行っており，毎授業の冒頭15分は単語学習に充てているため，教科書はなかなか進まず，文系理系で進度も合わない状況である。本単元全体の流れは，おおよそリーディング活動13時間，ライティング活動3時間，スピーキング活動1時間の順で，1単元に総計17時間かけた。

2.3　各活動の指導
2.3.1　リーディング活動

　リーディング活動では，主に①英文の内容把握，②音読，③ディクトグロス，の3点に力を入れてパートごとに指導した。

　まず，英文の内容把握は，新出単語と文法の確認から始め，Q&AやT/Fなどを通じて，各パートで表2にあるポイントを読み取る指導を行った。なお，文法指導に関しては本単元の学習中に，ライティングの授業で細かく指導するため，リーディング活動では軽く触れる程度であった。この他，既習事項のイディオムや文法を空所補充問題で確認したり，単語の理解を英英定義の形式で確認したりした。

表2　Lesson 5の各パートの内容と言語材料

Part	学習内容	言語材料
1	ロボット開発にかける大学生の競さんと松野教授の思いを読み取る。	仮定法過去完了
2	松野教授がレスキュー・ロボットの研究に取り組んでいく様子を読み取る。	wish＋仮定法
3	競さんのロボットへの思いが受け継がれていった様子を読み取る。	動名詞の意味上の主語

次に、理解した英文を頭に取り込むべく、音読する機会をできる限り多く設けた。例えば、コーラスリーディング、バズリーディング、ペアリーディング、置換リーディング（いくつかの英単語が日本語に置き換えられた英文を見て、日本語を英語にしながら音読する方法）などである。そして、テキストを見ずにシャドーイングができることを音読の最終目標にし、繰り返し音読練習をさせた。本校の生徒は私が赴任した4月当初から、声を出すことにはあまり抵抗がなく、これらの活動には実によく取り組んだ。

各パートの要約をCDで3回程度聞かせ、メモを取らせた後、聞き取ったことをもとに本文の要約を復元させるという、ディクトグロスも個々の活動として行った。これは難易度の高いタスクではあるが、リスニング力とライティング力、語彙力と文法力などを総合的に高めると言われているため3学期から取り入れた。

2.3.2 ライティング活動

単元の学習終了後、本単元のトピックであるロボットに関する内容でPTの準備を進めた。今回は「ロボット博覧会で新作ロボットを発表し、企業に売り込むことになった。魅力的なロボットを考え、その性能を企業担当者に向けて発表しよう」という状況を設定した。ライティング活動の手順は以下の通りである。

① 3〜5人1組のグループを作る。
② 日常生活で困った体験をもとに、それを解決してくれるロボットを考える。
③ A3用紙にロボットのイラストを描き、その性能を説明する英文を考える。

英文はグループで協力して考えさせた。授業での作業時間は2〜3時間で、期日までに終わらないグループは授業外での宿題とした。

2.3.3 スピーキング活動

スピーキング活動の中心は本番一発勝負のPTである。準備が終わったグループから順に、以下の役割分担に沿ってPT当日まで授業内外で練習するよう指示した。

生徒A：B, C, Dにインタビューをし、かつ、最後に感想を述べ、聞き

手にロボットの品評を促す。
生徒B：「日常生活で困った体験」を話す。（この際，本単元の言語材料である仮定法を最低1回用いるよう指示）
生徒C：生徒Bの体験を元に発明したロボットについて，イラストを提示し，「ロボットの名前」と「性能その1」を話す。
生徒D：発明したロボットの「性能その2」について話す。

　3人グループはC，Dを兼任し，5人グループは性能を3つ話すなど，適宜対応させた。また，質問があれば発音の指導等は行うが，基本的には各グループに練習は任せた。流暢に発表することを促すために3分という制限時間を設定した。当日は抽選を行って発表順序を決め，発表はイラストを見せながら，1グループずつ他のグループの前で行った。生徒達に適度な緊張感を持たせるため，また，後の評価で必要な時に使えるよう，発表の様子は視聴覚担当教諭にビデオ録画してもらった。聞き手となる他のグループには，評価を行わせ，発表者の良い点や改善すべき点などを日本語でも英語でも構わないのでメモさせながら注意深く聞かせた。

3　リーディング，ライティング，スピーキングの統合的活動の評価

3.1　各活動の評価方法と判定基準

3.1.1　リーディング活動の評価方法

　各単元の各パートにおいて，内容把握問題や音読，ディクトグロスなどのタスクごとの正答率や取り組み具合について生徒自身に自己評価を行わせた（次頁表3参照）。生徒に各自の取り組みを客観的に振り返らせ，学習への意欲を高めるためである。筆者の授業ではペアワークを行う機会が多いため，ディクトグロスのようなタスクではペアで相互評価させることもあった。また，各パートの学習後，授業の理解度について自己評価させた。教員が生徒の困難に感じている箇所や授業への要望等を把握するためである。これらはタスクの直後に手軽にできるよう，主にA・B・Cの3段階評価で行った。

　さらに，各パートの感想や質問事項を自由記述させた。生徒の記述に関しては，プリントを回収して1人1人に対して質問への回答や励ましの言葉を一言添えた。なお，生徒の自己評価はあくまで生徒自身の振り返りを目的としているため，英語Ⅱの成績には含めなかった。

表3　ハンドアウトの自己評価欄

```
☆この part の目標（定期テスト）              自己評価欄（Lesson 後）
  1  ポイントとなる文を和訳したり英訳したりすることができる。 【 A  B  C 】
  2  ロボット開発にかける競さんと松野教授の思いを読み取ることができる。【 A  B  C 】
  3  仮定法過去完了の意味と用法を理解し、適切に使うことができる。【 A  B  C 】
  4  CDの後に続いて Shadowing することができる。      【 A  B  C 】
  5  CDを聞き、本文の要約を書くことができる。         【 A  B  C 】


☆授業内容　[　難　・　適　・　易　]

☆この Part の感想や質問など
```

評価【A（よくできた）　B（だいたいできた）　C（ほとんどできなかった）】

3.1.2　ライティング活動の評価方法

　各グループの発表原稿は授業担当者が発表前に1度添削した。添削は自主的に依頼があった時のみ行ったが、全てのグループが希望した。できる限り生徒自身が考えた原文を活かすよう、発話の意味解釈に影響を及ぼさないローカルエラーは気にせず、発表に支障をきたすグローバルエラーのみ添削した。ただし、生徒Bについては「最低1回仮定法を使う」という条件を設定していたため、この部分を間違えていたグループには説明をし、生徒自身に訂正させた。

　4回のPTの取り組みの中で、英作文の添削は日本人教諭が行うときもあれば、ALTに依頼することもあった。また、テスト前に添削せず、テスト後に英文の正確さを評価することもあった。どの時点でどれだけ添削をすべきか、筆者も未だ模索中である。

　発表の分析的な判定基準（ルーブリック）はライティング活動に取り組む前に提示した。ライティング活動に関わる評価項目は表4の①「内容・独創

性」であり，発表前に原稿を添削した際，5点・3点・1点の3段階で評価した（表4参照）。

表4 発表のルーブリック

評価	Lesson 5 Performance Test Rubric for Writing and Speaking				
	① Contents & Originality (内容・独創性)	② Visual Aid (イラストの出来映え)	③ English (発音・流暢さ)	④ Attitude (発表態度)
5	○伝わりやすいシンプルな語句を使って，わかりやすく構成している。 ○独創性に富んだアイデアを発表している。	○人を惹きつけるデザイン・色使いをしていて，興味をそそられる出来映えである。 ○遠くからでもわかりやすいように描かれている。	○単語ごとの発音や文全体のイントネーションに気を遣い，よどみなく流暢に発話できている。	○教室の一番後ろの席まで届く大きな声で発表できている。 ○聞いている人に配慮した聞き取りやすいスピードである。 ○原稿を見ることなく，アイコンタクトを意識した発表となっている。
3	○ところどころわかりにくい表現があるが，全体の内容を理解するのに支障がない。 ○アイデアに独創性がやや欠ける。	○デザイン・色使いなどに工夫がみられる。 ○遠くからだと少しわかりにくい。	○多少の発音ミスなどがあるが，英語らしい発話をしようという努力が見られる。	○大体はっきりと発話できているが，注意して聞かないと聞き取れない部分がある。 ○多少早口になったり，止まったりすることがあるが，聞き取るのに支障がないスピードである。 ○原稿を見たり，一点を見つめて視線を合わせなかったり，アイコンタクトにやや難がある。
1	○使用している語句のほとんどが，理解できない。 ○他の班とアイデアがかぶる等，独創性が見られない。	○見せるための工夫がなく，何が描いてあるのかわからない。	○発音の正確さや流暢さに欠ける発表で，「英語」として伝わらない。	○話している声が小さく，最初から最後までほとんど聞き取れない。 ○ぶつぶつ早口で発表する，止まってしまうことが多いなど，内容を理解するのに支障がある。 ○原稿を読み上げるだけだったり，下を向いたり，天井を見たりなど，アイコンタクトがまったくとれていない。

3.1.3 スピーキング活動の評価方法

スピーキング活動を評価する項目は，②イラストの出来映え，③発音・流暢さ，④発表態度の3点である．各評価項目も5点・3点・1点の3段階評価で，ライティング活動の①内容・創造性と合わせ，20点満点で，グループごとに評価した．

表5の評価シートを用いて，1名の教員による評価，聞き手である生徒達による相互評価，発表者の自己評価の3種類で評価した．しかし，PTの評価で重要視したのは教員評価であり，生徒の評価は生徒へのフィードバックの際，参考程度に利用した．評価シートは「企業担当者になったつもりで発表されたロボットに値段をつける」という状況を設定していたため，何点ではなく何万円にした．

表5 評価シート

	Lesson 5 Performance Test Evaluation Sheet				
	GROUP ( ) 2-( )-( ) name ( )				
①	Contents & Originality	英文の内容の完成度・独創性	5万円	3万円	1万円
②	Visual Aid	イラストのわかりやすさ・出来映え	5万円	3万円	1万円
③	English	発音など，英語の流暢さ	5万円	3万円	1万円
④	Attitude	発表態度・声の大きさ	5万円	3万円	1万円
	①+②+③+④ Total score			/20万円	
	よかった点：				
	改善が必要な点：				

3.2 生徒へのフィードバック

全てのグループの発表終了後，グループごと及びクラス全体によかった点や改善が必要な点を簡単に伝えた．このPTの評価は各定期試験の一部として反映させた．英語IIにおけるPTの評価割合は，定期試験での筆記試験を始め，提出物や授業態度等の他の平常点との兼ね合いもあり，本単元では全体の20%であった．英語IIの成績の内訳は各定期試験で若干の違いがある

ものの，今回は定期試験50%，平常点50%（PT 20%，小テスト15%，提出物15%）であった。

4 結果
4.1 得点の分布
　第4回目のPTを3クラス全て実施するのに3週間かかった。山梨県が記録的な大雪に見舞われ，本校が長期間にわたり休校になったためである。3クラスのうち2クラス（クラス2・3）は，準備の後かなり時間が経ってからのPT実施になってしまったが，参考までに以下に結果を示したい。

表6　PT評価の比較

クラス	グループ	1	2	3	4	5	6	7	8	9	10	平均
1	教員評価	18.0	14.0	16.0	16.0	20.0	14.0	16.0	18.0	18.0	14.0	16.4
1	相互評価	17.7	17.2	16.3	16.0	18.0	14.7	15.6	17.9	16.6	17.1	16.7
1	自己評価	20.0	18.0	20.0	14.5	20.0	14.0	20.0	18.0	20.0	18.7	18.3
2	教員評価	18.0	18.0	16.0	16.0	14.0	14.0	14.0	16.0	14.0	20.0	16.0
2	相互評価	17.2	18.2	17.7	19.0	15.6	17.7	16.3	16.5	17.1	18.3	17.4
2	自己評価	18.5	19.5	17.5	20.0	20.0	17.5	17.0	19.5	18.0	16.8	18.4
3	教員評価	12.0	14.0	14.0	14.0	16.0	18.0	16.0	16.0			15.0
3	相互評価	15.2	18.5	18.2	18.6	16.8	19.1	18.0	19.3			18.0
3	自己評価	※	20.0	20.0	※	18.7	17.5	19.0	18.8			19.0

注：20点満点。クラス1とクラス2は41人のため，計10グループ。クラス3は35人クラスのため，計8グループ。相互・自己評価は平均値。※はデータに不備があったグループ。

　表6より，準備の後すぐPTを実施したクラス1は教員評価と生徒による相互評価にそれほど差はなかったことが分かる。筆者は特に甘く評価したつもりはない。よって，生徒たちは互いに馴れ合いで評価したわけでなく，判定基準に基づきしっかり評価したと考えられる。一方，PTの準備から実施までだいぶ間が空いたクラス2とクラス3は教員評価と相互評価に差が見られた。このような結果になった理由としては，ライティング活動前に説明した判定基準が長期間の休校を経て曖昧になってしまった可能性がある。また，クラス1に比べ，クラス2とクラス3はクラス全体の雰囲気がよくまとまりもあり，誰とグループを作っても構わないという意見が多く，男女関係なく席が近い者同士でグループを形成するほどであった。互いの発表に対する聞

き手のよい反応からも，実際の出来より寛容に得点をつけたグループが多かったと推測される。

自己評価については，どのクラスにおいても全体的に教員評価より得点が高かった。生徒達に自由にグループを作らせた際，クラス1では男子は性格的に強く目立つ者同士が，女子は仲の良い者同士が同じグループになる傾向があった。これらのグループは，自己評価の記述から，客観的に自分を評価するというより，自分がベストを尽くしたり，チームワークよく完璧な発表をできたりしたという達成感で満点をつける様子が伺われた。教員評価と自己評価の得点がかなり開いたクラス3においては，最初に発表したグループの出来があまりよくなく，そのグループと相対比較して自己評価の得点を高めにつけたのではないかと推測される。

4.2 生徒の反応と変容

年4回のPTの中で，第1回目のPTは慣れない活動であることや新しいクラスで人間関係が十分構築されていない状態で教員が恣意的に決めたグループでの活動だったせいか，お互いに遠慮し活動が滞るグループが若干見受けられた。しかし，それらは回を重ねるごとに改善され，第4回目のPTでは，どのクラスにおいても男女関係なく，また，英語の得意な生徒もそうでない生徒も助け合いながら懸命に準備を進めていた。

実際，担当する3クラス（115名）に授業アンケートで実施した計4回のPTへの取り組み具合を尋ねたところ，「一生懸命取り組んだ」または「ほぼ一生懸命取り組んだ」（99%）生徒がほとんどであった。その理由は，「英語Ⅱの評価の一部になるため」（41%）と「仲間の足を引っ張らないため」（39%）が大半を占めていた。グループワークの評価が個々の英語Ⅱの平常点に反映されるため，責任を感じて取り組む生徒が多かったようである。特に，英語が苦手な生徒は自分の出来が仲間の評価に影響するため，英作文の段階で仲間に教えてもらったり，必死に発表を練習したりする姿が見られた。得意な生徒は苦手な生徒のサポートをするなど，学び合う雰囲気が作られた。中には「話す力や発表する力を向上させるため」（17%）や「グループワークは楽しかったから」「自分たちの力で英文を作って発表するのは面白かったから」という理由を書いた生徒もいた。PTが英語力の向上に役立ったかという質問については，「大変役立った」と「まあまあ役立った」を合わせ

て70%という結果であった。具体的には，「話す力」(45%)，「書く力」(21%)，「度胸」(13%)を生徒は向上させたと感じているようであった。

また，自由記述で感想を述べさせたところ，「皆と1つのプロジェクトを完成して達成感があり，協調性も高まった」「自分たちで一から考え文を作ったり発表したりするのは大変だったがやってよかった」「英語で話すことが楽しくなった」「緊張するけれどよい経験だったので今後も継続してほしい」など，PTに対して好意的な意見が多かった。

5　今後の課題

年4回のPTを終え，反省すべき点がいくつかある。第1に，評価の信頼性である。各クラス授業担当者1名のみで評価を行っており，他の教員とは平均点や最低点が概ね同じであるか比較する程度であった。よって，できる限り互いの授業に参加し，教員2名以上で評価をする等，信頼性を高める必要がある。

第2に，グループ評価の妥当性である。第4回目のPT以外ではグループを出席番号や席順などで恣意的に作ることが多く，英語力の差を始め様々な要因が評価に影響を及ぼしていた可能性がある。アンケートで，「互いに足を引っ張ることや引っ張られることがあるので個人活動にしてほしい」「英語力を考慮して平等なグループ分けにしてほしい」という意見も実際にあった。よって，グループ評価の妥当性を高められるようなグループ構成を考える必要がある。

第3に，生徒の相互評価と自己評価の扱いである。分析的評価4観点での結果を生徒と教員間で比較することで，大きくずれそうな評価項目を特定できると考えられる。これが特定できれば，ずれが小さい項目に関しては生徒に評価を任せるなど，生徒と教員の評価をうまく組み合わせることができると思われる。

第4に，発表のスタイルである。現在の方法では，暗記したものをただ発表しているに過ぎない。スピーキング活動の取っかかりとしてはよいが，少しでも実際のコミュニケーションに近づけるために，PTを暗記ではなくキーワードを書いたメモを見ながら発表させる等，工夫が必要である。このように，毎回改善をしつつも未だ多くの課題が山積している。これらの課題を今後どのように修正していくかが重要である。

6　おわりに

　山梨県立高校教員に採用されて5年目，新天地に異動になり，心機一転して英語教員として色々と挑戦させていただいた1年であった。PTは筆者自身初めての実践であり，その取り組みの中で失敗例や不十分な点が多くある。しかし，取り組んだことで課題が明確になり，今後の指導に活かすことができるとも考えている。4技能を総合的に育成するためには，4技能を統合的に評価するテストを行うことが効果的であると考えているため，今後も継続的に挑戦していきたい。

実践編⑮　語彙＋スピーキング＋ライティング［大学］

ペア会話による語彙学習と技能統合的活動の実践と評価

竹内　典彦

1　はじめに

　スピーキングのタスクは，次の5項目の度合いが高いと，タスク性が高いという。「グループワーク」，「意味の交換」，「活動終了の明確な指示」，「アウトプットが残る」，「実生活との関連」である。そのなかでも「意味の交換」の項目は，コミュニケーションを行ってはじめて知りうる情報を得るために重要なので，「タスク性が高い」と評価される。反対に，例えば絵を見れば答えがわかるような活動であれば，コミュニケーションの必要がないので「タスク性は低い」とされる。つまり，「タスク性が高い」ということはコミュニケーション活動の意義がそれだけ大きいということになる。

　本稿で紹介する活動は，ペアを作り，パートナーのみが知りうる情報を得るために質問をするという「意味の交換」を重視した活動である。その際の回答のヒントとなる語彙を学習させるのが本活動の主たる目的である。また筆者はPCを使用しているが，PCのない教室でも実践可能である。

2　語彙とスピーキングとライティングの技能統合的活動を取り入れた指導

2.1　活動の概要と目標

　大学1年生対象の，習熟度別クラス編成科目である「基礎英語」の，初級レベルのクラスである。本活動の目標は，スピーキングとライティングの活動を通して，序数の表記方法の確認と星座の語彙を学習することである。

2.2　活動プラン

　このクラスの授業のメインは市販の学習ソフトウェアを用いたeラーニングであるが，授業の最初の15分程度で本活動を行う。eラーニングではリ

スニングやリーディングが中心になるため,スピーキングやライティングを意図的に組み込んでいる。本活動ではスピーキングタスクを行い,発話を英文として記述するライティング活動を統合させるため,「アウトプットが残る」ことになる。書くことによって相手の回答を一時記憶する必要が生まれる。会話の内容を記憶していなければ相手の回答を書くことができないからである。相手の回答を書く必要があるので,会話すなわちコミュニケーション活動の意義をより感じることができる。コミュニケーション活動がなければ,相手の情報を知ることはできないからである。

2.3 語彙とスピーキングとライティングの技能統合的活動

　本授業では大学独自のMoodleサイト(POLITEという)を利用している。Moodleとは,オープンソースによるeラーニング用のプラットフォームのことである。

　まず,ウェブ上に12星座の英語を提示する。すなわち,Capricorn(山羊座),Aquarius(みずがめ座),Pisces(魚座),Aeries(牡羊座),Taurus(牡牛座),Gemini(双子座),Cancer(蟹座),Leo(獅子座),Virgo(乙女座),Libra(天秤座),Scorpio(さそり座),Sagittarius(射手座)である。またこれらの単語の発音練習をしておく。

　次に隣の人とペアを作り,第1問で,When is your birthday? と聞き合う。この際メモはとらず,記憶するように指示している。実際の会話で,メモを取ることは少ないからである。なお,It's January 23rd. 等の序数の表記方法は,大学入学以前に既習であるが,事前に確認しておく。第2問では,Who gives you presents on your birthday? と聞き合う。第3問では,What is your sign?(星座は何ですか?)と聞き合う。

　POLITE上に準備されている前述の3つの質問を利用して,学生はそれを見ながら互いに質問し,自分とパートナーの回答の両方を画面に入力する。星座は,自分の星座ならともかく,12星座全て知っている学生は少数だろう。普通教室なら,ハンドアウトを用意してそれに記述させるとよいだろう。教員は机間巡視をして,会話の状況を観察し,必要があれば回答や記述の支援を行う。

3 語彙とスピーキングとライティングの技能統合的活動の評価
3.1 評価方法
　本活動では，ウェブ上のMoodleに（普通教室ならハンドアウト使用），学生の書いた英文が記載され，教員がその英文を確認できる仕組みである。スピーキングの評価は机間巡視では限界があるので，この場合はアウトプットとしての回答の英文を，語彙とスピーキングとライティングの技能統合的活動の成果として総合的に評価する。実際に相手とスピーキング活動を行っていなければ，相手の誕生日や，誰がプレゼントをくれるのか，星座は何かがわからないからである。相手の回答を忘れてしまった場合は，再度質問をすればよい。遠慮せずに再度聞くように指導しておく。一度聞いたことを忘れるということは現実にあり得るからである。

3.2 語彙とスピーキングとライティングの技能統合的活動のためのタスクを通しての評価
　点数は1英文3点満点。3問であり，自分とパートナーのそれぞれの回答（英文）があるので，合計18点満点である。
　第1問の When is your birthday? に対して，It's May 22nd. 等と書かれていれば満点（3点）の評価がもらえる。数字の後の st, nd, rd, th が適切に書かれていれば満点の3点だが，そうでないときは1つのミスに対して1点減点である。会話なら It's は省略してもよいが，ここでは文法的な要素もあるので，It's または It is を1点として採点する。「月」が合っていれば1点，日にちと序数が1点の合計3点である。
　第2問の Who gives you presents on your birthday? では，My parents do. 等とあれば満点である。主語が1点であり，代動詞の文法が合っていれば2点である。代動詞を使わずに動詞と目的語を書いている場合はそれぞれ1点ずつである。パートナーの回答も Her parents and friends do. 等と表記してあれば満点である。中には，「昔は両親がプレゼントをくれたが，大学生になったら，くれなくなった」ということもあり得る。そういう場合は，My parents used to give me one, but not now. 等と回答すればよいことを指示する。
　第3問の，What is your sign? に対しては，It's Gemini. 等とあれば満点だが，自分とパートナーの星座（His/Her sign is Libra. 等）が正しく表記

されていなければ減点である。誤りが軽微なものは1つにつき1点減点，重いものは2点減点とする。すなわち It's や It is がない場合は1点減点であり，星座名のつづりの間違いは1点減点である。星座名そのものがなければ2点減点である。

3.3　学生へのフィードバック

学生には，個別に間違いを訂正し，点数を示して次の時間に返却する。また頻度の多い誤りの例を，授業中にクラス全体に説明する。そして自分の間違いを訂正して Moodle 上に再提出させている。プリントの場合も再提出させることができる。

4　結果と課題

回答の表記方法について事前に例示しているので，結果はかなり良好であった。18点満点で平均約12点。1英文平均で，2点以上であった。一部，パートナーの回答を自分の回答のように，My parents do. 等と書き，3人称にしていない例もあった。また，事前に確認していたにもかかわらず，序数のつづりに誤り（13rd, 21th 等）が見られた。序数は日常生活での使用頻度が高いので，繰り返し指導していきたい。

5　まとめ

本活動は，語彙学習としてだけでなく，スピーキングタスクとしても極めて有効であると思う。学生も楽しく活動に取り組んでいる。質問を毎時間3つ程度用意しなくてはいけないが，学習効果が高い活動としてお勧めしたい。

参考文献

石塚博規，志村昭暢，横山吉樹，尾田智彦，竹内典彦，中村香恵子，白鳥亜矢子，山岸拓．(2011)．「e ラーニングによる学習効果の検討―Moodle 上での学習データと意識調査の分析」*HELES Journal, 11,* 33-50.

臼田悦之，志村昭暢，横山吉樹，竹内典彦，中村　洋，山下純一，川上昌志．(2012)．「スピーキング活動のタスク性調査―中学校新旧教科書を比較した場合」*HELES Journal, 12,* 21-35.

Willis, D., & Willis, J. (2007). *Doing task-based teaching*. Oxford, UK: Oxford University Press.

実践編⑯ 語彙+リーディング+リスニング+ライティング［大学］

動画観賞による語彙学習と技能統合的活動の実践と評価

竹内　典彦

1 はじめに

　担当している授業の最後に，毎回短い動画を見せている。HEINLE CENGAGE Learning が出している，NATIONAL GEOGRAPHIC（以下ナショナル・ジオグラフィック）のシリーズで，1本が3分から8分程度で構成されている。語彙によるレベル分けや科学，活動，人々，地域等のジャンル分けもされていて，たいへん使いやすいビデオであり，学生にも人気がある。実際に4技能や文法，語彙，音声の学習をしても，自分の英語力を確認する場が必要である。動画観賞は，そうした場を作り出してくれる。

2 語彙学習とリーディングとリスニングとライティングの技能統合的活動を取り入れた指導

2.1 活動の概要と目標

　大学1年生対象の，習熟度別クラス編成科目である「基礎英語」の，初級レベルのクラスである。本活動の目標は，リーディングとリスニングとライティングの活動を通して，動画に出てくる語彙を学習することである。

2.2 活動プラン

　授業のメインは市販の学習ソフトウェアを用いるeラーニングであるが，授業の最後に本活動を行う。動画の英文字幕を読むことでリーディングのトレーニングができる。また英語音声に耳を傾けながらのリーディング活動なので，リスニングのトレーニングにもなる。また動画観賞後，大学独自のMoodle サイト（実践編⑮で述べた POLITE）に，感想を英文で書くことでライティングのトレーニングも統合させている。感想を書くためには，動画の中の英語表現を一時記憶しておくことが求められる。

2.3 語彙とリーディングとリスニングとライティングの技能統合的活動

「ナショナル・ジオグラフィック」のPRE-INTERMEDIATE（1000語レベル）の中から，'Puffin Rescue!' というアイスランドを舞台にした動画を観賞する。話は，「ツノメドリ」のひなが海に向かって巣立つときに，街灯の影響などで方向を誤り，市街地で迷子になっているところを子どもたちが救うというものである（視聴時間約3分）。動画を見る前に，話の内容や舞台となる場所を地図で提示したりして，簡単に英語で説明をしておく。また動画の中で出てくる，orphan, pier, puffin, confuse, affect, fortunately 等の語彙について，意味や用例等を説明する。学生たちは，それらの語彙が出てきたときに事前に知らされた意味を確認することになる。

動画を流す際には，音声と同内容の英文字幕を提示する。学生たちには，英語音声に集中しながら，字幕を読むように指示する。動画終了後，感想を英語でPCを使ってウェブ上のサイト（大学独自のMoodleサイト）に書き込む。普通教室ならハンドアウトで代用できる。教員は机間巡視をして，英文を作成する際の質問等に備える。

3 語彙，リーディング，リスニング，ライティングの技能統合的活動の評価

3.1 評価方法

本活動では，最終的にウェブ上のMoodleに（普通教室ならハンドアウトに），動画を観た感想である学生の書いた英文が記録され，教員がその英文を確認できる仕組みである。この場合，感想の英文中に，事前に提示した語彙を少なくとも2語使用するよう事前に指示している。意図的に使用することで学生はそれらの語彙を習得しやすくなるからである。また量的にも少なくとも英文を2つ書くように指示している。限られた時間の中の活動なので（事前説明を含め，動画視聴から英文作成まで15分程度），長い文章を書くことを要求していない。動画を観賞しながら，リーディングとリスニングで内容を理解して，その感想を書くことになるので，内容をしっかり理解できていれば，自然とポイントをとらえた感想になる。評価は「質」と「量」と「提示した語彙の適切な使用」が中心になる。なお，時間に余裕がある場合は，ペアを作りパートナーと感想を話し合う。

3.2 語彙，リーディング，リスニング，ライティングの技能統合的活動のための動画観賞タスクを通しての評価

　この活動は英文の感想を5点満点で評価する。すなわち英文の質が高く間違いも少なく，動画の細かい理解までうかがわれる感想は評価が高くなる。英文が2文以上で適切な長さを満たしていれば量的にも十分である。さらに事前に提示した語彙を2語以上使用していれば，満点の5点となる。およそのめどは，英文の質に関しては2点であり，量が1点であり，提示語彙の使用が2点となる。提示語彙は赤文字にするよう指示してある。普通教室のハンドアウト使用でも色を変えるように指示すればよい。質に関しては内容，文法，構文，使用語彙を総合的に評価して，2点，1点，0点の3段階で評価する。コツとしては「量」と「提示語彙の使用」を最初にチェックして，最後に「質」をチェックする。なぜなら「量」と「提示語彙の使用」はすぐにチェックできるからである。具体的な例として，

　They throw the puffin toward the see.
　To throw the puffin affect good for children.

の場合，2つの文と提示した2語（puffin, affect）を書いているのでまず3点。文法とつづりにミスがあるので質は1点。合計4点となる。

3.3 生徒へのフィードバック

　学生の感想は，個別に間違いを訂正し，点数を示して次の時間までに返却する。学生はウェブ上で自分の点数や間違いを確認する。また典型的な間違いの例や，よい感想の例を授業中クラス全体に提示して共有している。

4　結果と課題

　学生はこの動画観賞をたいへん気に入っている。外国の文化や風習をテキストで読む機会はあっても，動画でしかも英語で観る機会はこれまで多くなかったからだと思う。英語で感想を書くことにも意欲的に参加している。必須項目が明確なので，大部分の学生は「量」（英文2つ）と「提示語彙」（少なくとも2語使用）については満点をとる。「質」（内容，文法，構文，使用語彙等）を合計して，かなりの学生は4点の評価になる。3点以下の学生は少数である。3割程度の学生は満点を得ている。

動画の英語のレベルを学生のレベルに合わせているので,難しすぎると感じる学生は,予想以上に少ない。当初,事前説明や提示語彙なしに動画を見せていたが,「内容を理解するのが難しい」という声が多くあり,事前説明等を加えたのがよかったのだと思う。今後の課題は,英語字幕を見せないで,どれぐらい聞き取れて内容が理解できるかである。難易度が大幅にアップするので,学生の反応を聞きながら試してみたいと考えている。

5 まとめ

以前は授業で映画を見せることもあった。しかし映画は,学生のレベルに合い,なおかつ興味を引くようなものを選ぶのが難しい。また,セリフの多すぎるものは難しすぎるし,少なすぎても学習効果は低い。この活動で利用しているナショナル・ジオグラフィックのシリーズは3〜8分程度と短いし,難易度も各種あり,題材も興味深い。テレビで見たことのある内容とも違う。学生のモチベーションを引き上げ,語彙,リーディング,リスニング,ライティングを統合させた活動であり,時間があればスピーキングも加えることができる。感想を書くためには,映像が内容を思い出すきっかけになる。つまりビデオを観た後に,内容を思い出そうとするとき,断片的な映像の記憶を活用しようとする。したがって一時的な作業記憶が活性化される活動でもある。事前説明を通して学生が持つ題材に関する知識もスキーマとして利用できる。お勧めの教材と活動である。

参考文献

石塚博規, 志村昭暢, 横山吉樹, 尾田智彦, 竹内典彦, 中村香恵子, 白鳥亜矢子, 山岸拓. (2011). 「e ラーニングによる学習効果の検討—Moodle 上での学習データと意識調査の分析」*HELES Journal, 11*, 33-50.

臼田悦之, 志村昭暢, 横山吉樹, 竹内典彦, 中村 洋, 山下純一, 川上昌志. (2012). 「スピーキング活動のタスク性調査—中学校新旧教科書を比較した場合」*HELES Journal, 12*, 21-35.

Willis, D., & Willis, J. (2007). *Doing task-based teaching*. Oxford, UK: Oxford University Press.

実践編⑰ 国際理解教育［高校］

開発教育の実践と評価
——英語教育との接点

吾妻 久

1 はじめに

　現在，学校現場における国際教育の実践は，学習指導要領でも示されているように総合的な学習の一環として扱われるか，または英語教育の中でも環境・文化・地域性などのテーマを通して，異文化理解に努めるよう促されている。一方開発教育に関しては，外務省から2001年に『国際教育・国際理解教育ハンドブック』が刊行され，その後各教育現場での実践事例の紹介を加える形で改訂されている。これは2000年の「国連ミレニアム開発目標」の宣言に基づくものであるが，学校現場（特に高等学校において）の開発教育の手法を用いた継続的かつ系統的な指導の実践や研究も徐々にその数が増えつつあるように思われる。

　しかし，その指導法や評価法に関して英語教育の中で触れられるのは稀であり，そのため学校英語の授業の中で開発途上国を題材として扱う単元において，開発教育的な視点から英語の授業へその指導法や評価を反映させるにはどうしたらいいのか，個人的な課題として取り組んでいるところである。

　本稿では，広い意味で英語教育における国際理解教育という観点からの指導と評価と考えているが，その具体的な手法としては開発教育に焦点を絞りながらの報告であることを念頭に，読みすすめていただければ幸いである。

2 開発教育の指導
2.1. 開発教育とは

　『開発教育・国際理解教育ハンドブック』（外務省，2001）によれば，開発教育がめざすのは，「開発途上国などを理解し，開発問題やその解決について主体的に考える能力を養うこと」であると書かれている（1章1節(2)）。さらに，その目標は「知ること・考えること・変わり，行動すること」とある。

すなわち，これまで日本などの先進国が，開発途上国や新興国と呼ばれる国々が抱える諸問題（貧困・貧富の格差・児童労働など）に関してどのように支援あるいは協力すればいいのか，また，それらの開発政策に伴う諸問題（エネルギーや自然破壊など）にどのように取り組めばいいのかについて，直接的に知識だけを教えるのではなく，学習者自身が問題を発見し，調べ，解決法について検討し，実践させるための教育と考えていいだろう。

おそらくこのことから，開発教育は英語教育よりは地歴・公民科や理科，あるいは総合的な学習の時間の中で主として扱われることが多かったのではないだろうか。

ただし，その際の手法としては「参加型学習」が推奨されており，教師の役割を「ファシリテーター」と位置づけており，知識伝達型の教授法とは異なっている。

2.2. 参加型学習とファシリテーターの役割

参加型学習とは「学習者が，単に受け手や聞き手としてではなく，その学習過程に自主的・協力的に参加することをめざす学習方法」（外務省，2001，1章2節(1)）ととらえられている。すなわち，教師から学習者への知識の一方的な伝達と学習成果だけが重視されるのではなく，学習者が問題意識を持って主体的に取り組むことや学習過程により重点がおかれていると考えられる。英語教育におけるペアワークやグループワークも表面的には参加型学習と言えなくもないが，ある言語材料とその到達目標に関して学習者がタスクを与えられ，指示に従って活動し，教師がその成果のみを重視するのであれば，参加型学習とは異なる活動と言えるだろう。

それゆえ教師に求められる役割がファシリテーターと呼ばれるのもそのためである。ファシリテーターの役割は「対話を生み出すきっかけづくりとして，いくつかの手法を活用し，学習者の意見を引き出しながらも，対話を通した学び合いに自分も参加し，必要に応じて自分の意見や立場を示していくこと」（外務省，2001，1章2節(1)）であり，従来の教師の役割を見直すことが，これからの国際理解教育の第一歩とも言える。

英語教師の役割は他教科の教師の役割と同様，知識を与え，それをどれだけ学習者に習得させるかが課題である。一方ファシリテーターは，学習者がたどりついたゴールよりも，ゴールに至るまでの活動にどれだけ参加させる

ことができたかが問われるといえるかもしれない。ただし、開発教育の目標とする「知ること・考えること」については、従来の教育と一見変わりがないように思われるが、その手法に求められているのは、教科書や資料で「こうですよ」と直接的に知識を与え、「覚えたかどうか」を問うのでも「どう思うか」と漠然と尋ねるわけでもない。さまざまな手法を用いて「間接的に」学習者がその知識にたどりつき、「気づき」を促すことがファシリテーターの主たる役割だと考える。

2.3. 参加型学習で用いられる手法

英語教育などでペアワークやグループワークを行う際、そのペアやグループはどのように構成されるだろうか。おそらくその大半は機械的に座席が近い学習者で構成されるだろう。参加型学習では、ファシリテーターの与える指示や活動に従って、グループが構成されることもあり、その活動自体がすでに開発教育の一環となる場合がある。例えば、初対面のようなグループでの活動にアイスブレーキングとしてよく用いられるのが「バースデーライン」[1]や「4コーナーズ」[2]である。これらの活動を通して、グループ内で単純に自己紹介をするよりも、お互いのアイデンティティに間接的に「気づき」があると同時に、テーマに関してのイントロダクションが同時に導入され、その後の活動が円滑に行われるような工夫がされている。

与えられたテーマを導入する場合も単純なクイズや「フォトランゲージ」[3]を用いて、それまで学習者が抱いていた先入観や思い込みから気づきを促し、「シミュレーション」や「ロールプレイ」[4]を用いて、その気づきから知識を深める活動につなげる。ここでいう「知識」は単純に名称や統計的数字を「覚える」のではなく、活動を通してそれぞれの立場で抱える問題やその原因と起こりうる結果について体験的に習得することが求められる。例えば、開発

---

1) 言葉を一切用いずに、ジェスチャーなどで誕生日の順番に並ぶか輪をつくる活動。言語を使わないことの不自由さを気づかせたり、逆に、言語なしでもある程度意思疎通が図れることに気づかせることを目標とすることが多い。また、目標言語の学力差を意識せずにグループ学習をさせるための方策としてなどでも用いられる。
2) 教室の4隅に「はい」「いいえ」「ときどき」「わからない」などの選択肢を貼り、質問された学習者がその場所に移動する活動。移動したあとでその答えをより深めたり、理由を話したりする。
3) 絵葉書などの1枚の絵や写真に関して、グループ内でどこの国のどんな場所かなどを自由に話し合い、気づきや知識の共有化を図る活動。
4) 開発途上国側と開発国側とに分かれて、ダムや森林伐採の交渉をするなど。

途上国における教育問題について検討する際，予備知識がない外国語の文字を使った広告を利用して，文字が読めないことの不便さや起こりうる問題などについて考えることである。

　さらに問題の解決法について検討する際に用いられるのは「KJ法」[5]や「ブレインストーミング」または「ディベート」である。「ランキング」[6]や「プラニング」[7]で与えられた課題について「行動」につながる結論を得る。「ブレインストーミング」では「相手の意見を否定しない」「誰かの意見に自分の意見を加えてもいい」「質より量」などの前提条件がある。「ディベート」は英語教育の中でも用いられる手法だが，開発教育では勝敗よりも賛成・反対の意見を総括することで，それまでの問題解決の過程を振り返り，よりよい解決法がないかを探るための手段とされる。問題解決の方法を実践するために「ランキング」や「プラニング」を用いるが，「正解」はなく，それまでの学習にもとづき，それぞれのグループあるいは個人の考えで総括する（次頁図1参照）。それは多くの場合，何かしらの形でその場で発表して，全体にフィードバックされる。

2.4. 開発教育の実践

　開発教育の概要はすでに書いたとおりだが，それが実践されるのは多くの場合，地域の国際交流協会やNPOまたはNGO主催によるイベントやセミナーであろう。高校教育の中で実践されているとすれば，国際系の学科を有しているか，ESD教育[8]に力を注いでいる，ユネスコスクールに登録しているなどの各校独自の事由によるものと考えられる。また，国際理解教育の一環として，途上国への支援や協力について総合的な学習の時間やロングホームルームなどで単発的に実践されている例も見られる。

---

5) KJは提唱者の川喜多二郎の頭文字から。カードによる情報収集・アイデア発想法のひとつ。
6) ある課題について用意された，いくつかの選択肢をよいと思うものから順に並べる。その過程で，参加者同士で意見を交換したり，または，重要度や優先順位を各個人で考えてみた後で，他の参加者と比べながら議論する活動。
7) ゲームやシミュレーション，ディスカッションなどを通して現状を認識し，問題点を分析した後，その問題の解決に向けて具体的な活動計画を立てる活動。
8) ESDはEducation for Sustainable Developmentの略で「持続可能な開発のための教育」と訳されている。世界には環境，貧困，人権，平和，開発といった様々な問題があり，ESDとは，これらの現代社会の課題を自らの問題として捉え，身近なところから取り組む（think globally, act locally）ことにより，それらの課題の解決につながる新たな価値観や行動を生み出すこと，そしてそれによって持続可能な社会を創造していくことを目指す学習や活動。

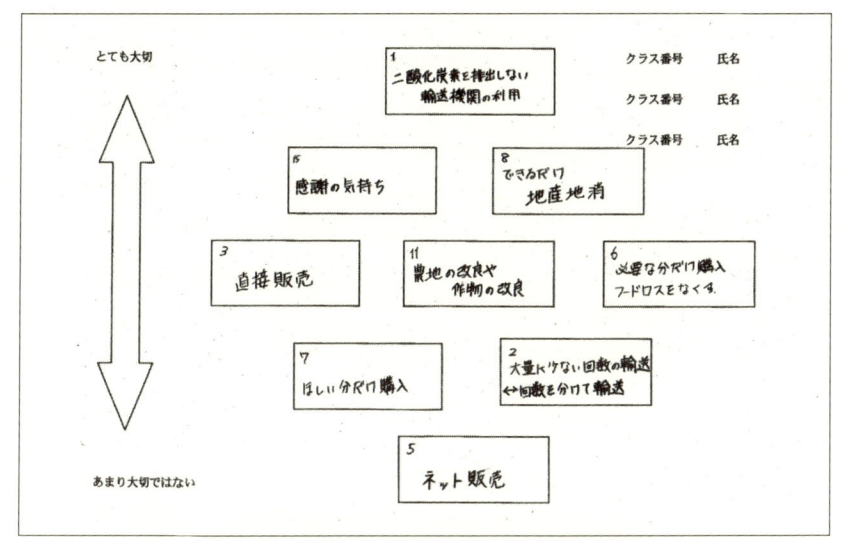

図1　ダイヤモンドランキング生徒作成例

　いずれにしろ，開発教育を系統的にカリキュラムに取り入れている例は少なく，実践している教師の多くは青年海外協力隊経験者やJICAや外務省またはユニセフが主催する教師向けのスタディーツアー参加者であることが多いのではないだろうか。私自身，開発教育の実践といっても，実際に学校教育の中でできるのは，残念ながら年間でも数時間，対象学年を変えても年に数回である。
　しかし，そのようにわずかな実践経験ではあるが，実践するたびにその必要性や重要性を認識させられる。例えば，2010年のJICAによる教師海外派遣研修後の実践では，訪れたモンゴルの貧富の格差問題，環境問題，資源やエネルギーの問題について取り上げたが，その直後の2011年に起きた東日本大震災により，私たち自身がインフラの崩壊により水やエネルギーの問題に直面することになった。特に原子力発電に関しては，「開発」の在り方に関して是非を問われることとなるわけだが，そのような視点で教育を受けたりまたは実践したりしてこなかったことを改めて認識させられることになったのは，まさに皮肉としか言いようがない。
　その後も日本赤十字社福島県支部の後援によるフィリピンへのスタディーツアーに参加することもできた。日本では貧富の差が大きい国の1つとして

取り上げられることが多いが，実際にその地を訪れ，「開発」という視点から考えた場合，むしろ日本が学ぶべきこともあるのではという思いに至り，開発教育の実践と継続をあらためて認識させられた。

これまでの実践も少なく，正解や評価の基準となる指標も恣意的といえる開発教育で，「評価」について論じるのは誠におこがましいとは思いつつ，今後様々な場面で情報交換と実践の共有を求めて，という立場から，これまでの授業等の実践の中での評価法について以下に紹介する。

3　開発教育の評価

開発教育と言う，学習指導要領にない指導と，その正解がないもの，言い方を変えれば評価するための指標がないものをどう評価するか，その具体的な方法については，少なくとも現在の教科教育の現場には見当たらず，系統的にその方法を実践するのは難しい。しかし，開発教育のテーマや活動内容，得られた結論，または教師の役割の観点から評価することはある程度可能である。

3.1.　誰を評価するか

教科教育の場合の評価の対象は，主に学習者を対象とした評価であろう。同時にその結果は，指導者（ファシリテーター）にとっても指導の趣旨をどれだけ伝えられたかを測る評価にもなり，指導者が次回の指導法を検討し，工夫改善するために行うものであるといえる。

3.2.　どの段階で何をどのように評価するか

指導の観点を踏まえ，その達成度に応じて数値的に評価する，いわゆる「テスト」による評価は，開発教育との趣旨とも異なるため，必要とされていない。評価の方法としては，アンケートや観察が考えられる。

3.2.1　アンケート

アンケートは比較的頻繁に用いられ，あるテーマにそった指導後に，「ふり返りシート」という形で，記述式またはSD法[9]による1〜5またはA〜

---

9)「高い-低い」や「好き-嫌い」などの反対に相当する形容詞の対を使い，特定の対象物に対してのイメージを5段階や7段階の尺度で評価する方法。

Cなどのスケールを用いることが多い。例えばあるテーマについて「知る」という目標に対して,「よくわかった」(5)から「よくわからなかった」(1)などのようにおおよその評価基準と対応する数値を併記して,自己評価するのである。場合によっては,指導の導入部でも同様のアンケートを実施し,指導後にどのような気づきや知識の変化があったかを見る場合もある（資料参照）。

記述式の場合は単に「感想を書いてください」という場合もあれば「どのような気づきがあったか」や「今後どのような活動をしたいと思ったか」など具体的な行動につながるような記述を求める場合もある。

感想の意義は,数値では表せない「変化」やその後の「行動・実践」に結びつく記述をしてもらうことにある。場合によってはグループ内で相互評価として「感想」を書いてもらうこともある。その理由としては,指導者からの評価よりも同じ学習者から肯定的な評価をしてもらうことで,被評価者のその後の実践に肯定的な動機づけとなる場合があるからである。統計的なデータはないが「協調性」や「コミュニケーション力」の側面からも相互評価は参加型学習の意図をより深める評価法のひとつと考えられる。

学習者になんらかの気づきや考えの変化が見られれば,成果があったと評価し,さらに,その気づきや変化が,ファシリテーターが当初期待または計画していたような変化だったのか,指導前と指導後で予想外の変化の有無はどうだったか,その原因としてファシリテートの方法が影響していなかったかなどを自己分析することができる。

3.2.2. 観察

指導者の学習者に対する「観察」では,与えるタスクの指示内容と意義を理解して取り組んでいるかどうか,グループ内でうまく参加できているか,グループ内の話し合いが意図した方向に向かっているか,などの点に留意しながら,導入・展開・終結の各場面で学習者とその活動を観察し,必要に応じて指示を加えたり修正したりして伝えるなどのサポートをする。

例えば自己紹介やアイスブレーキングのような導入となる活動でも,初めて出会う学習者で活動するのと,すでにお互いをよく知る学習者同士で活動する場合では,同じ活動をする場合でも異なる指示内容が必要となる。初めてその活動に取り組む場合は,その手順やルールの理解度に差がある場合も

ある．特に日常的に教育現場の中で実施するのが難しく，学習者が不慣れと思われる活動では，同じグループ内の活動でも個人差が出ることが考えられる．その場合に，指導者による観察と「活動に適切に参加できているか」という評価が必要とされる．

繰り返しになるが，ファシリテーターの役割は直接的な知識の伝達やその理解度を測ることではなく，「気づき」や「変化」を促す道筋をつけることである．そのため，学習者に課したタスクがその気づきや変化につながっているかどうかをできるだけ観察することが，指導全体の成否につながってくる．また，観察するだけでなく，直接学習者に問いかけることも，円滑にかつ目的に沿った指導を実践するうえでは必要な評価法になるであろう．その問いかけは，与えたタスクを理解しているかないかを直接的に問うというよりは，学習者がタスクに対して主体的にあるいは協力的に取り組めるように促すためである．特にブレインストーミングのような活動の場合には，初めに話し合いのルールを説明したとしても，同じグループ内でもよく発言する学習者とそうでない学習者が出てしまう場合がある．その際，「○○さんどうですか」と直接的に発言が少ない学習者に問いかけるのもひとつだが「この辺で○○さんの考えを聞いてみるのはどうですか」と同じグループの他の学習者を促すことによって，活動の趣旨を全体に再認識させることができると同時に，当事者に参加する意欲を促す評価を与えていると言えるだろう．

以上を総括すると，開発教育における評価は，学習者が自身の到達度を知り，その後の学習の改善を促すという点では，形成的評価に準じていると言える．ただ，明確な到達目標とそれに準ずる評価規準が設定しづらい（できない）点では，単純に従来の評価法に当てはめるには疑問が残る．もっとも，そのおかげで，教科教育とは別の視点と動機づけによる学習を可能にしているとも言えなくもない．また，指標を持たない評価法や参加型学習独自の評価法についても研究がすすめられており，学校現場における検証の余地が残されている（詳細な研究と評価法は石森，2013を参照）．いずれにしろ，学習者自身が活動の中から自分達の「答え」を見出せることが，参加型学習では重要である．

4 今後の課題

これまでの英語教育の中での国際理解や異文化理解の位置づけを次のようにモデル化し，その指導の意義をあらためて考えてみた。

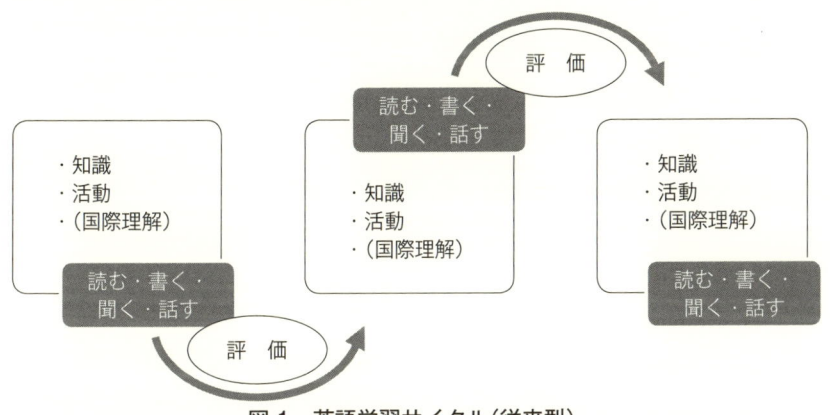

図1　英語学習サイクル（従来型）

すなわち，従来の英語教育では英語の4技能（読む・書く・聞く・話す）の力を向上させるために必要な言語知識（語彙・文法・発音）に基づいて，各能力が定着するための活動（タスク）を与え評価し，次のステップに進む。国際理解や異文化理解学習は場合に応じて提示する程度で，それ自体に活動を設けたり評価したりすることは少ないように思われる。つまり，英語教育の中で国際理解や異文化理解学習は，言語知識・言語使用の補足的な役割あるいはその背景として扱われており，その言葉通り「理解」の段階で留められていると考えられる。

しかし，「実践的」という観点で考えれば，国際理解や開発教育こそが学習の原点となるべきである。国際理解や異文化理解を踏まえ，その活動に必要な開発教育的な手法を用いて，その活動に必要な言語知識を生徒自らが「考え」必要性に応じて取り入れられるよう指導することにより，学習者が自発的言語知識を「実践的」に使用する場面が生まれるのではないだろうか。

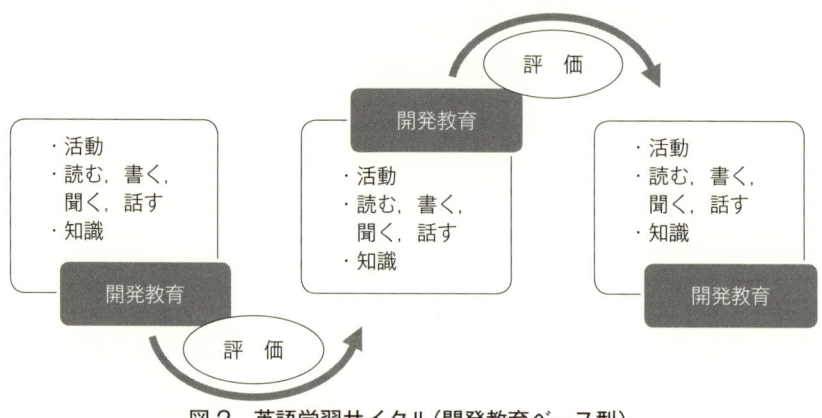

図2 英語学習サイクル（開発教育ベース型）

　図2を踏まえ，参加型学習の手法とファシリテーションを英語教育の中で活用できれば，まさに「実践的なコミュニケーション活動」が教室内で可能になるのであろうし，同時に評価法もこれまでとは異なる方法や分析が可能になると思われる。

　英語教育で盛んにコミュニケーション力が強調されるようになって久しいが，日常生活において日本人が本当に英語によるコミュニケーション力を必要とされるのは，まさに海外諸外国との経済的支援や協力という日常があってこそ成り立つのではないだろうか。昨今CAN-DOリストの活用について早急な導入が求められているところではあるが，そのモデルといわれるCEFR（Common European Framework of Reference for Languages）はそもそも政治的経済的背景から必要とされたヨーロッパ全体の言語能力の枠組みである。日本の英語教育の背景とは別の土壌から生まれた考え方であり，その効果を求めるのであれば，日本の英語教育の中にもヨーロッパ同様の「必然性」も求めなければいけなくなるのではないだろうか。

　日本の，少なくとも，中等教育以上の教師教育においては，まず開発教育的な手法を学ぶ機会（教員免許の取得や更新または自治体主催の研修会など）は今のところほとんど見当たらない。当然その評価法においても同様である。その現実化の可否は別として，学習者が母国語を共有する者同士であっても「英語を使わなければならない環境」が，英語によるコミュニケーション力をつける最大の動機づけとなるのはこれまでも言われてきたことである。

開発教育という言葉も指導実践も十分には浸透していない現状ではあるが，先述したとおり，参加型学習の手法は英語教育の中ではすでに実践されている例もある。その点からも，英語教育との共通点や，学習者のコミュニケーション能力の向上，および学習の動機づけを鑑み，開発教育を踏まえた英語教育の評価法・指導法は，今後さらに研究の余地がある分野であることは間違いない。

参考サイト
石森広美. (2013). 『グローバル教育の授業設計とアセスメント』学事出版.
外務省. (2001). 「開発教育・国際理解教育ハンドブック」retrieved from http://www.mofa.go.jp/mofaj/gaiko/oda/edu/kyouzai/handbook/index.html
文部科学省. (2013). 「日本ユネスコ国際委員会」retrieved from http://www.mext.go.jp/unesco/004/1339970.htm

資料　授業内で使用したアンケート（SD法）

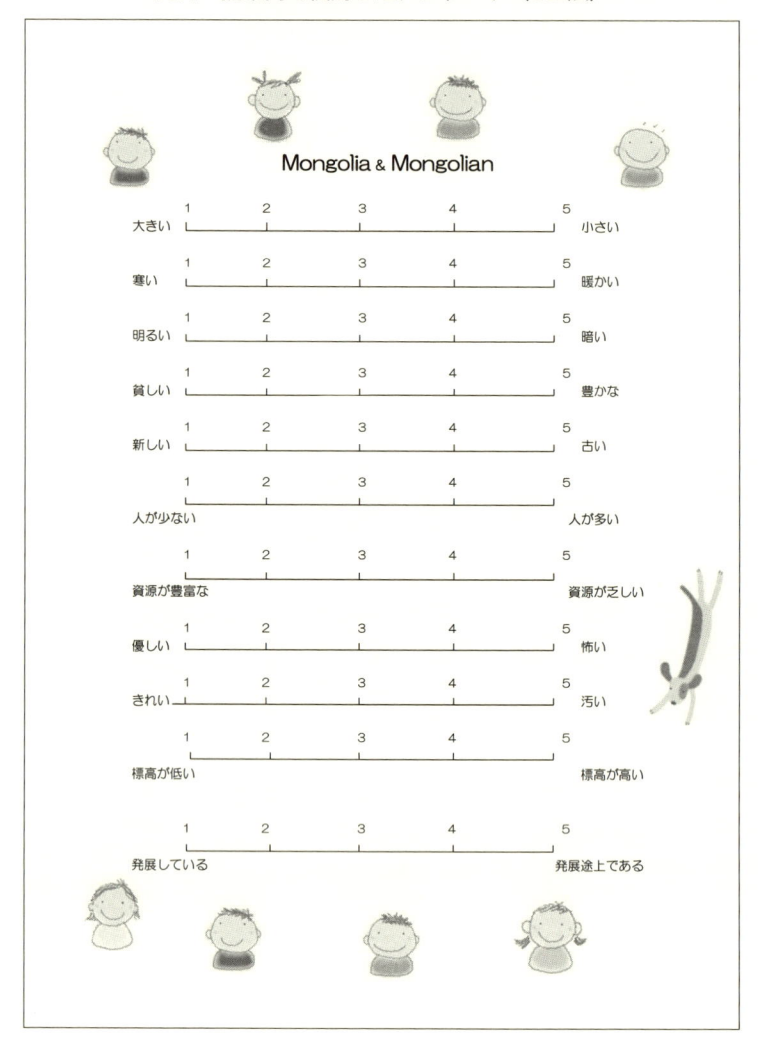

Mongolia & Mongolian

大きい　1　2　3　4　5　小さい

寒い　1　2　3　4　5　暖かい

明るい　1　2　3　4　5　暗い

貧しい　1　2　3　4　5　豊かな

新しい　1　2　3　4　5　古い

人が少ない　1　2　3　4　5　人が多い

資源が豊富な　1　2　3　4　5　資源が乏しい

優しい　1　2　3　4　5　怖い

きれい　1　2　3　4　5　汚い

標高が低い　1　2　3　4　5　標高が高い

発展している　1　2　3　4　5　発展途上である

実践編⑱　外国語活動［小学校］

小学校外国語活動(英語活動)の評価の実際──小学校英語の教科化を見据えて

杉本　博昭

1　はじめに

　平成23（2011）年4月より外国語活動が本格的にスタートし，平成27（2015）年3月末で4年が経過した。当初は指導面に注目が集まり，研修会ではゲームや言語活動など指導技術が中心であった。評価面については，知識や技能の習得を目的としていないこと，観点別評価を出さないことなどもあり，現場に多少の混乱が見られた。

　しかし，指導と評価は一体であり，何らかの教育活動を行った時に，その結果を検証することは改善への必須条件である。評価は児童に対してのみ行われるのではなく，指導者の教育実践の反省のためにも存在していることは言うまでもない。

　一方，平成25（2013）年の秋以降，文部科学省から小学校英語に関する重要な方針が次々と出された。東京オリンピックが開催される平成32（2020）年をめどに，小学校5，6年生で教科としての英語を週3回，小学校3，4年生で外国語活動を週1～2回程度，実施する方針が明らかにされた。さらに2013年12月には，中学卒業時の英語力を現在よりも高く設定することも発表された。また，次期学習指導要領では，中学校と高等高校でCAN-DOリストの導入も検討されている。小学校英語が教科化されれば，CAN-DOリストが小学校でも導入される可能性は高く，現在の外国語活動はその姿を大きく変えることになり，評価の問題も新しい課題に直面することになる。

　このような急激な変化が予想されるなか，本稿ではまず現在の小学校外国語活動の評価について著者の指導経験も踏まえながら述べる。そして，後半では予想される教科化を踏まえて教科としての小学校英語の評価に言及する。

2 外国語活動の評価
2.1 評価の特徴
　現在の外国語活動は「領域」であるため，国語や算数のような「教科」とは異なっており，評価に関して，基本的には以下の特徴がある。
　①評価項目はあるが，通知表等でその結果を児童および保護者に示さない。
　②観点別評価を総括した評定を出さない。
　③通知表には活動の様子を文章で記述する。
　④指導要録には3つの評価の観点（各校で4つ目の観点を設定することは可能）について，活動の様子を文章で記述する。

2.2 観点別評価の観点
　外国語活動の観点別評価項目とその趣旨は，表1のとおりである。

表1　観点別評価項目と趣旨

観点	コミュニケーションへの関心・意欲・態度（観点①）	外国語への慣れ親しみ（観点②）	言語や文化に関する気づき（観点③）
趣旨	コミュニケーションに関心をもち，積極的にコミュニケーションを図ろうとする。	活動で用いている外国語を聞いたり話したりしながら，外国語の音声や基本的な表現に慣れ親しんでいる。	外国語を用いた体験的なコミュニケーション活動を通して，言葉の面白さや豊かさ，多様なものの見方や考え方があることなどに気づいている。

　これらの観点は，外国語活動の目標と表裏の関係をもっている。外国語活動の目標は，以下の通りである。

　「外国語を通じて，言語や文化について体験的に理解を深め，積極的にコミュニケーションを図ろうとする態度の育成を図り，外国語の音声や基本的な表現に慣れ親しませながら，コミュニケーション能力の素地を養う。」

　この目標を内容ごとにまとめたものが上記の3つの観点である。ここで注目したいのは，各観点の趣旨の文末である。観点①は「図ろうとする」，観点②は「慣れ親しんでいる」，そして観点③は「気づいている」となっている。これは何らかの知識や技能の習得を目指していないことを意味しており，中学校や高等学校の目標とは異なってる。

2.3 観点別評価と評価方法

外国語活動の評価方法で一般的に行われていることは，大きく次の3つである。

①授業中の児童の表れの観察
② *Hi, friends!* およびワークシート等の記載内容
③児童が行う自己評価

3つの評価観点と評価方法を大まかにまとめると表2のようになる。

表2 評価法

観点	コミュニケーションへの関心・意欲・態度（観点①）	外国語への慣れ親しみ（観点②）	言語や文化に関する気づき（観点③）
評価法	・活動（発表等）の観察 ・評価カード（自己評価）	・活動（発表等）の観察 ・ワークシート ・評価カード（自己評価） ・*Hi, friends!*	・活動（発表等）の観察 ・ワークシート ・評価カード（自己評価） ・*Hi, friends!*

2.3 評価計画

具体的に評価を行う際には，評価計画を作成する必要がある。通常は指導計画の中に組み込まれている。例えば *Hi, friends! 2* の Lesson 5 Let's go to Italy を例にとると表3のようになる。

表3 評価計画

時	主な活動内容	方法	主な評価観点
1	・国旗と国名と有名な場所を聞き取ろう。 Let's play 1　Let's listen 1	観察 評C	・国名の言い方，国旗，名所に興味をもって聞いているか。（観点③）
2	・国旗クイズを作ろう。 Let's play 2　Let's play 3	観察 W.S. 評C.	・分かりやすい国旗クイズを作ろうとしている。（観点②）
3	・(*Hi, friends!* に載っている国の中で) 友だちの行きたい国を聞いてみよう。 Let's play 3　Let's listen 2	観察 W.S. 評C	・相手の行きたい国を意欲的に聞き出している。（観点①）
4	・自分のおすすめの国を紹介する準備をしよう。 Activity	W.S. 評C	・紹介する英語を辞書などを使って作っている。（観点②）

| 5 | ・Hi, friends! に載っていない自分の行きたい国を紹介しよう。 | 観察
W.S.
評C | ・自分の行きたい国とその理由を分かりやすく発表している。(観点②) |

注．評C＝評価カード，W.S.＝ワークシート

2.4 各評価方法について

2.4.1 活動の観察

　外国語活動では，活動の様子が評価の中心となるため，授業中の「観察」が評価方法の中心となる。その際に注意することは，1時間の授業では，極力評価する観点を絞ることである。授業の目標を的確に評価する評価項目で評価することが，「評価のための評価」に陥らないために重要である。

　次に，「おおむね満足できるレベル」の具体的なイメージをもつことである。例えば，評価の観点を「相手の行きたい国を知ろうと意欲的に質問している」とした場合，どのような具体的な表れで評価するのかを決めることである。「うなずいたり聞き返しながら会話をしている」等，より具体性をもった文言に「かみ砕く」必要がある。

2.4.2 自己評価

　外国語活動において自己評価をさせることは重要である。形式としては，ワークシートの最後に簡単な振り返りの質問が数個あるものや別の「評価カード」を使用することがある。評価の項目については，初期には下のような漠然としたタイプの質問（例1）が多かった。

〈例1〉

> 今日の授業はどうでしたか。
> （がんばった　まあがんばった　もう少しがんばりたかった）

　実践を重ねるにつれ，本時の目標に対する具体的な質問が多くなってきた（例2）。しかし，「～できるようになりましたか」など，知識や技能の習得を直接に問うわけにはいかないので質問項目を作る際に注意が必要となる。

〈例2〉

> ・自分の行きたい国を友だちに伝えようとがんばりましたか。
> 　（とてもがんばった　まあがんばった　もう少しがんばりたかった
> 　　がんばりたかった）

自己評価を文章で書かせるタイプも見られるが，児童は文章を書くことに時間がかかるので，できるだけ選択肢を与えるタイプがよいと思われる。毎時間ごとに1枚ずつ評価カードを作るのかどうかは，指導者が何に重きを置いているかの裏返しであるが，個人的には1 Lesson（1単元）を1枚の中に入れた評価カードがよいと考えている。また，自己評価はあくまで児童の主観にもとづいて行われるので，児童の性格等も総合的に判断して評価を解釈したい。厳しく自己評価しがちな児童には，指導者が赤ペンでプラスの評価を書き込むことで，意欲化に繋げることも実際の授業では大切である。

2.4.3　指導者および友だちからの評価

　外国語活動の授業では，指導者による授業中および授業終了時の口頭での賞揚が行われる。これは外国語活動の特徴のひとつである。"Good job." "Nice." "Great." など目の前の活動に対しての，即座の声かけ（形成的評価）はたいへん有効であり，授業終了時の総括しての賞揚の場の設定は，外国語活動の授業では一般的に行われる。これは児童の達成感と肯定感を高め，次への意欲づけにつながる有効な手段となっている。

　また，相互評価とも呼ばれている友だちの活動の様子を評価することもよく行われる。自己評価と異なり，友だちのよい表れに注目させようとする指導者の意図が表れている。これは学級づくりや友だちとの人間関係づくり，または学校全体の教育活動の重点との関係で行われることが多い。例えば，例3のような評価項目である。

〈例3〉

> ・道案内の時，友だちは気持ちよく案内してくれましたか。
> 　（とてもよかった　　　よかった　　　もう少しのような気がした）

2.4.4　通知表の記述

　通知表は公簿ではないので，一定の決められた形式はない。記述する際の枠の大きさ（文字数）も一様ではない。観点別評価および評定は出さないことになっているので，外国語活動の評価の観点を踏まえた例4のような記述式の形をとる。

〈例4〉

Book 1 Lesson 9	Do you like～？の表現を用いて、相手の好きな食べ物をたずねる活動に意欲的に取り組みました。
Book 2 Lesson 5	自分が訪れたい国としてイタリアを選び、行きたい理由を意欲的に友だちに伝えていました。

2.4.5 指導要録の記述

　通知表と異なり，指導要録は学校教育法施行規則24条1項により作成の義務が生じる公簿である。外国語活動の評価の観点は表1の3つであるが，指導要録にはその下に空欄があり，「各校の実態に応じて指導内容や活動を設定することから，学習指導要領に示された目標等を踏まえて各学校において観点を追加することができる」とされている。実際の指導要録の外国語活動について記述できるスペースはかなり限られている。担任が手書きで書き込むため，各項目とも，「好きな食べ物を伝える活動に意欲的に取り組んだ」のように20文字程度であろう。

3　教科としての小学校英語の評価
3.1　指導内容

　2013年12月に文部科学省から出された「グローバル化に対応した英語教育改革実施計画」では，中学卒業時の英語力を「英検3級から英検準2級レベル」と想定した。具体的に考えると，中学校1年生の内容を小学校5，6年生に下ろし，あとは順にほぼ1年ずつ下げた次頁の図1のような形が考えられる。

　例えば，語彙数については英検準2級では2,500語以上レベルの語彙力が必要となる。現在，中学校3年間で学習するのは1,200語程度であるので，小学校である程度の語数を引き受けなければ無理である。また，同計画では，小学校高学年の英語は「教科型」とし，目標は「読むことや書くことも含めた初歩的な英語の運用能力を養う」とされている。この方針の背景として，グローバル化，東京オリンピック，そして海外からの来日旅行客増加への対応があることから，小学校英語でもアジアの諸国と同様に知識や技能の習得を明確にしたと言える。

実践編⑱──外国語活動［小学校］　295

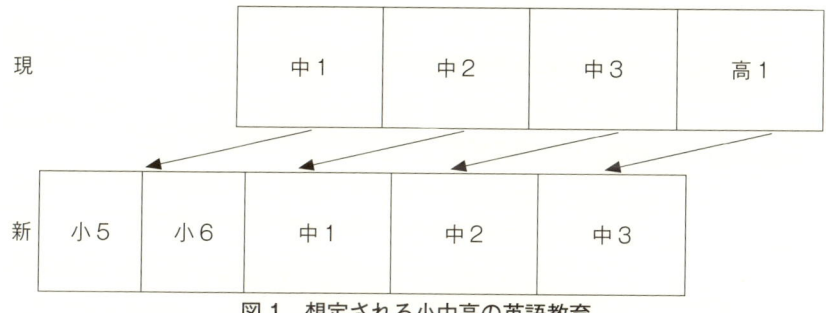

| 現 | 中1 | 中2 | 中3 | 高1 |

| 新 | 小5 | 小6 | 中1 | 中2 | 中3 |

図1　想定される小中高の英語教育

3.2　評価に関係する諸項目
3.2.1　観点別評価項目

　観点別評価項目はどのようなものになるであろうか。現行の中学校英語の4観点と外国語活動の3観点の関係はおおむね表5の通りである。

表4　中学校英語と小学校外国語活動の評価観点の関係

中学校英語	小学校外国語活動
コミュニケーションへの関心・意欲・態度	コミュニケーションへの関心・意欲・態度
外国語表現の能力	外国語への慣れ親しみ
外国語理解の能力	
言語や文化についての知識・理解	言語や文化に関する気づき

　教科になり知識や技能の習得を目標にすると考えると，中学の4観点がほぼそのまま小学校でも準用されると考えることが妥当であろう。観点別評価項目は，学習指導要領というすべての教科や領域を網羅した枠組のなかで作成されるので，難しい問題も含むが，学校教育法30条2項で学力が定義されているので4つの観点に大きな変化はないと考える。

3.2.2　コミュニケーションへの関心・意欲・態度の評価

　コミュニケーションへの関心・意欲・態度の評価は，教科書がコミュニケーション活動を意識した構成になることは間違いないので，評価する機会は十分にあるであろう。ここで言うコミュニケーションは「英語を通して」のそれであることを押さえつつ，児童の発達段階を踏まえた「おおむね満足できる」のイメージをいかに具体的にもてるかが課題となろう。

3.2.3　表現の能力（スピーキング，ライティング）の評価

　話すことについては，授業で話す活動が多く行われることが予想されるので，その様子を観察により評価することが中心となるであろう。ALT と 1 対 1 での対話テストのようなパフォーマンステストも十分実施可能であろう。評価の妥当性を高めるためには，パフォーマンステストの実施が必要となる。

　書くことは，現在の外国語活動ではほとんど指導されていない。*Hi, friends!* の Book 1 の Lesson 6 にアルファベットの大文字が，Book 2 の Lesson 1 に小文字が載っているが，文字そのものの習得を目指してはいない。しかし，習得が目標となれば，日々の授業で書くことを指導し，その評価を行うことが求められる。小テストや単元ごとのテスト等で書く力を評価する問題を入れることになろう。

3.2.4　理解の能力（リスニング，リーディング）の評価

　聞くことを評価するためには，現在と同じように授業中の観察により評価する以外に，直接聞く力を測定するためにリスニングテストを行うことになろう。注意する点は，児童を対象とした問題では問題文に英語の文字や文を多く使用できないことである。英検 5 級のリスニングセクションでは，25 問中 20 問が絵と関係づけた問題形式となっている。視覚に訴える手段を用いて児童の発達段階に合わせた問題形式が求められる。今後は ICT の進歩により，パソコンやタブレットによる動画を利用したリスニングテストも開発されるであろう。

　読むことの評価は，教科書に掲載されている英文のレベルと長さが基準となろう。評価方法としては，単元別のペーパーテストで評価することになろう。

3.2.5　ICT を用いた評価

　今後，教室にタブレット等の電子機器が導入されるであろう。特に語学教育にはこのような電子機器の導入が大きな変革をもたらす可能性がある。評価の側面から見ても，大量のデータの蓄積と管理が容易となるので，ポートフォリオとしても大いに活用できる。また，英語のインプットを与える道具としてだけでなく，コンピューターの特性を生かしたより言語使用を意識した問題作成が可能となり，それに伴い，より妥当性の高い評価が可能になろう。また，家庭学習や宿題の姿をも大きく変える可能性もある。

3.2.6 CAN-DOリストと評価

　CAN-DOリストとは，英語を使っての行動目標を具体的に文章化したものである。例えば，「3単現のsを理解している」というのではなく，「自分の好きな人物を3文以上の英文で説明できる」というように，英語で何ができるかを具体的に記述したものである。この目標を達成するためには，実際にそのような内容の授業を行う必要がある。このようにCAN-DOリストの導入は，実は評価だけの問題ではなく，指導を含めた授業のPDCAサイクル（理論編第1章2.3参照）全体に影響する問題なのである。出口から入口を変えていくことになる。

4　まとめ

　①「領域」である外国語活動は，評価の面で「教科」とは異なった評価の観点で評価する。知識や技能ではなく，意欲・態度を評価する。

　②外国語活動の評価は，活動の様子の観察，自己評価，ワークシートの使用が中心となる。観察では，「おおむね満足できる」のイメージをより具体的な評価項目に「かみ砕く」ことが必要となる。

　③教科としての英語は，知識や技能の習得を目指すので，児童の発達段階を考慮した測定法（ペーパーテスト，パフォーマンステスト，観察法，ポートフォリオ等）を工夫することが求められる。

　④ICTの発達は，小学校英語の授業と評価に大きな変化をもたらす可能性が高い。

　⑤小学校英語へのCAN-DOリストの導入は，評価の視点が具体的になることにより，評価の焦点が絞られる。

参考文献
旺文社．(2013)．『英検5級　過去6回全問題集』旺文社．
菅　正隆（編著）．(2010)．『外国語活動評価づくり完全ガイドブック』明治図書出版．
文部科学省国立教育政策研究所．(2011)．『小学校外国語活動における評価方法等の工夫改善のための参考資料』教育出版．
サイマル・カーン（著）．三木俊哉（訳）．(2013)．『世界はひとつの教室』ダイヤモンド社．
直山木綿子．(2013)．『小学校外国語活動のあり方と"Hi, friends!"の活用』東京書籍．
樋口忠彦（編著）．(2013)．『小学校英語教育法入門』研究社．
望月昭彦（編著）．(2010)．『改訂版 新学習指導要領にもとづく英語科教育法』大修館書店．

用語解説

　ここでは，本書の理論編を読むにあたり，あらかじめ理解が必要な専門用語などについて簡単にまとめました。今後，評価について研究を進めていく際にも必要な基礎知識となりますので，その確認にも役立ててください。(項目の順序は五十音順，[　]内は関連する理論編の章)

結束性（cohesion）［第2章］
　文法的一貫性を意味する。語彙的な一貫性も含む。A: Is Jenny coming to the party? B: Yes, she is. の2文において A の Jenny と B の she の2つの語に結束性，A の is coming と B の is に文法的な結束性がある。If you are going to London, I can give you the address of a good hotel there. という文においては，London と there の2つの語に結束性がある（Richards & Schmitt, 2010, p. 94)。安藤（1991, p. 370）は「文法的な文と文のつながり」と定義している。

言語使用域（register）［第2章］
　Hurd & Murphy（2005, p. 230）は，「目的・社会的文脈・主題の差，文語口語の差，公式・非公式の立場の差により語彙・発音・統語の使い方が異なること」と定義している。［参照：安藤, 1991］

異なり語（word type）［第2章］
　Schmitt（2000, p. 74）によると「同じ語は，1つとして数える」時の語である。文1から3までの例を挙げると，文1. He took a walk. は He, took, a, walk で4 word types, 文2. He walks. は walks で 1 word type, 文3. He walked. は walked で 1 word type, となり 文1～3の合計で6 word types となる。

信頼性（reliability）［第2章，第3章］
　テスト得点の一貫性のこと。テスト得点の誤差が小さく，測定の正確さが高いことを，信頼性が高いと言う。記述式問題やライティング・スピーキングの評価などの主観判断を伴う採点においては，採点者間（異なる採点者の間での採点結果・テスト得点が一貫していたか）・採点者内（同じ採

点者が異なる時期に採点したテスト得点が一貫していたか）の信頼性を確認することが望ましい。［参照：平井, 2012; 竹内・水本, 2014 参照］

相互評価（peer assessment）と自己評価（self-assessment）［第1章, 第3章, 第9章］

相互評価とは，1名以上の発表者以外の生徒に，発表者の言語や言語パフォーマンスについての判断を求める評価である。一方，自己評価とは自分自身の言語能力や言語パフォーマンスについての判断を求める評価である。［参照：Brown, 1998］

相対評価（relative evaluation）と絶対評価（absolute evaluation）［第2章］

相対評価は学習者間で成績を比較する評価方法。大学入試などの選抜試験は相対評価であり，成績の上位者から指定された人数分の合格を割り当てる。絶対評価は事前に設定した目標に到達したかで判断する評価方法。英検などの資格試験は絶対評価であり，合格基準に到達した受験者は人数に関わらず全員合格である。

妥当性（validity）［第2章, 第3章, 第4章］

テストで測りたい能力（構成概念 construct）がどの程度測れ，テスト使用目的にどの程度合っているかのこと。言語テストを作り，使用する際には何らかの妥当性を確認・検証する必要があると言われている。妥当性には様々な要素があるが，学習した内容の到達度を測るテストにおいては，代表的で幅広い学習事項やタスクを出題しているか，意図した以外の方法で正解する方法がないか，テスト実施により学習によい影響を与えているかを特に注意する必要がある。［参照：平井, 2012; 竹内・水本, 2014］

談話（discourse）［第2章］

Harmer（2007, p. 272）の定義によれば「1文を越える長さで意味をなすテキスト。テキストは語・文・発話の集まりの意味」である。文法研究は1文単位の文の分析から文と文の間の分析（談話分析 discourse analysis）に進み，「語用論（Pragmatics）」（言語使用の学問）の問題に突き当たった。談話の分析では上述の結束性（cohesion）と「意味の一貫性」（coherence）が扱われる。［参照：安藤, 1991；Richards & Schmitt, 2010］

T ユニット（T-unit）［第2章］

Hunt（1970）による文の分析単位であるが，さらに Hunt（1965), Hunt

(1966) の 2 つ，合計 3 つの定義がある．それらの中で多く使われる Hunt (1970, p. 4) によれば，T-unit は「1 つの主節プラスあらゆる従属節と節でない構造を主節に付与または埋込をしたもの」(a main clause plus all subordinate clauses and nonclausal structures attached to or embedded in it) である．重文 He is rich but he is not happy. は 2T ユニット，複文 Although he is rich, he is not happy. は 1T ユニットとなる．[参照：Richards & Schmitt, 2010]

能力記述文（descriptors / 'CAN DO' descriptors）[第 1 章]
CAN-DO リストなどにおいて，学習者の熟達度を定義するために，言語の 4 技能（「聞くこと」「話すこと」「読むこと」および「書くこと」）を用いて何ができるようになるかを「～することができる」という形で具体的に記述した文．[参照：文部科学省, 2015]

波及効果（washback effect; test impact）[第 4 章]
テストが学習，教育，社会に及ぼす影響のこと．具体的にはテストを実施することで，学習者がテストに向けてどう勉強するか，教師の教え方がどう変わるか，カリキュラムにどのような影響を与えるか，テスト結果を使用する者（大学入試センター試験なら各大学，公務員採用試験なら各関連機関）がどのようにテスト結果を使用するか，などを意味する．

評価規準（assessment criterion）と判定基準（rating scale）[第 1 章，第 3 章]
評価規準とは，評価観点ごとに示された学習指導のねらいが実現された時，生徒がどのような状態になっているか具体的に文章で示したもの．判定基準とは，評価規準で示された習得状況の程度を明示するための指標を，数値（1・2・3）や記号（A・B・C）とともに文章で示したものである．判定基準とほぼ同じ意味で，「評価基準」「判定水準」「判断基準」「評価の具体例」などという用語も用いられるが，本書では北尾（2011）にもとづき，「判定基準」で統一した．[参照：NIER, 2012; https://www.shinko-keirin.co.jp/keirinkan/csken/pdf/51_08.pd]

複言語主義（plurilingualism）[第 1 章]
CEFR（Council of Europe, 2001）で取り上げられた複言語能力 (plurilingualism) を大切にする考え方．複言語能力とは，「日常のコミュニケーションにおいてニーズを満たすために，1 つ以上の言語によってコ

ミュニケーションを行う能力」(西山, 2011, p. 204) である。その場合, ある外国語について4技能が均等に発達していることを想定しておらず, 話す能力, 聞く能力は実用の域に達しているが読む能力, 書く能力は不足している状態, また, 該当の言語を使用できる分野も経済・政治に関する分野は不得意で, 商品の説明や売り買いに限定されるなど, 不均衡の状態をも含む。[参照：大木・西山, 2011; Council of Europe, 2001]

プロセス・アプローチ (Process Approach) [第2章]

従来の最終的な産物である提出された作文答案でなく, 生徒が作文を書くプロセスを重視する指導法。ライティングについては, プロセス・ライティングと呼ばれている。Raimes (1983) は6つの指導法の1つとして取り上げており, これにより述べる。この指導法の特色は大きく次の4点にある。①最終的な書き上げた作品でなく, 書く過程（プロセス）を強調し, 生徒に目的と読み手だけでなく次の大事な問い, すなわち「どのようにしてこれを書くか」,「どのようにして書き始めるか」を自問させること。②話し合い, 読書, ディベート, ブレイン・ストーミング, リスト作成などのプリ・ライティング活動を行わせること。③生徒同士互いに自分の第1草稿を見せ合い, コメントを付けさせ, 第2草稿のために推敲させること。④推敲の過程（プロセス）で新しい考え, 新しい表現を生み出させ, 書くことによってテーマを探求させること（番号は筆者）。この指導法では, 授業中に生徒が考えを試してみるための時間, 及び第1草稿で書いた内容について教師または仲間からフィードバックを与えることが不可欠である。

文章構成 (text structure, text organization, paragraph pattern) [第4章]

Grabe & Stoller (2002) は, 典型的なものとして,「原因・結果」,「分類」,「比較・対照」,「定義」,「描写」,「時間的配列」,「問題解決」,「手続き」を挙げる。予めこういった文章構成に関する知識があり, リーディングを行う際にそれを活用することは, ひとつのリーディングストラテジー（読解方略）と考えられている。

読みやすさ (readability) [第4章]

単語の難易度（単語の使用頻度や長さから推定）や文の難易度（1文の長さから推定）から算出される Dale-Chall, Flesch, Flesch-Kincaid の公式などが知られている。なかでも, Flesch-Kincaid Grade Level は,

Microsoft Word の文章校正機能で簡単に算出・表示することができ，解釈が容易であること（数値は相当する英語圏児童・生徒の学年を示す）からもよく用いられている。

ヨーロッパ言語共通参照枠（CEFR, Common European Framework of Reference for Languages）［第1章，第9章］
　欧州評議会（Council of Europe）によって2001年に発表された外国語能力の参照規準。能力記述文（descriptors / 'CAN DO' descriptors）によって，その言語を使って「具体的に何ができるか」を示している。Aレベル「基礎段階の言語使用者」，Bレベル「自律した言語使用者」，Cレベル「熟達した言語使用者」の3つのレベルがあり，それぞれのレベルがさらに2分割されA1, A2, B1, B2, C1, C2の6段階構成となっている。［参照：Council of Europe, 2001; http://www.coe.int/t/dg4/linguistic/source/framework_en.pdf］

ルーブリック（rubric）［第3章，第7章，第8章，第9章］
　本文pp. 96-97表1のように，採点の基準として評価のレベルと各々のレベルの説明（右側の達成基準の説明）が記された指示文の意味。この表においては，TOEFL iBTの技能統合的ライティング・タスクの評価者は，表の右側の説明（descriptor，能力記述文）と，そのレベルの答案例を参照しながら，受験者のライティングを0〜5の6段階の評価で採点する。本書でルーブリックとは，評価規準と判定基準を合せたものとした。［参照：http://www.ets.org/toefl/institutions/scores/guides/］

ETS（Educational Testing Service）［第7章］
　米国ニュージャージー州プリンストンに拠点を置き，TOEICやTOEFL, SAT（全米大学入学共通試験），GRE（大学院入学共通試験）等，約200のテストを開発している世界最大の非営利テスト開発機関。2,500人以上のスタッフを擁し，そのうち約1,100人は，教育，心理，統計，心理測定，コンピュータサイエンス，社会学，人文科学の各分野で訓練を受けた，テスト，教育，リサーチに関する専門家で構成されている。［参照：http://www.toeic.or.jp/toeic/about/what/philosophy/philosophy_02.html］

TOEFL iBT（Test of English as a Foreign Language Internet Based Test）［第4章，第6章，第7章，第8章］
　インターネット形式で実施されるTOEFLテスト。ETSのTOEFL iBT公

式サイトの説明によれば，「大学レベルの英語を使用および理解する能力を測定」し，「さらに，リスニング，リーディング，スピーキング，ライティングの各スキルを組み合わせて，学術的な課題を遂行する能力も評価」するとされており，試験の対象者は，高等教育機関に留学予定の学生，英語学習プログラムへの入学および修了，奨学金や証書授与の候補者選考，などとなっている。［参照：https://www.ets.org/jp/toefl/ibt/about/］

参考文献
安藤昭一（編）．(1991)．『英語教育現代キーワード事典』増進堂．
北尾倫彦（監修），山森光陽，鈴木秀幸（全体編集），松浦伸和（編）．(2011)．『観点別学習状況の評価規準と判定基準—中学校外国語』図書文化社．
竹内理・水本篤（編）．(2014)．『外国語教育研究ハンドブック—研究手法のより良い理解のために』（改訂版）．松柏社
西山教行．(2011)．「多言語主義から複言語・複文化主義へ」大木　充・西山教行（編）．『マルチ言語宣言』(pp. 197-215)．京都大学学術出版会．
平井明代（編）．(2012)．『教育・心理系研究のためのデータ分析入門—理論と実践から学ぶSPSS活用法』東京図書．
文部科学省．(2015)．『各中・高等学校の外国語教育における「CAN-DOリスト」の形での学習到達目標設定のための手引き』retrieved from http://www.mext.go.jp/a_menu/kokusai/gaikokugo/__icsFiles/afieldfile/2013/05/08/1332306_4.pdf
文部科学省国立教育政策研究所教育課程研究センター（NIER）．(2012)．『評価基準の作成，評価方法等の工夫改善のための参考資料—高等学校外国語』教育出版．
Brown, J. D. (Ed.). (1998). *New ways of classroom assessment*. Alexandria, VA: Teachers of English to Speakers of Other Languages.
Council of Europe. (2001). *Common European framework of reference for languages: Learning, teaching, assessment*. Cambridge, UK: Cambridge University Press.
Grobe, W., & Stoller, F. l. (2002). *Teaching and researching reading*. Harlow, UK: Pearson Education.
Harmer, J. (2007). *How to teach English*. Essex, UK: Pearson Education Limited.
Hunt, K. W. (1966). Recent measures in syntactic development. *Elementary English, 43*, 732-739.
Hunt, K. W. (1970). Syntactic maturity in schoolchildren and adults. *Monographs of the Society for Research in Child Development 35*, 1 (serial no. 134).
Hurd, S., & Murphy, L. (2005). *Success with languages*. Oxon, U.K.: The Open University.
Raimes, A. (1983). *Techniques in teaching writing*. Oxford: Oxford University Press.
Richards, J. C., & Schmidt, R. W. (2010). *Longman dictionary of language teaching and applied linguistics* (4th edition). New York: Routledge.
Schmitt, N. (2000). *Vocabulary in language teaching*. Cambridge: Cambridge University Press.

索 引

あ行
英検（EIKEN Test）　105
英語力（English ability）　73

か行
外的評価（external rating）　89
学習者中心（learner-centered）　107
学習者の自律性（learner autonomy）
　107
学力の3要素　15
間接テスト（indirect test）　24
観点別評価（criterion-referenced
　evaluation/assessment）　14, 43, 75
機能的知識（functional knowledge）
　20
技能統合的活動（integrated activity）
　85, 92
技能統合的タスク（integrated task）
　85, 95, 103
技能統合的ライティング・タスク
　（integrated writing task）　96
ギロー指数（Guiraud Index）　25
クラス分けテスト（placement test）
　29
グローバル・エラー（global error）　37
形成的評価（formative evaluation/
　assessment）　12
言語知識（language knowledge）　20
構成概念（construct）　27, 44, 62
構成概念妥当性（construct validity）
　27, 68
コミュニカティブ言語能力
　（communicative language ability）
　20
コミュニカティブ・テスト
　（communicative test, CT）　25
語用論的知識（pragmatic knowledge）
　21
コンポーネントモデル（component
　model, component skills approach）
　58

さ行
自己評価（self-evaluation, self-assessment）
　5, 12
質的分析（qualitative analysis）　25
質問タイプ（question type）　60
実用性（practicality）　27
社会言語学的知識（sociolinguistic
　knowledge）　20
集団基準準拠テスト（norm-referenced
　test, NRT）　29
熟達度（proficiency）　44
熟達度判定テスト（proficiency test）
　29
状況モデル（situation model）　63
自律的学習者（autonomous learner）
　17
真正性（authenticity）　102
診断テスト（diagnostic test）　29

心的表象（mental representation） 63
信頼性（reliability） 26
ストーリーリテリング（story retelling） 85
正確さ（accuracy） 28, 38
絶対評価（absolute evaluation/assessment） 29
総括的評価（summative evaluation/assessment） 12
総合的評価（holistic evaluation/assessment） 29, 47, 105
相互評価（peer assessment） 53, 118
相対評価（relative evaluation/assessment） 29
測定（measurement） 28

た行

タスク（task） 77, 89
達成度判定テスト（achievement test） 29
妥当性（validity） 26, 54, 58
単独技能タスク（independent task） 95
談話作文（discourse writing） 19
談話分析的判定（discourse analytic measures） 89
知識告知（knowledge telling） 21
知識変形（knowledge transforming） 21
直接テスト（direct test） 24
強い技能統合（strong integration） 87, 104
ディベート（debate） 112, 114
テキスト（text） 76
テスト（test） 28
テスト細目（test specification） 51, 76
到達度（achievement） 44
トップダウン（top-down） 9, 63

な行

内容妥当性（content validity） 27
内容中心アプローチ（content-based approach） 107
能力記述文（descriptor） 7

は行

波及効果（washback effect, test impact） 66
パフォーマンス評価（performance assessment） 44, 89, 108
判定基準（rating scale） 43
評価（evaluation, assessment） 27
評価規準（assessment criterion） 43
評価者間信頼性（inter-rater reliability） 26
評価者訓練（rater training） 117
評価者内信頼性（intra-rater reliability） 26
標準的なリスニング構成概念（default listening construct） 74
表面妥当性（face validity） 26
フィードバック（feedback） 34
複言語主義（plurilingualism） 4
プレゼンテーション（presentation） 109
プロジェクト型学習（project-based learning） 107

索引　307

プロセス・アプローチ（Process Approach）　34
文章構成（text structure, text organization, paragraph pattern）　67
分析的評価（analytic evaluation/ assessment）　14, 31, 47, 105
併存的妥当性（concurrent validity）　27
方略的能力（strategic competence）　20, 73
ポートフォリオ（portfolio）　5, 113
ポートフォリオ評価（portfolio assessment）　32
ボトムアップ（bottom-up）　9, 58

ま行

目標基準準拠テスト（criterion-referenced test, CRT）　14, 28
目標言語使用領域（target lanugage use domain）　102
問題基盤型学習（problem-based learning）　107

や行

やりとり（interaction）　9
ヨーロッパ共通参照枠（CEFR, Common European Framework of Reference for Languages: Learning, teaching, assessment）　3, 109
ヨーロッパ言語ポートフォリオ（European Language Portfolio, ELP）　5
予測妥当性（predictive validity）　27

読みやすさ（readability）　66
弱い技能統合（weak integration）　87, 104

ら行

リスニング力（listening ability）　73
リテリング（retelling）　84
流暢さ（fluency）　28, 38
量的分析（quantitative analysis）　24
ルーブリック（rubric）　48, 90, 96, 105, 109
ローカル・エラー（local error）　37

A～Z

CAN-DO リスト（list of CAN-DO statements）　2
CEFR-J　6
EBB 尺度（Empirically derived, Binary-choice, Boundary-definition scale）　50
Flesch Reading Ease　66
Flesch-Kincaid Grade Level　66
IELTS（International English Language Testing System）　64
PDCA サイクル　13
TOEFL iBT（Test of English as a Foreign Language Internet Based Test）　60, 85, 94, 103
TOEFL PBT（Test of English as a Foreign Language Paper Based Test）　30
T ユニット（T-unit）　24

[編著者紹介]

望月昭彦(もちづき あきひこ)
静岡市生まれ。静岡大学文理学部英文科卒業。米国ミシガン州立大学大学院修士課程修了。専門は英語教育学・評価論・ライティング。鳴門教育大学，愛知教育大学，静岡大学，筑波大学，大東文化大学に勤務。現在，大東文化大学非常勤講師。著書に『英作文用法事典 [I]・[II]』(大修館書店)，『私の英語授業』(共編著・大修館書店)，『新しい英語教育のために』(共編著・成美堂)，『新学習指導要領にもとづく英語科教育法』(編著・大修館書店)等がある。

深澤 真(ふかざわ まこと)
茨城県生まれ。中央大学文学部卒業。米国 Saint Michael's College 大学院修士課程，筑波大学大学院修士課程修了。現在，琉球大学教育学部准教授。専門は英語教育学・英語教授法。共著書に『英語で英語を読む授業』(研究社)，『英語リーディングテストの考え方と作り方』(研究社)，『英語で教える英文法——場面で導入，活動で理解』(研究社)等がある。

印南 洋(いんなみ よう)
広島県生まれ。広島修道大学人文学部英語英文学科卒業。筑波大学大学院博士課程修了。現在，中央大学理工学部准教授。共著書に，『外国語教育研究ハンドブック——研究手法のより良い理解のために』(松柏社)，『英語リーディングテストの考え方と作り方』(研究社)，『教育・心理系研究のためのデータ分析入門——理論と実践から学ぶ SPSS 活用法』(東京図書)等がある。

小泉利恵(こいずみ りえ)
栃木県生まれ。宇都宮大学教育学部卒業。筑波大学大学院博士課程修了。現在，順天堂大学医学部准教授。専門は英語教育学・言語テスティング。共著書に，『英語教育学体系第13巻 テスティングと評価——4技能の測定から大学入試まで』(大修館書店)，『英語リーディングテストの考え方と作り方』(研究社)，『教育・心理系研究のためのデータ分析入門——理論と実践から学ぶ SPSS 活用法』(東京図書)等がある。

[執筆者]

清水真紀	群馬大学	茂在哲司	茨城県土浦市教育委員会指導課
大谷岳史	埼玉県立伊奈学園総合高等学校	多尾奈央子	筑波大学附属駒場中学校・高等学校
木野逸美	茨城県稲敷郡阿見町立阿見中学校	鈴木基伸	豊田工業高等専門学校
岡田栄司	徳島県阿南市立阿南第一中学校	細谷恭子	茨城県土浦市立都和中学校
		大嶋秀樹	滋賀大学
石川絵梨子	新潟県立長岡高等学校	廣瀬美希	山梨県立富士河口湖高等学校
折原史康	茨城県立取手第二高等学校	竹内典彦	北海道情報大学
山下朋明	中央大学附属横浜中学校・高等学校	吾妻 久	福島県立須賀川高等学校
野口富美恵	大東文化大学・日本大学(非常勤)	杉本博昭	静岡県伊東市立宇佐美中学校

※編著者を除く本書執筆順。所属は執筆時(2015年4月)現在

英語4技能評価の理論と実践
——CAN-DO・観点別評価から技能統合的活動の評価まで
© MOCHIZUKI Akihiko, FUKAZAWA Makoto, IN'NAMI Yo, & KOIZUMI Rie, 2015

NDC 375 ／ ix, 307p ／ 21cm

初版第1刷——2015年6月1日

編著者	望月昭彦・深澤　真・印南　洋・小泉利恵
発行者	鈴木一行
発行所	株式会社 大修館書店
	〒113-8541 東京都文京区湯島2-1-1
	電話 03-3868-2651（販売部）03-3868-2293（編集部）
	振替 00190-7-40504
	［出版情報］http://www.taishukan.co.jp
装丁者	CCK（上地菜美）
印刷所	広研印刷
製本所	ブロケード

ISBN 978-4-469-24591-2 Printed in Japan

Ⓡ本書のコピー，スキャン，デジタル化等の無断複製は著作権法上での例外を除き禁じられています。本書を代行業者等の第三者に依頼してスキャンやデジタル化することは，たとえ個人や家庭内での利用であっても著作権法上認められておりません。

［大修館］英語授業ハンドブック
Taishukan's TEFL Handbook

高校編
For High School Teachers

金谷 憲［編集代表］
阿野幸一、久保野雅史、高山芳樹［編集］

高校の英語授業のための必須要素を、経験豊富な執筆陣が懇切に解説。教科書を使った授業展開から、4技能を伸ばす指導技術、家庭学習までをカバーする。新学習指導要領に対応した技能統合的指導、英語で授業を行う考え方なども提示。「英語で授業」の考え方と「コミュニケーション英語」「英語表現」の授業例を付属DVDに収録。

●A5判・394頁・DVD1枚付　定価=**本体4,000円+税**

［高校編］
DVD収録時間
2時間30分

中学校編
For Junior High School Teachers

金谷 憲［編集代表］
青野 保、太田 洋、馬場哲生、柳瀬陽介［編集］

中学校の英語授業のための必須要素を、経験豊富な執筆陣がコンパクトに解説。教科書を使った授業の展開方法から、4技能を伸ばす指導技術、家庭学習までをカバーする。付属DVDにより活動の手順も一目瞭然。日々の授業に迷ったとき、自分の授業を改善したいと思ったときに役立つ。

●A5判・384頁・DVD1枚付　定価=**本体3,600円+税**

［中学校編］
DVD収録時間
2時間07分

大修館書店　　書店にない場合やお急ぎの方は、直接ご注文ください。☎03-3868-2651